本书由江西省文化促进会与江西赣商联合总会联合撰写

主　编：刘上洋

副主编：邓必云　张启元　王力农

顾　问：方志远

编　委：何建辉　舒仁庆　刘英城　周　文　周俊杰

江右商帮与万寿宫文化

刘上洋 ⊙ 主编

江西人民出版社
Jiangxi People's Publishing House
全国百佳出版社

图书在版编目（CIP）数据

江右商帮与万寿宫文化／刘上洋主编. -- 南昌：
江西人民出版社，2022.11
ISBN 978-7-210-14321-5

Ⅰ. ①江… Ⅱ. ①刘 Ⅲ. ①商业史-研究-江西 ②
道教-寺庙-研究-南昌 Ⅳ. ①F729 ②B957.256.1

中国版本图书馆 CIP 数据核字（2022）第 233961 号

江右商帮与万寿宫文化
JIANGYOU SHANGBANG YU WANSHOUGONG WENHUA

刘上洋 主编

责任编辑：吴艺文
装帧设计：同异文化传媒

 出版发行

地　　　址：江西省南昌市三经路 47 号附 1 号（邮编：330006）
网　　　址：www.jxpph.com
电 子 信 箱：wuyiwen008@126.com
编辑部电话：0791-86898470
发行部电话：0791-86898893
承 印　 厂：南昌市红星印刷有限公司
经　　　销：各地新华书店

开　　　本：787 毫米 × 1092 毫米　1/16
印　　　张：19
字　　　数：280 千字
版　　　次：2022 年 11 月第 1 版
印　　　次：2022 年 11 月第 1 次印刷
书　　　号：ISBN 978-7-210-14321-5
定　　　价：86.00 元
赣版权登字-01-2022-655

前　　言

在江西历史上,有一个引人注目的现象,就是江右商帮和万寿宫如影随形。江右商帮走到哪里就把万寿宫建到哪里,凡是有江右商帮的地方,就一定会有万寿宫。江右商帮成了万寿宫的化身,而万寿宫则成了江右商帮的符号。

早在改革开放之初,江右商帮和万寿宫文化就是学界关注的热点。有关专家学者对此进行了大量研究,取得了一系列成果。不过,这些研究,基本上都是以其中一个方面的研究为主,而把两者结合起来研究的却少之又少。近些年虽然有所突破,但仅限于单篇论文,缺乏系统研究的专著。我们撰写的这本《江右商帮与万寿宫文化》,就试图填补这一空白。

江右商帮和万寿宫,本是两个完全不同的事物。江右商帮是一个古代社会的商人群体,万寿宫是一座道观建筑。一个商帮,一座建筑,两者不仅神奇地结缘了,而且谱写了江西历史上经济文化的灿烂篇章,成了具有鲜明特色的江西地域经济文化现象,成了江西历史乃至中国历史上一道独特壮丽的景观。

在本书中,我们对万寿宫文化的形成、对江右商帮为什么把万寿宫作为会馆、江右商帮和万寿宫文化的融合、江右商帮和万寿宫文化的历史贡献、江右商帮和万寿宫文化的衰退、当代新赣商对江右商帮精神的传承与弘扬,都做了比较系统的探讨和研究。应该说,基本厘清了江右商帮和万寿宫文化之间的发展脉络,从政治、经济、社会等方面阐释了两者相互依存、相互促进的内在联系,为人们认识江右商帮和万寿宫文化提供了一把打开思路的钥匙。

在查找阅读有关资料和参考有关专家学者研究的基础上，我们在本书中对江右商帮和万寿宫文化还提出了一些新的看法。

江西在历史上是文化大省，产生过许多有影响的文化。那么究竟什么文化是江西具有代表性的文化？我们认为是万寿宫文化。因为比起江西其他文化来，万寿宫文化在全省、全国影响范围最广，认可程度最高，对经济发展影响最大。为此，我们认真梳理了许逊在四川旌阳为官匡正民风、为民祛除瘟疫，回乡后斩蛟除妖、消除水患、治病救人以及得道升天的事迹和传说，分析了广大民众对许逊产生崇拜并予以祭祀的原因和历程，然后在此基础上，对万寿宫文化的内涵进行了概括，这就是"不惧邪恶，敢于搏斗；消灾治病，为民造福；忠孝至上，清廉慎为；宽容大度，隐忍知足；心存敬畏，善恶有报。"这个概括，既反映了万寿宫文化的基本内容，也体现了万寿宫文化的本质特征。

江右商帮的形成，是江西经济社会发展史乃至全国经济发展史上的重大事件。现在学界对其形成的年代说法不一，有南宋说，有元末明初说，有明代中期说，等等。我们认为，江右商帮形成的年代应在明永乐至天顺年间。理由有三：一是目前发现省外最早的万寿宫是明天顺年间建造的重庆市木洞镇中坝万寿宫；二是天顺年及其之前有大量江右商人在河南等地活动和永乐年间有不少商人在云贵川三省开矿；三是著名史学家白寿彝主编的《中国通史》说："明代的商人以商帮的形式出现于历史舞台"，"除去'江右商帮'兴起较早外，其余的九大商帮均形成于成化、弘治以后"。从现存历史实物和历史资料记载，我们得出了这个结论。

江右商帮和万寿宫文化融合，产生的一个最重要的思想成果，就是江右商帮精神的形成。江右商帮把万寿宫文化中的积极因素加以改造和嫁接，转化为自己的商业规矩。如把万寿宫文化的"忠孝"，转化为在商业活动中必须做到诚实守信，公平公正，讲究孝悌，不忘父母亲人；把万寿宫文化的"廉慎",转化为在商业活动中必须做到踏踏实实,谨慎而为,注意勤俭节约;把万寿宫文化的"宽裕",转化为在商业活动中必须做到赚钱发财要适而有度,不能昧着良心发不义之财;对万寿宫文化的"容忍",转化为在商业活动中必须做到宽宏大量,和气待人。在充分吸收万寿宫文化这些积极因素的基础上,江右商帮根据自己的商业实践和需要,形成了"不怕艰苦、勤勉务实,诚实守信、正直厚道,崇孝重悌、尚俭戒奢,团结互助、宽容和气,以义统利、义利兼顾,乐善好施、回报乡里"的江右商帮精神。这充分说明了万寿宫文化对江右商帮的影响是巨大的。同时也是我省商业文化的一份宝贵历史财富。

在过去的研究中,对江右商帮为明清的经济社会发展特别是对西南地区的发展所做的贡献讲得比较充分,而对江右商帮和万寿宫文化在其他方面发挥的重要作用论及不多。本书在这方面做了挖掘和补充。就万寿宫而言,其不仅是江右商帮的精神殿堂,是江右商帮的活动舞台,而且还以其独特的建筑样式,成为江西在全国乃至海外的地标性建筑,成为江西古代文化的一种象征,不仅直观地展示了江西的对外形象,而且空前地扩大了赣鄱文化的影响。而江右商帮则以他们的商业行为,丰富了中国古代的商业文化和商业精神,如丰富了中国商人的家国精神、冒险精神、合作精神、孝悌精神、俭朴精神、民族融合精神,特别是江右商帮的"义贾"形象在中国商海享有盛誉。比起物质贡献来,江右商帮和万寿宫文化在这些方面的贡献,意义更为重大,影响也更为深远。

在中国各大商帮中,江右商帮虽然以人数众多、经营广泛而著称,但却没有出现像徽商那样的一批巨商大贾。究其原因,固然与江右商帮大多贫民"草根"出身、缺少资本金、经营方式落后有关,其实,还有以下三个重要因素:一是江右商帮的主要走向是大西南,这里地广人稀,地理环境恶劣,经济十分落后,市场容量太小,因而生意也就很难做大做强。而徽商却恰恰相反,他们的主要走向是长江三角洲一带,那里人口稠密、经济发达、市场活跃,所以生意做得风生水起,迅速聚集起了可观的财富。二是万寿宫文化中消极因素对江右商帮的影响,如万寿宫文化的强烈地域特征所产生的排他性,万寿宫文化中的隐忍观念、孝悌观念、谨慎观念、裕余观念、官本位观念等,无形中束缚了江右商帮的思想,阻碍了他们发展壮大的步伐。三是江右商帮在"洋务运动"中的缺位,没能像洞庭等商帮那样把商业资本转化为产业资本,错失了转型发展的难得机遇。

历史是一条长河,连接着过去、现在和将来。江右商帮的身影虽然留在了时间的深处,但他们的积极基因却在当代赣商身上传承着。在社会主义市场经济的大潮中,广大赣商走遍天下、艰苦创业,开拓进取、善谋实干,诚信为上、遵纪守法,团结合作、互帮互助,富而思源、义利天下的精神风貌,正是当年江右商帮精神在今天的写照。当然,当代赣商是改革开放的产物,是一个全新的商业群体,是中国的新一代企业家,是新时代中国特色社会主义建设的生力军。他们具有世界眼光、战略思维、敢为人先的精神、开放合作胸襟、现代法治理念和高尚道德情操。所有这些,都是昔日的江右商帮所无法比拟的。

习近平总书记在中共中央政治局第三十九次集体学习时指出:"文物和文化遗产承载着中华民族的基因和血脉,是不可再生、不可替代的中华优秀文明资源。要让更多文物和文化遗产活起来,营造传承中华文明的浓厚社会氛围。"我们研究江右商帮和万寿宫文化,目的就是要继承和赓续江右商帮和万寿宫文化中的优良传统,一方面,让当代赣商把这些优良传统融入改革开放时代精神之中,从而汇聚起强大的精神力量,在新时代中国特色社会主义的新征途上奋勇向前,再立新功;另一方面,是要充分发挥这些宝贵历史文化遗产的作用,进一步展现江西的历史文明风采,进一步坚定文化自信,让世界更好地了解江西,让江西更好地走向世界,让江西在历史的辉煌中走向未来新的更大的辉煌。

目　录

第一章

万寿宫文化的起源与内涵

在江西省南昌市新建区西山镇，耸立着一座著名的宫殿，它就是西山万寿宫。

这座万寿宫，是为纪念许逊而修建的，至今已有 1600 多年的历史。传说，许逊在西山隐身修道，成仙升天，被尊为真君。这里不仅是道教净明忠孝道发祥地，也是许逊修炼处，被誉为道教三十六洞天第十二小洞天，七十二福地第三十八福地。同一时期，人们为了纪念许逊斩蛟治

南昌市老城区铁柱万寿宫

水的功绩,又在南昌市老城区的中心修建了一座铁柱万寿宫。

城外城内,两座万寿宫遥相辉映,给古老的南昌披上了一层神秘瑰丽的色彩。

一、许逊的生平与传说

许逊,字敬之,魏明帝景初三年(239)出生,豫章郡南昌县长定乡益塘坡慈母村(今江西省南昌市高新区麻丘镇附近)人。许逊从小聪颖,年少便师从大洞君吴猛学道,成为晋朝著名道士,是道教净明派祖师,与张道陵、葛玄、萨守坚并称道教四大天师。晋太康元年(280),豫章郡举孝廉,许逊出任旌阳县令,后辞官东归,在南昌西山修道炼丹,创立"太上灵宝净明法",相传著有《灵剑子》等道教经典。相传东晋宁康二年(374),羽化升天,时年136岁。

对于许逊,正史列传没有记载。南昌地方志有段简短记述:"许逊,字敬之,南昌人。生而颖悟,从吴猛得神方秘法,遂栖真西山之阳逍遥山,日以修炼为事。晋太康初为旌阳令,大施济利。寻弃官东归,遇谌姆传以道术,遂斩蛇诛蛟,悉除民害。"①

许逊出生地(今江西省南昌市高新区麻丘镇附近)

① [万历]《南昌府志》,五卷之二十三,第 1749 页。

民间对许逊的崇拜,自东晋开始在南昌西山为中心的局部地区流行。至宋元期间,形成了以环鄱阳湖流域为中心、以许逊崇拜为基础的"净明忠孝道"。明清之后,许逊成了福主。许逊不仅是江西思想文化史上的独特风景,在中国思想文化史上也占有一定地位。

中国文化有个塑造化身的传统,期待什么,就一股脑堆在化身头上。诸葛亮身上堆满了国人的全部智慧,关云长成了义气的化身,貂蝉、西施、王昭君、杨玉环集中了天下美女的姿色。至于曹操,则让他身负天下奸臣的全部特征。或许正是这样的传统,许逊的"福主"形象也大大地神化了。后来的故事自然越传越神,特别是羽化登天的场景就更加神奇:公元374年农历八月,南昌西山正是枫红橘黄、桂香泻地的时节。祥云彩霞,弥漫山谷,百里之内,异香芬馥,经月不散。中秋节这天夜晚,许逊把乡里的男女老少全部召集一起,大家共庆佳节。此前半个月,曾有云仗自天而降,飘至许逊修炼的庭前,转达玉皇大帝之命:鉴于许氏救灾拔难,除害荡妖,普济苍生,功高卓著,宜有甄升,并赐紫彩羽袍、琼旌宝节、玉高金丹,约定在中秋之夜迎奉许氏升天。在明亮的月光下,许逊和家人摆下粗茶薄酒,同邻里亲友、仆从弟子举杯小酌,共话衷肠。酒过三巡,音乐之声从夜空中传来,由远及近。祥云缭绕中,红霞紫气降至堂前,异香弥漫。随后,一阵清风,许家住宅及家人42口,并鸡棚牛舍,拔地而起,随彩云朝天上飘去。留给乡亲邻里的只是天上一缕清风白云,地上一片明月清辉。

许逊升天,显然是神话故事,但救民于水火,擒妖捉怪,降龙驱邪,治病救人的故事,却千百年来一直在民间广为传颂。

为官旌阳　治理有方

自古以来,中国文字介绍圣贤先哲出生,多有异兆,不同凡响。或惊动星辰日月,或震撼地象乾坤。殷商先祖契的母亲简狄据说是吞玄鸟卵而有身,即所谓"天命玄鸟,降而生商";周人先祖后稷(名弃)之母姜嫄因偶然触及巨人脚印，"践之而身动如孕者，居期而生子……因名曰弃"[1]；西汉初，汉高祖刘邦的"赤帝子"出身也似乎和他母亲的孕梦有关。"其先，刘媪尝息大泽之陂，梦与神遇。是时雷电晦冥，太公往视，则见蛟龙于其上。已而有身，遂产高祖。"[2]许逊不是凡人，自然也要把他的出生编得与众不同。说其母梦金凤衔珠，坠于掌中，玩而吞之，因是有娠，于是生下了许逊。

据《万寿宫通志》记载，许逊与道结缘，纯系偶然。许逊少年以射猎为生。有一天，他射中了一只母鹿，有鹿胎堕地，母鹿舔其崽而死。许逊深受刺激，悲怆而感悟，断然折弩而归，从此蛰居西山金氏之宅开始修道。他听说豫章人吴猛得术士丁义神方，便拜吴猛为师，习传法术。学道有成之后，许逊一度回乡隐居，又得风水大师郭璞指点，颇具造诣。许逊宅于南昌西山南边逍遥山上的金家旧地，受当地多数民众所尊重。后被豫章郡举孝廉，朝廷屡加礼命，许逊多次婉拒不成，于太康元年，受任蜀郡旌阳县令，时年42岁。[3]

任蜀地旌阳县令后，许逊因治理能力出色，受到世人的赞扬。

首先，许逊从加强对衙役管理入手，治县先治吏。他告诫胥吏当廉洁奉公，万不可有贪渎之事；并对无辜被囚、超期羁押的嫌犯，及时甄别核实，一经认定无罪，立即恢复他们的自由。许逊的人格魅力和明察秋毫的犀利，令众吏信服，不敢再有欺瞒之事，旌阳因此大治。继而，许逊又着力淳化民风，"使民无争"。如遇诉讼，许逊会约谈各方，以忠孝净明道以教之，灌输臣忠子孝、宽裕容忍的道理。果然，经过许逊教化的一些地方，出现百姓和乐、四方安定，"路不拾遗、夜不闭户"的局面。

为了把旌阳治理好，许逊遴选世所公认的君子和年高德昭的乡贤，巡游各地，宣讲自己教化民风的主张。通过他们的现身说法，把他的理

江右商帮与万寿宫文化

---

① 司马迁：《史记·周本纪》。
② 司马迁：《史记·高祖本纪》。
③ 白玉蟾：《晋旌阳令许真君实录正传》，转引自金桂馨等：《逍遥山万寿宫通志·卷四》。

许逊旌阳为官图

论与实践经验总结推广。从有关书籍记载来看，许逊的这套做法颇有成效。旌阳人开始变得更加知荣辱、懂进退，以谦让为荣、以争斗为耻，全县上下和乐融融，气象升平。"故争竞之风日销，久而至于无讼。"①许逊治理旌阳的业绩，赢得了社会各方面称道，许多有识之士前来学习效法。净明道十二真君之一的陈勋，就是许逊的忠实追随者。根据记载，陈勋原本是蜀州名门儒士，"闻真君在旌阳，仁政翔洽，趋谒公庭，愿补书记。真君嘉之，付以吏职。表率辈流，化俗抚字，裨益为多，遂引为弟子，托以腹心，典司经籍，守视药炉"②。也因为陈勋追随许逊学道，颇有建树，因而被纳入门下，成为弟子之一。在许逊拔宅飞升时作为前

① 白玉蟾：《晋旌阳令许真君实录正传》，转引自金桂馨等：《逍遥山万寿宫通志·卷四》。
② 《净明传教十一真人传》，转引自金桂馨等：《逍遥山万寿宫通志·卷五》。

导成员升天,“真君冲翥,令执策导前焉”①。

许逊赴任旌阳前,这里曾经发生过饥荒。农业歉收,民众没有能力缴纳租调(田赋和人头税)。旌阳县衙曾经根据律令处置了一批交不起税的农民,这也让民众惶惶不可终日。为了让老百姓能够平稳安心过日子,许逊千方百计帮他们补齐税赋。传说他用方术造出一批黄金,偷偷埋藏在县衙后面菜园子里,然后把欠税的百姓召至衙内,严辞斥责他们抗税的不法行为,处罚他们以工抵税。其中一项惩罚,就是在衙门后院菜园子挖地。欠税百姓进入衙中菜圃,锄地浇水,挖掘出许逊事先埋入地里的黄金。许逊允许他们用这批黄金交税。这个“掘地得金”的故事,在旌阳广泛流传,视为上天给予勤奋劳动的奖赏,鼓励民众奋发努力,用双手创造收获。旌阳抗缴皇粮国税的现象大为改善,社会更加和谐与繁荣。

旌阳县的和谐安宁不但给本地人带来平安与福祉,也吸引邻县无处安身的穷苦百姓。他们慕名而来,纷纷到旌阳安家落户。

自汉朝开始,作为直接和老百姓打交道的县令,朝廷考核他们业绩的内容就是“户口垦田、钱谷出入、盗贼多少”②。如果能够做到“严课农桑,罔令游惰,揆景肆力,必穷地利,固修堤防”③,那就是能吏干员。在旌阳任上,许逊不但做到了息讼弥盗、人口增殖,还促进了地方经济增长,成了治政有方、名声远播的良吏。按照魏晋治理制度,县令任期六年。可能是因为许逊治政有方,名声颇佳,朝廷延长了他的任期。许逊在旌阳县令任上的时间虽不十分准确,但有史料认为他在旌阳任职十年,最后力辞才得以卸任。

除了前述善政外,许逊在旌阳任内还有施药救民、传方济世的善行。

传说许逊治理旌阳期间,蜀地曾经遭遇了一次大的瘟疫。疫情最

① 《净明传教十一真人传》,转引自金桂馨等:《逍遥山万寿宫通志·卷五》。

② 陈直:《居延汉简研究》,中华书局,2009 年版,第 60 页。

③ 李坚,王本浩:《中国行政管理史》,辽宁大学出版社,1995 年版,第 86 页。

严重的地方,死亡人数达到总人口的百分之七八十之多。面对突发灾难,许逊将自己早年修道所得药方传授给了当地人,指导他们照单抓药,使来势汹汹的瘟疫顷刻间如汤沃雪,药到病除。瘟疫消退,不但让旌阳人对许逊感恩戴德,也进一步吸引更多外地人前来旌阳求医寻药。对此,许逊头脑清醒:成千上万疫病患者涌来旌阳,既不利于治疗和当地社会稳定,也容易因"彰邻邑之恶",招致周边郡县抵制,影响瘟疫管控,造成更大面积瘟疫流行。为此,许逊在劝止民众涌入旌阳的同时,又想方设法送医上门,尽可能让所有病人都有药可用、有病能医。最终,他成功地控制了疫情蔓延,确保了当地百姓健康和平安。蜀人纷纷自发宣扬许逊的政绩和美名,盛赞"我君活人,病无能为"。在听闻许逊将卸任东归故里的时候,特为他在旌阳当地"立生祠""传画像","敬祀如神明"①。

许逊离开旌阳之后多年,当地人发现他点石成金、施药救人的证据:"德阳县城北隅,土人掘得一鼎,中有黄金数锭,丹药十余粒。土人窃金与丹药而去,抵家即喑,不能言。复还送至故处,以土封之,其人即能言,无恙。至今人不敢掘。盖金原系真君点石而化,足逋赋,所遗丹亦当年济病所余者。故凡人不敢过而问焉。"②

许逊辞官回南昌西山,感恩他的蜀地民众,不远千里迁居西山。"启行之日,赢粮而送者蔽野。有至千里始还者,有随至其宅,愿服役而不返者,乃于宅东之隙地结茇以居,状如营垒。多改氏族以从真君之姓,故号'许家营'焉。其遗爱及民,有如此者。"③正是这批从蜀地迁来西山、衷心拜服许逊的人,在"拔宅飞升"后,成为最早遵奉、祭祀许逊的净明信众。

---

① 白玉蟾:《晋旌阳令许真君实录正传》,转引自金桂馨等:《逍遥山万寿宫通志·卷四》。
② 金桂馨等:《逍遥山万寿宫通志·卷十二》。
③ 白玉蟾:《晋旌阳令许真君实录正传》,转引自金桂馨等:《逍遥山万寿宫通志·卷四》。

退隐回乡　为民治病治水

许逊辞官返回南昌,在继续修炼道行的同时,时刻关注家乡民众的生活与疾苦。居住地西山周边,流传着很多许逊施药救人的故事。随着时间推移,很多故事被附会了神话色彩,但仔细考察那些穿过历史烟云走来的地名,以及附着于地名后面的信息,都记录着许逊活动轨迹。他以西山为原点,在周边山岭采药炼丹,足迹遍及赣鄱,为民众治病施药。

在西山万寿宫里,至今保留着当年许逊为民治病的一块荷包石。传说此石由炼丹渣滓化成。"一名石中黄,出本宫案山之西南,以其形似荷包,故名。内有丹砂,摇之其声瑟瑟。其丹可以疗疾。旧传真君丹滓所化者。"①

在西山东南30里的象牙潭岸,有一座丹陵观。许逊曾和他的弟子钟离君在此"炼丹施药"②;东北约十来里的地方有挂药坊,"世传真君尝施药于此,后人思其德,立观祀之,曰施药观"③。北边大约四里的地方有一座洗药桥,"世传旌阳采药西山,濯涤于此"④。往西约两里的地方,有一座著衣亭,据说"真君采药西山,洗濯更衣于此,后人因以建亭"⑤。

西山东南戴坊之下,有一座周长40里许的药湖。据说"湖故多蛭,土人以告许祖,投药于湖,蛭遂永除"。

丰城,有乌石观,"相传许旌阳飞茅策马过湖,修药炼丹于此"⑥。

抚州,有灵水台,"在建昌县治西北,山泉清冽,真君投符药于中,与

---

① 金桂馨等:《逍遥山万寿宫通志·卷八》。
② 金桂馨等:《逍遥山万寿宫通志·卷七》。
③ 金桂馨等:《逍遥山万寿宫通志·卷八》。
④ 金桂馨等:《逍遥山万寿宫通志·卷八》。
⑤ 金桂馨等:《逍遥山万寿宫通志·卷八》。
⑥ 金桂馨等:《逍遥山万寿宫通志·卷七》。

民疗疾,神效亦如蜀江,故亦名灵水台"①。

武宁县,有悬囊柏。在县西北 60 余里升仁乡十五都。世传许旌阳经游于此,把药囊挂在柏树上。其后,这棵柏树长得茂盛似盖。"土人采药疗疾,服讫即愈。"②

许逊用药如神、治病救人的事迹,不仅见诸当代,也对后世产生过深远的回响。流传甚广的,是一个宋徽宗梦请许逊治顽疾的故事:政和六年五月一日辰时,宋徽宗梦中见到许逊,问道:我身生毒疮,久治不愈,用过很多药都不见效。听说你医道高超,能不能治好我这毒疮?许逊随即取来一勺黍米样的药丸,念了几句咒语,然后涂抹患处。徽宗顿时觉得如流酥灌体,入骨清凉。毒疮瞬间痊愈,许逊作揖离去。700 多年过去,一个宋朝的皇帝居然梦见许逊为他治病施药,而且药到病除。可见许逊的事迹流传甚广。

在施药治病的同时,许逊还施展自己的治水本领,为民众抗御自然灾害。据文献记载,许逊从蜀地东归南昌后,恰逢彭蠡湖(今鄱阳湖)频发水灾,当地民众苦不堪言,损失严重。许逊得知水患根源是蛟龙作孽。于是,他率领众弟子与蛟龙展开搏斗,终于消除水患,百姓得以安居乐业。鄱阳湖流域,也因此留下了大量许逊治水斩蛟的故事及其遗迹。

最艰苦、最激烈的治水之战,当属南昌。古时的南昌,赣江和抚河在这里交汇,出城不远就是鄱阳湖。据说城中有一口水井,与赣江、抚河相通。蛟龙经常在此兴风作浪,导致南昌洪水泛滥,一片汪洋。许逊施法术,铸铁柱于井内,八根铁索固定,用以镇锁蛟龙,安澜退洪。从此老百姓不再饱受洪灾之苦,为感念许逊功德,特在井边建祠以纪念。

此外,在西山一带,也留有不少许逊斩蛟治水的遗迹。

西山万寿宫内,有一棵瘗剑仙柏,"柏为真君手植。旧传有斩蛟剑

---

① 金桂馨等:《逍遥山万寿宫通志·卷九》。
② 金桂馨等:《逍遥山万寿宫通志·卷九》。

许逊为民治病图

瘗于其下，谶所谓'五百年后若蛇妖复作，以吾植柏为验'者即此"①。

西山南面，紫阳宫对门山上，有许逊降妖的拖剑迹和倒栽松。据说有一天，许逊登山时，远远望见有一妖物作孽，立即"拖剑逐之"，追至龙城，妖物遁入穴中，许逊遂折松倒插以楔之，"且镇之以靖"②。

西山西北十余里有断牛石。"世传晋末有黑牛食人苗，稼人甚患之。真君过其地，知其为妖，挥剑斩之，盖石也，身首异处，卓石为剑以镇之。"③

离西山稍远处，有一块剑劈石。许逊经过这里，看见有土人夫妇在

① 金桂馨等：《逍遥山万寿宫通志·卷八》。
② 金桂馨等：《逍遥山万寿宫通志·卷八》。
③ 金桂馨等：《逍遥山万寿宫通志·卷八》。

痛哭,"问其故,曰:'山有蛇精,岁必以人祭之,吾子明日当往,否则为祟,是以悲耳。'许祖闻之震怒,辄持剑劈石,覆压巨蛇,其害乃止。"①

西山缤岭之东、鹅峰之西,有许逊系龙济旱的禅悟院井。因这一带经常遭旱灾,许逊把一条蛟龙绑在蟾坞内,从此不再干旱。许逊谶云:"老龙寄在蟾坞内,留与江南救旱灾。"

离西山不远的阳湖,许逊曾经"置符湖中,断截(蛟龙)归路,镇弭后患"②。

吴城镇,"距宫北百八十里。(有)山在江滨,山下有龙穴,阔一丈,深不可测。昔许祖率众真斩蛟魬蟒于此"③。

吴城东北的上缭水,有巨蟒为害,许逊率众弟子和乡勇数百人斩之。"其水通吴城河,为一源,蛟蛇多匿此,后皆为许祖众真歼灭之,民赖以安。"④

奉新县有试剑石和藏溪,"在县西八十里,有巨石中分相向,如削。旧传旌阳逐蛟,尝试剑于此";而藏溪,"晋尝有蛟为孽,匿溪中,真君以巨石书符,及作镇蛟文以禁之"。

永修艾城有黄龙山,"初,旌阳炼丹于此,山湫有蛟魅,辄作洪波,欲漂丹室。旌阳遣神兵擒之,钉于石壁"⑤。

宜丰县新昌,有一块压水石,据说许逊曾到宜丰,见这里终年被大水浸没。于是,他寻找出水源头,"镇以巨石,而水患遂息"⑥。

有关许逊斩蛟治水的传说在江西各地还有很多,如景德镇"万顷良田一剑水"的故事。当年孽龙被许逊重创之后,逃至景德镇东面山坡上,山上有佛寺,设有书馆。孽龙化为博学举人,向主持表示愿借此设

① 金桂馨等:《逍遥山万寿宫通志·卷八》。
② 金桂馨等:《逍遥山万寿宫通志·卷八》。
③ 金桂馨等:《逍遥山万寿宫通志·卷八》。
④ 金桂馨等:《逍遥山万寿宫通志·卷八》。
⑤ 金桂馨等:《逍遥山万寿宫通志·卷九》。
⑥ 金桂馨等:《逍遥山万寿宫通志·卷八》。

传说许逊镇蛟治水铁柱井

帐教学。住持见其博学多才,甚为欢迎,并帮他疗愈创伤。孽龙为答谢住持,施法将寺周围的荒山化成良田,足有一二百顷。良田未引来流水,却引来许逊的追捕。孽龙化为乌烟逃走,许逊听了住持之言,抽出神剑,往山腰一插,立马汩汩涌出一眼清泉,成为良田水源。

许逊镇蛟治水的足迹与威名甚至还传播到省外。潭州(今长沙)就有此类神话传说。据《晋旌阳令许真君实录正传》的记载,与许逊斗法的老蛟,曾化为一个美少年,携着大量的珠宝来见潭州刺史贾玉。这位刺史看他很有钱,又长得一表人才,便将自己的女儿许配给他。后生下了两个子女。"先是,蛟精尝慕玉之女美,化为一少年,谒之。玉大爱其才,许妻以女,因厚赂玉之亲信,皆称誉焉。遂成婚。居数年,生二子。"有一年春夏之交,老蛟孤身一人外出,周游江湖,扮商人做生意。到了秋天,乘着一条大船,上面载着很多珠宝而回,不料遇到大水,大船被风浪掀翻,沉入了水底。后来老蛟又化身美少年前往豫章(今南昌),被许逊识破。"适者非人,老蛟之精故来见试也。体貌虽是,而腥风袭人,吾故愚之,庶尽得其丑类耳。"许逊虑及"江西累苦洪水,若非翦戮,恐致逃遁"。遂与弟子施大玉试图联手抓捕。但狡猾的老蛟却从井中逃回长沙贾家,并谎称财物被强盗所劫,自己的左股受伤。贾玉为其感到很难过,四处求医为他疗伤。许逊暗中知悉老蛟的踪迹,一路追至长沙贾家,化装成医生来见贾玉,说可为其女婿治伤。贾玉大喜,忙招呼其女婿出来。老蛟察觉,不敢出来。许逊进入贾家,对着老蛟厉声呵斥:"你这蛟精,到处为害作恶,我循踪追到这里,看你还躲到哪里去?"老蛟无计可施,与两个子女都现出了本形,被许逊当场斩除。许逊告诉贾玉,老蛟居住的地下,是一片汪洋。你们赶紧搬到高处去,否则就会被水淹没。贾玉听了感到非常惶恐,举家立即搬迁。果然没有几天,他原住的地方就成了百丈深潭。

就这样,居乡修炼期间的许逊,为了民众安居乐业,不畏艰难险阻,踏遍山山水水,用他的知识和本领,在各地斩妖除蛟,治水御患,治病救人,取得了巨大的功绩,受到了民众的衷心拥护和爱戴。

倡导"八宝垂训"

西晋末年,天下大乱。晋元帝迁都建业,历史上称之为东晋。大批中原士族、豪绅也纷纷渡过长江,定居江南,史上称"衣冠南渡"。当时的江南,自然环境恶劣,生产力落后。大量人口增加,使得江南地区民众生活显得越来越艰难,甚至陷入了困境。士族阶层与下层民众隔膜也越来越严重,矛盾也越来越尖锐。面对这种情况,身怀济民之志的许逊提醒他的弟子们,既要认识和处理好士族和庶民之间的关系,坚持忠君爱国,始终维护朝廷的统治,又要与广大民众同舟共济,克服恶劣环境下的生存困难,在灾难面前有所振作、有所作为。于是,他以道教为武器,从精神层面,引导民众以不怨不怒的心态,走出现实的泥淖。

晋元帝大兴四年(321),许逊创办道院,倡导"忠孝廉谨、宽裕容忍"的"八宝垂训":忠则不欺,孝则不悖;廉而罔贪,谨乃无失;修身如此,可以成德。宽则得众,裕然有余;容而翕受,忍则安舒:接人以此,怨咎涤除。①

许逊力图通过"忠孝廉谨"阐释,教诲民众洁身自好。同时,通过"宽裕容忍",引导民众去面对社会现实,实现与社会和解,最终实现天下宽松和谐的目标。

许逊还倡导"净明"。他解释为"净明者,无幽不烛,有尘不污"。净明修炼之法,放之四海而皆准,是不管聪明与愚钝都可以修炼的法门。"愚智皆仰之为开度之门、升真之路。"②在具体的修炼方法上,他要求世人践行孝悌,并持之以恒。只要锲而不舍地修炼,就能道心通明、坚定,达成大道。继而,他还从立本、修身、建功、成终四个层面对净明修习细节进行阐述,要求追随者们理解。"学道以致仙,仙非难也,忠孝者先之。不忠不孝而求乎道、而冀乎仙,未之有也。"后世一些不忠不孝的失道之人,因为国家败乱,无所容身,乃入山以学道,这就像"舍厦屋而入炎火也"③。以此为基础,他又从合理性层面对道教长寿之说进行解释,提出身死而不昧性灵就是长生。"忠孝之道,非必长生而长生之性存,死而不昧,列于仙班,谓之长生。"④

由于许逊提倡的"净明忠孝"得到不少民众的认同,所以在他身边,逐渐形成初具雏形的净明忠孝的基本群体。"真君道术高妙,著闻远迩,求为弟子者数百人。"⑤

对于扩大队伍,许逊是非常谨慎的。他对入门弟子有严格的品德要求,用这些品德标准对弟子们进行严格的道德检视和筛选,甚至用上了"美人计"。"求为弟子者数百人,却之不可得,乃化炭为美妇人,夜

① 金桂馨等:《逍遥山万寿宫通志·卷四》。
② 《太上灵宝净明法序》,转引自金桂馨等:《逍遥山万寿宫通志·卷十》。
③ 金桂馨等:《逍遥山万寿宫通志·卷十》。
④ 金桂馨等:《逍遥山万寿宫通志·卷十》。
⑤ 金桂馨等:《逍遥山万寿宫通志·卷四》。

散群弟子处以试之。明旦阅之，其不为所染污者唯十人耳，即异时上升诸弟子也。自是凡周游江湖诛蛟斩蛇，无不从焉，余多自愧而去。"①

经过严格筛选，"求为弟子"的几百人，只剩下十人，一路跟随他斩蛟除妖。

对于更多的普通民众，实行严格的约束是不现实的。东晋初年，权臣王敦发动叛乱，许逊逃匿于北岭天宝洞，"日与弟子讲究，发明孝道、明王所授净明真诠"②。在这样的大环境下，他能够做到的只能是以身作则，并告知民众净明忠孝的高妙与神奇，即所谓"净明法者，乃上清玄都玉京之隐书……得吾书者慎无自弃，皆十世积累，将有飞升之渐"③。

在许逊和他的弟子的言传身教下，讲忠孝、讲宽容的风气渐渐变得浓厚起来，社会矛盾也有了一定的缓解。

关于许逊的传说和故事，先在民间广泛流行，南北朝文人有零星记载。到唐代西山道士胡慧超撰《晋洪州西山十二真君传》，道士胡法超撰《许逊修行传》，才开始有许逊从出世到成仙的传记，经历代道士不断充实，形成了完整的版本。

二、民众为纪念许逊建万寿宫

历史上，对名人的崇拜和神化，都是当地社会人文环境和自然地理环境相互作用的结果。也就是说，有什么样的社会人文和自然地理环境，就会产生什么样的人物崇拜。纵观江西大地，历史上的名人灿若星河，不少人也建立了非凡的功业，为老百姓做了很多好事，在民间广泛流传。但为什么江西广大民众独独崇拜许逊，并建万寿宫把他视为"福主"和地方的"保护神"加以供奉和祭拜呢？分析其中的原因，大致有以下几个方面。

---

① 金桂馨等：《逍遥山万寿宫通志·卷四》。
② 金桂馨等：《逍遥山万寿宫通志·卷四》。
③ 《太上灵宝净明法序》，转引自金桂馨等：《逍遥山万寿宫通志·卷十》。

许逊斩蛟治水，契合了民众消除水患的愿望

江西雨量充足，也因此洪涝频发。司马迁《史记》载"江南卑湿，丈夫早夭"，是对包括南昌在内的整个江南地区的概括。雨多则易引发水灾、涝灾，另据《汉书》记载，西汉时期，江南曾经发生过四次水灾。《后汉书》则记载东汉江南曾经发生了水灾七次、淫雨霖雨十次。[①]

两汉以后，江西地域水灾频仍的情况，并未因时代的发展有所缓解。据江西水利部门研究，"江西的水旱灾害从魏晋以来有呈上升趋势"[②]。在水旱灾害频发的同时，南昌区域还出现了另外一个问题，就是环鄱阳湖出现的系列地质变迁，由此产生的水域面积变化，导致史上"沉枭阳，起吴城"的地质灾难。

古鄱阳湖最初称为彭蠡湖（六朝至唐初），位于湖口以南至星子县的婴子口（老爷庙西南方），由北至南呈狭长的地带。春秋战国时（前770—前206），彭蠡湖以南为河网交错的枭阳平原（又称湖汉平原，即古赣江平原），土地肥沃，水上交通便利，是物产丰富的鱼米之乡，又是沟通闽浙的交通要道。在今都昌县东南周溪乡，古代设有枭阳县治。都昌西南设有海昏县治，这一带淘金业极盛。《汉书·地理志》豫章郡载："鄱阳县武阳乡右十余里有黄金采。"（在今康山西侧的鄱阳湖中）现在余干县南部的黄金埠，位于信江下游，由武夷山脉花岗岩所风化的沙金，集聚在这里，成为古代重要的沙金采集场。从南朝至隋唐时代（589—907），彭蠡湖溢出松门山向东南扩展，进入鄱阳县境，迫近鄱阳县城，因而彭蠡湖从此兼有"鄱阳湖"之称。鄱阳县西边的莲荷山，即今余干县西北康山相继沦入湖中，武林成为鄱阳湖东南涯，进贤县北山成为鄱阳湖南涯，至此，枭阳平原经由沼泽化向湖沼化演变，几乎沦陷殆

① 黄今言：《秦汉江南经济述略》，江西人民出版社，1999 年版，第 33 页，转引自卢星等：《江西通史·秦汉卷》，江西人民出版社，2008 年版，第 85 页。

② 章文焕：《万寿宫》，华夏出版社，2004 年版，第 114 页。

尽,仅剩松门山以南一小块平地。①

对比谭其骧先生在《鄱阳湖演变的历史过程》这两幅图,及上述引文所提及的鄱阳湖湖区变化信息,我们不难发现,许逊生活的年代,环鄱阳湖区域正是地质变化频繁期,鄱阳湖湖区及水域面积变化也随之呈活跃态势。

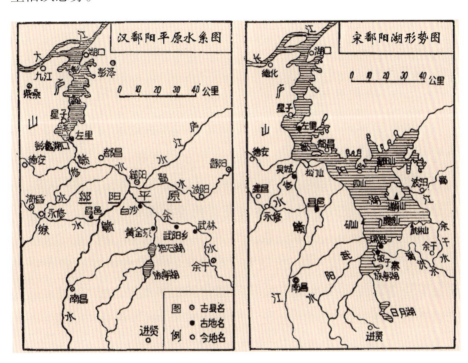

江南多雨环境,水利设施原始,造成水灾频发,加上鄱阳湖湖区频繁摆荡,对环鄱阳湖区域经济活动乃至民众生活影响极大。由于人们对自然现象认知水平低下,无法找到水患的真正的原因,加上生产力又不发达,缺乏抵御水患的基本能力,因而只能将水灾与湖区变迁造成的破坏归咎于想象中的"孽龙"为祸。

这种因孽龙肇祸带来的水患灾祸,既然人力战胜不了,自然就只能

① 江西省科学技术协会:《江西省鄱阳湖综合治理利用学术讨论会论文集》,江西省科学技术协会,1983 年版,第 250 页。

寄希望于神仙，许逊正是不二人选。由于他不仅能斩杀蛟龙，还能找出蛟龙藏身之地。"此地蛟螭所穴，不有以镇之，后且复出为患，人不能制也。"①并能采取办法予以治理，使水患得以根除。从此"水妖屏迹，城邑无虞"。许逊这种治理洪水的神力，让老百姓深深地怀念他，用建祠的形式祭祀他，祈求他时刻显灵，保佑大家不遭受洪魔的威胁。正如宋代著名政治家王安石在《重建旌阳祠记》中所说："'能御大灾、能捍大患，则祀之'，《礼》经然也。"②

许逊祛病除疫，契合了民众悬壶济世的期盼

由于气候潮湿，天气炎热，江西和其他江南地区的民众，相较于中原地区，生存条件更加艰苦。尤其是这里水网密布，林木丛生，积聚其间的瘴疠之气，对生命构成了严重威胁。《后汉书·钟离意传》中载：江南地区的会稽郡建武十四年遭逢大疫，"死者万数"。

当时南昌的情形，文献记载极少，但一些片断的信息仍能反映赣地先民生存维艰的现实。据《后汉书·栾巴传》记载，曾担任豫章太守的栾巴上任之后，就面临当地的疫病问题："郡土多山川鬼怪，小人常破赀产以祈祷。"注引《神仙传》也说，"时庐山庙有神，于帐中与人言语，饮酒投杯，能令宫亭湖中分风"，"郡中常患黄父鬼为百姓害"。鬼神之说，不足为信；但记录在案，活灵活现，无不令人毛骨悚然。在医疗条件无法保障人们健康与生存的情况下，人们很容易将那些无法治愈、无以言说的疑难杂症归诸鬼神之祸。许逊以道术行医救民，使老百姓免于瘟疫和病痛之祸，对于民众而言是极为宝贵的。对这样一位身怀绝技、又关心百姓疾苦的真君，顶礼膜拜就是情理之中的事。

① 白玉蟾：《晋旌阳令许真君实录正传》，转引自金桂馨等：《逍遥山万寿宫通志·卷四》。

② 王安石：《重建旌阳祠记》，引自金桂馨等：《万寿宫通志·卷十五》。

许逊的"忠孝廉谨，宽裕容忍"，契合了民众和官方的道德价值取向

自从汉武帝"罢黜百家，独尊儒术"后，儒家思想就逐渐占据了社会的统治地位，儒家所提倡的道德价值也就成了人们的日常行为规范。许逊所倡导的"忠孝廉谨，宽裕容忍"，虽然以净明道的面目出现，其实质与儒家思想有着异曲同工之妙。而两晋时期，是社会十分混乱的时期，许多人不受礼教束缚，我行我素，甚至大动干戈，互相残杀。民众期盼有一套道德规范来扭转这种动荡不安的局面，许逊的"忠孝廉谨，宽裕容忍"，恰好契合了民众和社会的需要，加上他又披着道教的神秘外衣，所以，老百姓就把他看成是救世主来崇拜和祭祀。

与此同时，许逊的这套主张，对巩固封建王朝的统治也极具价值。特别是到了宋代，理学盛行，忠孝被抬到了无以复加的高度，主张忠孝至上的许逊自然也就受到皇家的高度重视。朝廷不仅开始正视净明道的社会功能，利用"神道设教"教化民众，甚至皇帝们也崇道慕仙，陶醉在道教的梦幻里不能自已。宋景德元年(1004)，辽入侵，宋真宗虽率军亲征，会战距都城三百里外之澶渊，局势本有利于北宋，但惧于辽的声势，签署了丧权辱国的"澶渊之盟"，换得了"咸平之治"。此后，赵恒沉溺于封禅之事，广建宫观。当他发现了许逊和净明道之后，兴奋不已，以致陷入其中，痴迷而不能自拔。还遣中使为万寿宫赐香烛、花幡、旌节、舞偶和匾额。到了宋徽宗时期，宋家的江山已经是内忧外患、风雨飘摇了。但宋徽宗却不紧不慢，依然写字画画，逗鸟咏诗。所以有如此定力，因为他找到了许逊，拜净明道。他亲自御批，在三清殿后建造许真君行宫，并诏洪州改修玉隆宫。① 从而把宋朝对于净明道与许逊的崇拜，推向了极致。

由此可见，许逊的净明忠孝道，把民众的道德诉求同封建王朝的精

① 金桂馨等：《逍遥山万寿宫通志·卷四》。

神统治需要有机地结合在一起,这就使整个社会对净明道与许逊的崇拜,达到了空前一致。当然,传统儒教,对附于许逊身上的神仙方术比较敏感,他们花了很多的精力,试图对许逊神话合理化,也将其中一些实在难以处理的神仙方术,斥为"不经"之说。最后还是得出结论:"以净明忠孝为本,何必异于圣学哉!""然间有一二不经者,疑非先生实迹。"也就是说,净明道以忠孝为本,同圣学没有什么不同。其间虽然有一两点"不经"的地方,那也不是许逊的真实事迹。

许逊"一人得道,鸡犬升天"的传说,契合了民众善有善报的心理

"一人得道,鸡犬升天",原本出自西汉王充所著《论衡·道虚》。讲的是淮南王刘安一心想修道成仙,遍访名师,希望得到高人指点。一次,遇到八个鹤发童颜的老翁,即拜他们为师,学习修道炼丹。经过七七四十九天,丹药炼成,刘安服了下去,身体顿时轻飘飘的,随即升天成了神仙。他的亲友也跟着吃了丹药飞升上天,就连刘家的鸡犬吃了炼丹锅里的药渣也得道升天。于是,人们用"一人得道,鸡犬升天"来比喻一个人得势后,与他相关的人都跟着沾光。

发生在许逊身上的"一人得道,鸡犬升天",却大有不同。许逊为广大民众做了好事,感动了上天,因而让他和家人及所养的鸡犬都升天成仙。这说明一个人做了有利于民众的事情,就会得到好的报应。据有关传说,许逊隐居修炼时,不仅为民除害消灾,而且在他的影响下,"乡党化之,皆迁善远罪,孝悌兴行"。"所居环百余里盗贼不入,闾里晏安,年谷屡登,人无灾害。"因而得到了广大民众的衷心爱戴,把他请进了庙堂,请进了万寿宫,成为能够庇佑江右生民的"大孝大仁江西福主"。

同是升天,两种结局,效果截然不同。刘安只是停留在神话故事里,许逊却受到了社会的广泛尊崇祭拜,体现和表达了民众朴素的价值观和人生观。这就是在倡导一种向善崇德的社会风气。只要人人行善,多做好事,且成为一种自觉,整个社会风气就会好起来。

三、万寿宫从祠到观到宫的演变

在中国历史上，几乎所有的神话人物，都有一个从人到神的演变过程，许逊也是如此。他之所以能从一个凡人而成为江西民间的"福主"和"地方保护神"，一方面是因为民众自发的传颂和崇拜，另一方面是因为朝廷对他的肯定和推崇。在这两股力量的相互推动下，随着时间的推移，这个由人变成的神，形象也更加神秘，威力也更加巨大，民众对他也更加敬畏，供奉他的殿堂建得也越来越多，越来越宏大辉煌。

万寿宫地位从民间崇拜到官方主导

从有关资料来看，对许逊的崇拜，最初是从民间开始的。许逊生前，追随他的人就有不少。当他"拔宅飞升"后，乡里族人就在当地简单地立个祠，表达对许逊的尊敬与怀念。为建许仙祠捐资出力的，还有许逊的弟子，以及"蜀旌阳之民始从归者，继闻风者，竞赍金帛，负砖甓来甃坛井以报德"。有些信众还在建祠的砖瓦上镌刻自己的姓名。这是西山万寿宫最初的形式。这个时期对许逊的祭祀，仅在小范围进行，主要是家族或亲友及信众。祭祀活动也只是当时常见的，抽签、占卜、问个吉凶祸福之类。"以所遗诗一百二十首写之竹简，载于巨筒，令人探取以决休咎。"

随着时光流逝与变迁，虽然不断对许仙祠一次次修葺与复建，但因没有得到官方的任何关照，许仙祠逐渐消逝于无形。演变到最后，甚至连这些宝贵的记名砖瓦，居然"缘改修撤去"，人们再也寻觅不到了。

南北朝时期，许逊再次受到重视，开始出现关于他生前身后事迹的追述，许逊的声名空前迅速地扩大。按万寿宫志的记载："游帷观，即道遥山故宅。初，真君回自旌阳，奉蜀锦为传道质，而信于谌母，制以为帷，施于黄堂。及仙去，锦帷飞还，周回旋绕于故宅之上。南北朝改祠为观,遂名游帷。"①

　　根据这个传说,锦帷来自许逊曾经治理过的旌阳县,是许逊作为信物奉献给师傅谌母的,悬挂于谌母修道的黄堂宫一方。许逊升天之后,这个锦帷飞回了许逊居住的故地。谌母本是天上神仙,她让锦帷飞还许逊,说明许逊已经变成了获得上天眷顾的神仙。他已经从治水救民的道德高士,变成了神仙许真君;许仙祠也从南北朝时改名为游帷观。于是,对许逊的祭祀与崇拜,也走出家族、乡里、信众的小圈子,向更宽地域、更大范围、更多人群扩散,并历经南北朝、隋、唐、五代数百年,渐为世人所知悉、所祭拜。

　　但是,在隋炀帝时期,却发生过一段插曲,纪念许逊的祠观一度被毁。"真君飞升后,里人与真君族孙简就其地立祠,至隋炀帝时焚……观亦寻废。"祭祀场所被废弃,可见这一时期民众对许逊的崇拜,受到了严重的影响和冲击。

　　这可能与隋炀帝笃信佛教有关。隋炀帝推崇佛教,大建庙宇,以长安为中心建立全国性传教系统。许逊和他的净明道难免被边缘化。纵观中国历史,尊什么神,信什么教,在历朝历代都有讲究,被视为关系到朝廷兴衰存亡的大事。所以,从隋朝到元朝,围绕尊佛还是尊道问题曾组织过多次讨论。历史上也发生过"焚书坑儒"与毁庙杀僧一类的悲剧。北魏的魏太武帝曾下令剿杀3000僧人。清朝的太平天国运动,所到之处,无不摧毁寺庙道观。可以说,建庙拆庙的戏,轮番在历史的舞台上演。许逊和它的净明道,也难免不被裹挟到这些尊废争斗的漩涡之中。

　　到了宋朝,许逊再一次时来运转,对其崇拜由民间走向官方,甚至到了登峰造极的地步。宋真宗于大中祥符三年,决定升"观"为"宫",将游帷观改为"玉隆宫"。政和六年,宋徽宗又下达诏令,按照西京崇福

---

① 金桂馨等:《逍遥山万寿宫通志·卷七》。

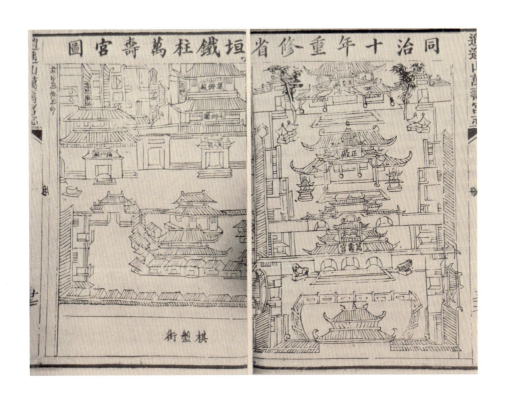

宫的规制，建设一座有"大殿六，小殿十二，五阁七楼，三廊七门座"的宫殿，前后三面壁绘许逊出访功行之迹，后殿安奉玉册，其上建阁，藏三诏御书。两庑复壁绘仙仗出入之仪，环以墙垣，并亲自命名为"玉隆万寿宫"。为了表示他的重视，他还"旁起三十六堂以处道众，护山田亩以作香花"。恩遇之隆一时为盛。世人称"玉隆创修，于斯为盛"。

梳理下来，从东晋开始，经历过三次嬗变，许逊从家族神走向公认的民间神，最后走向朝廷认可的国家神，走的是一条家神、民间神、国家神的路子。万寿宫也不断从祠到观再到宫，成为十分重要的宗教祭祀场所。

历代皇帝对万寿宫的赐名和题词

作为得道高人许逊，从一个家族神，走上法力无边、无所不能、众生祭拜的神坛，是与历代皇帝加封和题词分不开的。

利用人们对神的崇拜,来巩固自己的统治,这是封建王朝的常见手段。当民众拜什么神时,朝廷觉得可用有利,就会选择这个神并不遗余力地进行宣扬,皇帝就会想出各种各样的名号,安到这个神的头上,以让他光芒四射,吸引民众匍匐在他的脚下。

南北朝时,许逊的头衔是"九州高明大使"。这只是民间对他的尊称,还没附上多少官方色彩。

到了唐代,对许逊的崇拜引起了统治者的关注。武则天虽然信佛,但也不妨利用民众对许逊的崇拜,建立了一批祭祀许真君的道观。丰城的乌石观道士张开先,有幸被皇帝召见,并被敕建"旌阳宝殿"。李元婴在出任洪州都督时,曾请旨敕建祖师殿、玉皇阁、山门等。唐代著名道士胡慧超重修游帷观后,唐玄宗亲赐"游帷观"匾额,还赐香烛等物。武则天也抽空召见,敕赐金帛送行,并赐书致意。玄宗遣中使赍金帛,加意寅奉。有了统治者的大力倡导,无疑提高了民众对许逊崇拜的热情。

到了宋朝,来自皇帝的赐名和题词开始不断出现,进一步明确了万寿宫净明道作为正统道教门宗派的地位。开先河的是宋真宗,"玉隆"的名字来源于他;做得最充分、最到位的,则是宋徽宗,他亲笔加封许逊为"神功妙济真君",并赐"玉隆万寿宫"匾额,赐许真君像等。宋高宗绍兴二十八年,赐御书十轴,令本山宝藏之,以镇福庭。玉隆宫在建炎三年被金兵破损,将近百年失修,到宋理宗宝庆元年重修,上赐额曰"玉隆万寿宫"。

元朝统治者延续了前代崇拜许逊之风。元朝皇帝亲封许真君为与张天师齐名的"四大天师"之一。元成宗元贞元年加封许逊为"至道玄应神功妙济真君"。

到了明代,对万寿宫和许逊的加封热度依然不减。正德年间"赐金修葺铁柱宫",嘉靖"铁柱宫火,两赉帑金助修。上亲洒宸翰,有神仙抬世之句",并赐"妙济万寿宫";万历朝"颁给《道藏经》于万寿宫。时江右漕士建庙京师,疏请名额,上亲赐'灵祐宫'名"。

清王朝对许逊也崇拜有加。嘉庆年间封许逊为"灵感普济之神",咸丰五年皇帝亲题"诚祈应感"匾额赐予万寿宫,悬挂在正殿中额上。

正是朝廷和地方官府的重视,以及社会各种力量的广泛参与,使得万寿宫的香火绵延不绝,长久地闪烁在赣鄱乃至广袤的中华大地。

历代官民在万寿宫的祭祀活动

在人类社会早期,科学知识贫乏,人们对许多自然现象缺乏认知,心存敬畏并将其人格化,进而加以崇拜。为了祈求平安,人类便开展各种原始祭祀活动。随着社会的逐渐进步,祭祀的对象又慢慢扩展到了祖先和神话人物。可见,敬畏产生崇拜,崇拜衍生祭祀。没有敬畏和崇拜,也就没有祭祀。

如果说,人们初始对许逊的纪念是出于感念他的功绩,那么,自许逊被神化成仙之后,人们对他的祭祀,则完全是对神灵的敬畏和崇拜。

祭祀许逊的活动,主要分为民间和官方两大类。官方开始祭祀的准确时间无法查考,至少在宋代就已经开始了,到明代以后就成为惯例。朱元璋打败陈友谅不久,就大驾光临南昌铁柱万寿宫,给许逊进香。这是历史上第一个到铁柱万寿宫进香的皇帝,不仅极大提高了万寿宫和许逊的地位,而且为明王朝重视许逊与净明道信仰树立了典范。"高祖初定鼎,宴群臣于滕王阁,幸铁柱宫降御香,嗣是益重厥祀。"此后,凡到江西任职的明朝官员,都要到万寿宫焚香朝拜。清代延续了这一官方礼仪,被朝廷派到江西任职的地方官员,每逢许逊升天之日或其他重大节日之,都要举行隆重的祭祀活动。

民间祭祀活动,比起官方来,无论规模和参与人数,都更加气势壮观,且有一套固定的程序。整个祭祀分为"朝圣""南朝""西抚""开朝"和"割瓜"五大活动。这是万寿宫最庄严肃穆而又最热闹的时期。

"朝圣"指的是民众对许逊的集中祭祀行为。据光绪《逍遥万寿宫志》卷四记载:许逊飞升后,受上帝诏命,洪州乡民约定八月一日至十五日斋戒沐浴,到万寿宫进香朝拜,定为"朝圣期"。朝拜的时间也常常延至八月底其至九月初。朝圣期间,每天都有络绎不绝的朝拜者前往,有与家人一同前来拜谒祈福的,有组成"朝仙会"集体前来的,朝仙会来自各府县乡。香客有以村为单位、筹资组建的,人数多少不均。有的十几人,有的几十人到几百人。朝仙队伍领头是肩背二三尺长的竹龙香头,手托龙头走在队伍最前面。接着是举着写有"万寿进香"红旗的香客,其余的香客鼓乐器、带祭品,神情虔诚,热热闹闹,一片吉祥浩荡景象。进香路途上,进香团源源不断,乐音不绝于耳,步行或水路从南昌及周边等地赶来。①

"南朝"指的是当年许逊往黄堂宫拜谒谌母、答谢师恩的活动。据记载,许逊早年在江苏丹阳曾随谌母学道,学成回来后,每年必定前往丹阳黄堂宫拜谒谌母,谌母由衷感激。在许逊再次拜谒时,将手上的香茅往南抛去,并说:"你回去之后,找到香茅落下的地方,就地建祠,每年在那里拜我一次就够了,不必这么老远来看我。"许逊回到家乡后,寻到香茅所落之地,在距西山住所40里的黄堂,便在此建立黄堂祠。后来,每年八月三日,乡人都会抬出许逊神像前往黄堂宫拜谒谌母。《仙鉴》后集载:"新建、丰城二县之界有黄堂观,乃真君访丹阳黄堂所立祠,每年八月三日谒谌母之所。""南朝"时间都是固定的,南朝路线也被相约俗成。清代一位四度参加南朝的士人,对南朝路线的描述如下:"初三黎明,仙驾启行,白马前导,辟凶毒、警怠玩、觅旧迹、判是非,洪瑞二郡随本乡扈从者不下万人。初出东洪门……行数里,少息清溪观(憩真观);已,乃越淑溪滕,临新坊黄,经玻塘汤李、西村李受餐,托宿于紫阳观……厥明,登龙神坛,龙城众迎谒,随抵港北余姓,食。毕,由邱坊而南,问津小蜀江,世所称相公庙渡是也……登岸小坐……南行数里,黄

---

① 李红浪:《初探西山万寿宫的祭祀活动》,《科技信息(人文社科)》,2008,(36)。

堂在焉。"①

"西抚"则是还原许逊前往高安看望女儿、女婿的传说。时间是上元节后一天。每三年一次。西抚途中，乡民都会摆下贡品迎接神像，虔诚拜谒，祈愿得到真君庇护，祈求平安健康和幸福美满。西抚路线也是固定的，据《逍遥山万寿宫志》记载："上元日，宫中先迎（真君神像）至前殿，陈斋供三献之礼，诘朝乃行。初出东门，即南过望仙桥，经茂涌入黄姑庵。次至安里，迈入元都坛，少憩（坛在庙侧），次登师姑岭，入元仙靖。寻出驿路，再迈入小路二里许至朱塘。复出大路，至暗山头，遂至三十里铺。从者午食，乃渡九岗九溪，过龙陂桥，抵祥符观。瑞人多出城迎谒，号曰接仙。真君降舆，与黄君宴于殿前。十七日，复受享礼，主首侍从仙驾者，乃诣后殿，供献于许氏仙姑。次日，未五鼓而返回。"②

"开朝"是在正月二十八日。这天，乡民们"有建醮称贺者，有赛灯者，有接驾迎銮、迁座尸祝者"，但更具吸引力的是"游灯遍田野，以祈丰年、除旱涝虫蝻者"③。这是因为在传统农业生产条件下，水、旱、虫三害是农事活动的三大破坏力量，这种破坏力往往不是民众个体力量所能抵御的。所以，人们把希望的目光投向了心目中最可能提供帮助的神祇。简言之，"开朝"对许逊的祭祀，是农民预防农事活动可能发生灾害的措施，在农业生产开年的时候，为祈祷各项农事活动顺利避邪除害。

至于"割瓜"，据记载"每岁季夏，诸乡士庶，各备香花、鼓乐、旗帜，就寝殿，迎请真君圣像幸其乡土，随愿祓禳，以蠲除旱蝗……先期数日，率众社首以瓜果供献于前殿，名曰割瓜，预告迎请之期也。"可见，"割瓜"是为了祈愿"蠲除旱蝗"，其最终目的仍是期望许逊对农业生产活动的持续保护。

---

① 金桂馨等：《万寿宫通志·卷十一》。
② 李红浪：《初探西山万寿宫的祭祀活动》，《科技信息（人文社科）》，2008，(36)。
③ 金桂馨等：《逍遥山万寿宫志·卷十一》。

南昌西山万寿宫庙会

西山万寿宫庙会,是与祭祀活动相交织的一项重大活动。南宋白玉蟾(1134—1229)的《续真君传》清楚地记载了西山万寿宫庙会盛况:每岁夏季,诸乡士庶,各备香花、鼓乐、旗帜,就寝殿迎请真君小塑像到他们的乡社,进行祭祀和祈愿。此前数日,这些人要领着各乡社的头头,把瓜果献于前殿,对真君之像,惟前殿与寝殿的不能动,其他地方的可以随意迎请。"六旬之间,迎请周遍洪、瑞之境八十一乡之人,乃同诣宫醮谢,曰黄中斋。……仲秋号净月,自朔旦开宫,受四方行香、祷赛、荐献,先自州府始,远近之人,扶老携幼,肩舆乘骑,肩摩于路。且有商贾百货之射利,奇能异技之逞巧,以至茶坊、酒垆、食肆、旅邸,相继于十余里之间,终月乃已。"由此可见,庙会的规模盛大壮观,热闹非凡。时间从夏末开始,一直持续近两个月。目的是通过祭祀许逊,祈愿他护佑农业丰收,国泰民安。

西山万寿宫庙会,还为来自不同阶层民众提供了交流机会和场所。在此期间,"走人于道路,如赴王会而不敢后然。故凡绎络载道,舆而至止者贵豪,骑而来者富厚,步徒者近负担捆载,鸣金、引香、鼓吹而跋涉者远匍匐而行,襁负而前者童男女,扶杖以往观者父老,衣冠济楚、雍容安缓者翩翩士君子之流也。以及肩舁者阿娇,车御者老妪,与村妆箬冠芒履、茅团藤锡者,羽叟壶悬,释子衲佩"。这些不同阶层的民众,"莫不望宫骏奔、趋承杂进,瞿瞿然历阶而升,肃肃然入庙而敬,旅陈仪品,晋谒仙庭,祷祀各如其愿之所期许而后止","各谐其侣,随喜散步适趾",①形成一个跨界别、跨阶层的交流机会。官员士族、商贾儒生、平民百姓,借助庙会这个舞台,走到一起来了。这种跨越社会分层的集中活动,除了加强信息交流,融洽不同人群间情感之外,也给民众带来了商机。自从庙会出现以来,就有一个不成文的规矩:所有去西山朝拜的船只、车辆,只要在上面插上"朝拜福主""忠孝神仙"等旗号,都可免予官府检查,所运送的货物一概免税。这对于长年从事田间农业生产的农民和小本生意的商人来说,无疑是个绝好的机会。②

总之,历代官方和民间对许逊的祭祀,特别是西山万寿宫的民众祭祀和庙会活动,不仅大大增强了万寿宫的影响力,而且对增强民众之间的相互交流和了解,促进社会发展起了重要作用。

四、万寿宫文化的内涵及成因

自晋以来,对许逊的信仰与崇拜,在江西民间传承1600多年,从民众的膜拜到官府的认同,从崇拜许逊到崇拜许逊精神,千百年的发展和演绎,积淀成为一种特殊的万寿宫文化现象,成为赣鄱文化乃至中华传统文化的重要组成部分。万寿宫文化从江西走向全国,又从中国走向东南亚等国家和地区。它一路奔涌,有什么样的内在逻辑? 它千年不灭,有什么样的基因密码? 概括起来,万寿宫文化主要有这样一些内涵:

---

① 裴君弢:《游万寿宫记》,转引自金桂馨等:《逍遥山万寿宫志·卷十五》。
② 裴君弢:《游万寿宫记》,转引自金桂馨等:《逍遥山万寿宫志·卷十五》。

不惧邪恶，敢于搏斗

万寿宫文化，最具活力的内涵，是注入了许逊"不惧邪恶，敢于搏斗"的顽强精神，它是万寿宫文化最为重要的底色。

许逊一生功业系于斩蛟治水、治病救人。同自然灾害斗争，同疾病瘟疫斗争，同孽龙水患斗争，贯穿了许逊为官为民的全部生活，展示了许逊不惧邪恶，坚持正义，顽强斗争的优良品质。在许逊敢于斗争的传说与神话中，有两件事影响深远。据野史记载：东晋宰相、权臣王敦，是司马炎的女婿。永昌元年(322)王敦谋反，起兵武昌，攻入建康诛杀异己。许逊师徒为民众免于涂炭，防胡人南侵，会同郭璞对王敦进行劝诫。王敦不但不听，反而杀了郭璞，囚禁了许逊，后来许逊得神助脱险。劝诫虽然失败，但许逊这种为了国家和民众而置个人生死度外的精神是令人钦佩的。另一件是传说许逊与孽龙进行艰苦曲折搏斗的故事。许逊年轻时到长沙岳麓书院读书。一次，他随同窗到湘江游泳，拾得一颗黑珠，被同学唐亮抢去吞入腹中。唐亮随后化为孽龙，潜入水底。常年在江南作恶，或涝或旱，民不聊生。许逊辞官东归后，拜吴猛为师，学法除妖。重来长沙郡，直入洞庭湖擒妖。孽龙斗败之后，在三湘已无藏身之地，转道许逊的家乡，准备闹他个天翻地覆。许逊一路追踪，从长沙而浏阳，从浏阳而铜鼓，从铜鼓而鄱阳湖。孽龙一路千变万化，一会变人，一会成物，许逊始终能叫出唐亮的姓名。许逊与孽龙多次斗法，直到锁孽龙于西山，终于除妖孽，息水患，造福人间。

许逊不惧邪恶、敢于斗争的精神，所体现的是对国家之忠，对民众之忠，是无所畏惧的凛然正气。这就是万寿宫文化所蕴含最积极、最可贵的基因。得道多助，失道寡助。真理在胸，正义在手，任何艰难险阻都是可以战胜的，任何邪恶势力都不足畏惧。

万寿宫文化中不惧邪恶、敢于搏斗的精神，是中华民族立于不败之地的基因。

消灾治病，为民造福

许逊赢得民众崇拜的另一个重要原因，就是他施药救人，消灾治病，并形成了一套以净明方子为标志的治病救人、养生延寿的文化。这些净明方子体现了"消灾治病，为民造福"的具体实践，成为万寿宫文化最具烟火气的部分。

当然，许逊施药救人，消灾治病，有科学的一面，也有荒诞的一面。他画符咒治病，显然是医疗技术落后条件下的荒诞故事。但"信神如神在"，在缺医少药的年代，能给病人以积极向好的心理暗示，其产生的意念力也许有不可估量的作用。我国民间流传过有关意念治病的说法，符咒也可以视为这一类方术。是意念还是方术其实并不重要，关键是许逊为劳苦大众治病施药的实际行动。他把为劳苦大众服务作为自己的职责，这就是许逊难能可贵的品质。许逊的继承者如张洪崖、刘玉等，也传承了许逊的炼丹施药救人的事业，并开发研制出系列药方。比如治疗瘟疫热病甚至腮肿、丹毒黄疸，以如意丹、太乙丹、救苦丹、八宝饮等诸方为中心的净明药方体系。

不管是用何种方式治病救人，都是为民解难，造福乡里。给民众带来福祉，构成了万寿宫文化内涵又一抹靓丽的底色。

忠孝至上，清廉慎为

万寿宫文化从本质上传承了儒家忠孝节义的理念，用净明道解读儒家之说。按照许逊的主张，"忠孝至上，清廉慎为"，就是要贯穿在生活中，践行忠孝节悌，并持之以恒。只要如此不舍修炼就能道心通明、坚定，达成大道。① 在这个问题上，许逊还从立本、修身、建功、成终四个

---

① 《太上灵宝净明法序》：以孝悌为之准式，修炼为之方术，行持为之秘要，积累相资，磨砻智慧，而后道凑坚完，神人伏役，一瞬息间可达玄理。见金桂馨等《逍遥山万寿宫志·卷十》。

层面对修习细节进行阐述,要求世人理解"学道以致仙,仙非难也"①。并以此为基础,进一步明确修仙修的是性灵。只要践行忠孝,可致性灵不昧、终期长生。这显然有助于士绅和民众对许逊主张的理解与接受。

许逊还认为,按照忠孝廉谨进行修炼,只要求做平常人、平常事,不需要画符、驱神、捉鬼,不需要炼丹成仙,不需要离开人间社会躲进深山老林。所谓"欲修仙道,先修人道"。只要做到了忠孝,就可以成仙。而且强调修炼没有婚娶、素食的禁忌。或许正是这种接地气、不设门槛的开放姿态,适合下层民众的需求,使许逊的主张在民间有很大的市场。

"忠孝"思想是万寿宫文化的核心。"忠孝,大道之本也,是以君子务本,本立而道生,孝悌也者,其为仁之本欤?""非忠非孝,人且不可为,况于仙乎?"它既是中国传统的伦理道德思想,又有超世俗的色彩。许逊将忠、孝等伦理道德与成仙的理想结合,适应了个人与社会两个层次的发展需求,对社会教化起到了积极的作用。将"成仙"的终极理想,转到对现实人的关注上,成就现实的人,则必行忠孝之道,必须清廉慎为。这种伦理教化与社会道德实践结合的主张,对当代社会伦理建设依然具有积极的借鉴作用。

宽容大度,隐忍知足

万寿宫文化的雏形源自魏晋,当时的社会背景,给万寿宫文化打上了深深的烙印。许逊所处的时代,恰逢乱世,民不聊生,生灵涂炭。"永嘉之乱"后,北方士族大批南迁,与江南民众引发了新的矛盾。一方面是战乱下的人命草芥,另一方面则是士庶区隔如云泥之别。对下层民众为主体的许逊信众而言,这个环境既不友好也不公平。阶层固化成为社会矛盾的重要表现,"上品无寒门,下品无世族"。许逊可以施药救人,却无法撼动士族阶层的特权专横。面对不公,许逊要求信众退而自

---

① 《太上灵宝净明四规明鉴经》,转引自金桂馨等:《逍遥山万寿宫志·卷十》。

保,用"宽裕容忍"的态度换取"怨咎涤除"的结果。这个方法固然不够积极,但对苟全性命于乱世的民众,仍不失为一种有效的抗争方式。经过长时间的历练磨合,"宽容大度,隐忍知足"成为净明道信众的处世哲学,也逐渐成为广大民众的一种行为准则,构成万寿宫文化的重要内涵。

心存敬畏,善恶有报

因果报应源自佛教思想。中国普及佛教当在东晋之后,得益于两个人,一是鸠摩罗什大量翻译佛经,一是慧远"称名念佛"的发明。慧远的"阿弥陀佛",为佛教中国化做出了贡献,使原本高深莫测的佛教一下走到了寻常百姓之中。所以,把因果报应,引入万寿宫文化,当属许逊的高明之处。许逊"得道升天"体现的是一种善恶有报的思想,也是一种向善的诱导。要求世人面对现实,在现世生活中,行善积德,多做好事,普度众生,这样才会有好报。许逊最终获得"九州高明大使"与阖家"拔宅飞升"的结局,都是专心向善获得好报最有说服力的证据。

与人为善,是万寿宫文化的重要内涵,也是中华民族延续千年的美德。社会成员每一个人,都心怀善意,与人为善,广结善缘,自觉弘扬向善文化,这样整个社会就会化戾气为祥和,社会的文明水准才会更上一个台阶。

上述五个方面,既构成了万寿宫文化的基本内涵,又体现了万寿宫文化的基本特征。

万寿宫文化的成因

唯物史观认为,任何一种文化的形成,都离不开一定的历史条件。万寿宫文化作为一种区域特色文化,其形成也离不开当时的历史环境。探究万寿宫文化的来源,主要有这样几个方面。

首先,来源于对许逊功德的崇拜。许逊不顾个人安危,斩蛟治水,

南昌西山万寿宫

治病救人的功德,深深为当时和后世的人们所称道、所敬仰。这种功德,因为万寿宫建筑而物化,形象地扎根在人们的心目中,成了万寿宫文化的内核。从某种程度来说,万寿宫成了善行美德的象征。人们去万寿宫祭祀,首先想到的就是要像许逊那样为民造福。

其次,来源于对许逊主张某些内容的借鉴。他提出的"净明忠孝"概念,其中饱含着中国传统文化的某些精华,同时吸收了儒家、佛家等思想,并打上其不同时代的烙印,从历史时空隧道一路走来,成为一种地方特色明显、流传范围广阔、影响时间悠长、极具伦理价值的赣鄱文化现象。如主张对人要忠而不要欺骗,要清廉不要有贪心,对长辈要孝敬,对人要宽容,要与人为善等等。在长期的实际生活中,这些内容都有机地揉进了万寿宫文化。

再次,来源于民众对美好生活的向往。汉代董仲舒曾提出"天人感应"一说,讲天意和人事有着一种相互感应的关系,认为上天能影响人事,干预人事,预示灾祥。人的行为也能感应上天。许逊一生存善心,做好事,飞升上天成了神仙。在一般民众看来,这就是上天对他的眷顾,是一件非常美好的事情。他们也希望能像许逊那样,通过自己的努

江右商帮与万寿宫文化

力,多做好事善事,在不断提升自己同时,能够感动上天,获得上天的青睐,赢得一个幸福、圆满的未来。这样,民众对美好生活的期盼也就顺理成章地成了万寿宫文化的重要内容。

这里需要特别论及的是,万寿宫文化的形成,历代文人、士大夫有着重要的创造与贡献。

从有关文字记载看,许逊事迹和万寿宫,一直是历代文人和士大夫抒情言志的重要对象。通过他们的颂扬和阐述,不仅把许真君推崇到了极致,而且拓展了万寿宫文化的内涵。北宋名臣王安石撰写了《重建旌阳祠记》,不仅极力赞扬许逊"能御大灾,能捍大患"的事迹,还一再声称他的画符咒水等方术之所以有成效,是因为他爱民至诚。精诚所至,金石为开。[①] 这样,许逊的形象也就成功地被"人性化",成了一个关心民瘼、济危救困的士大夫形象。曾经主持《永乐大典》修撰的南昌人胡俨撰写了《豫章许、韦二君功德碑》,将许逊与历史名人、江西按察使韦丹相提并论。罗列许逊的事迹,称"环千里之间民物奠安,其功大矣"[②]。明代的大学士张位在《重建万寿宫记》中标举许逊治水之功,称其可媲美黄帝、大禹,"试观黄帝、神禹之事,而旌阳之品固可衡矣"[③]。明朝隆庆时,兵部左侍郎兼都察院右佥都御史万恭在《重新玉隆万寿宫碑记》中,盛赞许逊治理旌阳的经验,"则先生为令,若化良善、诛恶逆,有循良风,一之以净明忠孝为本"[④]。明末清初的吏部左侍郎熊文举在《重修玉隆宫鼎建玉皇阁碑记》将许逊倡净明忠孝学说之功,媲美于儒家孔孟先贤,"夫净明之经,本诸心性忠孝之道,弥贯人伦;真君之教,固与孔、孟并耀同垂"[⑤]。清朝时曾任江西巡抚的岳濬也认为许真君"忠孝全而人道尽,人道尽而其道可儒可玄,其人可仙可圣,盖既为宇宙之

---

① 王安石:《重建旌阳祠记》,转引自金桂馨等:《逍遥山万寿宫通志·卷十五》。
② 胡俨:《豫章许、韦二君功德碑》,转引自金桂馨等:《逍遥山万寿宫通志·卷十四》。
③ 张位:《重建万寿宫记》,转引自金桂馨等:《逍遥山万寿宫通志·卷十五》。
④ 万恭:《重新玉隆万寿宫碑记》,转引自金桂馨等:《逍遥山万寿宫通志·卷十四》。
⑤ 熊文举:《重修玉隆宫鼎建玉皇阁碑记》,转引自金桂馨等:《逍遥山万寿宫通志·卷十四》。

完人,即为千古之真人"①。

与来自士大夫对许逊评价不同,文人骚客在游历万寿宫、赏析许逊功业事迹时,更多地看到的是万寿宫的烟火气。在他们的诗词文章中,许逊和万寿宫,不再是神灵祭祀场所,而是江西人尤其是南昌人最为熟悉亲近的老邻居。逢年过节,甚至游春踏秋,纷纷涌向西山,去拜访他的居所,聆听他的故事。文人裘君弢在他的《游万寿宫记》中就以家近万寿宫为豪:"吾邑中有仙人迹,曰万寿宫,亦曰逍遥山,盖道家第四十福地也。地旷远而基弘敞,甚宜人游……岁一无虚日,尤极盛于秋之中月。"②在他的记录中,无论富贵贫贱、各色人等怀着不同愿望来到万寿宫,在祈祷游览同时,也将满满的人间烟火留在了笔端。可以说,没有历代文人士大夫的文辞,万寿宫文化也就不会有如此的丰富,也就不会有如此强大的生命力。正是这些活泼灵动的生命力贯穿了时空,推动着万寿宫文化始终生机勃勃,世代传承。

综上所述,万寿宫文化是许逊事迹与神话交织、民间和官方崇拜与祭祀、儒释道三家的影响、民众对未来幸福向往等多元素相互融合的产物,是在江西这块水灾、疾病、虫害多发的土地上孕育生长起来的一种区域特色文化现象,在中华文明五千年历史长河中独树一帜,将永载中华文化光辉灿烂的史册上。

① 岳濬:《新修万寿宫碑记》,转引自金桂馨等:《逍遥山万寿宫通志·卷十四》。
② 裘君弢:《游万寿宫记》,转引自金桂馨等:《逍遥山万寿宫通志·卷十五》。

第二章

江右商帮的形成与特征

　　商业的概念,源于原始社会以物易物的行为,它的本质是交换。交换的前提是买卖双方基于对商品价值的认同。因此,商业活动、商业行为,古已有之。可以说,自从人类生产活动有了分工,就有交换的需求,就有了商业活动。

　　原始社会末期,人类经历了狩猎业与农业、手工业和农业两次大的社会分工。

　　马克思认为:一个民族的生产力发展水平,最明显地表现在该民族分工的发展程度上。

　　中国古代商业产生于先商时期,发展于秦汉,至隋唐出现了封建商业繁荣。

　　江西这片土地,很早就有人类活动。从 50 万年前到 2 万年前,从旧石器早期到晚期,从直立人到智人,江西先民筚路蓝缕,依托自然环境为自己、为族群奋力争取生存空间,又用朴素的智慧和探索精神利用自然、改造自然。寻踪江西这块土地上商人的活动,最早至少可以追溯到商代。

　　2014 年,考古工作者在九江荞麦岭发掘一处商代遗址,掀开了商代早期江西商业文明的一角。2000 多平方米的发掘探明,这个遗址占地 5 万多平方米,它附近还有 7 个相同的遗址,分布在张家河两岸。出

土的各种陶片足足装了几百筐,各类文物标本1000余件。遗址的文化内涵以中原商文化因素为主,是中原商文化经略南方地区的重要证据。它是一座古老的城市:遗存的生产工艺、工具、建筑表明,这里有青铜冶炼生产区、居民生活区,有农业,有工厂,有市场。它不仅仅是区域性市场,还是个足以辐射中原的全国性市场。而这里离距今3500多年前的瑞昌铜矿遗址约40公里,与南面的新干大洋洲商代青铜器挖掘现场也不过200公里。而荞麦岭并没有铜矿,我们有理由相信他们之间有商业行为。

在原始社会早期,人们的商业行为只是简单的实物交换。随着生产发展和社会进步,出现了专门的商人。江西商人出现的时间很早。而从商人到商帮的出现,又经历了一个漫长过程。这个过程,变化的表象是经商的组织形式,但内核是生产力发展带来生产关系的重大变革。

江右商帮是中国商业史上较早出现的商业群体。从对现存有关历史资料分析,江右商帮大致形成于明朝永乐至天顺年间,清朝康熙、乾隆年间达到鼎盛,衰弱于晚清至民国初期。史学家白寿彝指出:"明代的商人以商帮的形式出现于历史舞台","除去'江右商帮'兴起较早外,其余的九大商帮均形成于成化、弘治以后"①。

那么,是什么样的社会环境催生了江右商帮?

一、江右商帮形成的社会背景

发生在历史上的任何重大政治、经济、文化现象,都有它外在的特定环境和内在的发展逻辑。江右商帮作为一种封建时代的商业组织,在中国经济舞台上崭露头角,有着深刻的历史和社会背景。

明初统一战争为江右商人提供了发展舞台

公元 1363 年,朱元璋在鄱阳湖剿灭了陈友谅,扫除了称霸天下的最大障碍,奠定了一统中国的政治、军事基础。在取得鄱阳湖大战胜利之后,朱元璋紧锣密鼓,布局、谋划统一全国的战争。他以江西为大本营,作为明军重要物资供应和兵源动员基地。从洪武初年(1368)开始,至洪武二十年,先后发兵五六十万人,挺进中原、杀进漠北、西征四川和云南。北伐偏师也是从江西、湖广进军河南、陕西,最终扫平了四方割据,实现了大明的一统天下。

当时,随同明军从江西出发的有三支队伍,一是江西籍的正规军;二是支援前线的随军后勤辎重队伍,运送粮草与物资和各种军需品,保障战争的供给;三是组织采购粮食与生活用品的商人队伍,为战乱中的民众提供生活必需品。"洪武元年,明太祖曾命浙江、江西及苏州九府,运粮三百万担供应北伐大军,以后江西每年都要运粮至北方。"②除了军粮之外,诸如布匹、纸张、木材、瓷器、金属器械也通过江右商人运往前线,保障战争供给。

洪武四年(1371),朱元璋命大将傅友德、廖永忠分水陆两路进兵四川,讨平明玉珍后裔;洪武十三年(1380),庐陵邓鹤轩以兵部员外郎定

---

① 白寿彝:《中国通史》第 9 卷,上海人民出版社、江西教育出版社,2015 年版。

② 钟起煌主编:《江西通史·明代卷》,江西人民出版社,2008 年版,第 50 页。

居四川广安。洪武十四年,朱元璋复命傅友德等留江南、江西、湖南、河南四部司兵守之,组织军人家属入滇,实行卫所军户屯田,采取"三分防守,七分屯种"的军屯政策。洪武年间,明朝政府把军屯作为重要军务,朱元璋曾下令曰:"兴国之本,在于强兵足食……自兵兴以来,民无宁居,连年饥馑,田地荒芜,若兵食尽资于民,则民力重困,故令尔将士屯田,且耕且战"①。军屯寓兵于农,使士卒平时耕种,有事便执戈上阵。其有利之处在于,一方面可将军队平时的农业劳动所得充作军粮,以减少民众的军饷负担,另一方面又可以开发边疆,避免土地荒废。

为了解决军队粮食的供给,还招引安徽、山西、江西等省的商人广种粮食,换取盐引。据《明史》记载:"洪武三年,山西行省言大同粮储,自陵县运至太和岭,路远费烦,请令商人于大同仓入米一石,太原仓入米一石三斗,给淮盐一小引,商人鬻毕,即以原给引目赴所在官司缴之,如此则转运费省而边储充。帝从之,召商输粮而与之盐,谓之'开中'。其后各行省边境多召商中盐以为军储,盐法边计,相辅而行。"②所谓"开中",实际就是以米换盐的办法。让商人把粮食和生活必需品运送到前线或边疆,取得盐引;商人凭盐引取得经营食盐的合法资格;江右商人,踊跃为之。为了减少交通成本,缩短运输半径,商人们灵机一动,何不雇人在边疆和前线开荒种地,就地以粮食换盐引? 这就是所谓商屯。

明初的统一战争中,朱元璋攻城略地,收获颇丰。但接下来的问题是如何守住阵地,稳定疆域,巩固胜利成果。除了军屯保卫边疆外,还有计划地组织边疆移民,开发西部,就是所谓"民屯"。

"军屯""商屯""民屯"三屯叠加的态势,构成了明初边境开发建设、振兴农业经济的基本格局。

果然,三屯政策对于开发边疆,发展农业,挽救濒于崩溃的明初经济发挥了重要作用。从洪武元年到洪武二十六年(1393),全国新增耕

① [明]姚广孝纂修:《大明实录(明太祖高皇帝实录)》,钞本,卷十二,第90页。
② [清]万斯同主编:《明史》,卷八十,《志》第五十六。

地 857 万公顷,元末以来耕地大多撂荒的局面得到根本改变,农村经济面貌为之一新。

作为北伐西征的后勤物资供应基地,作为军屯兵员来源地之一,作为"开中"政策积极参与者的江西盐商,作为随同移民迁徙的江右商人,成为江右商人形成的基本队伍。但这个时候谈江右商帮还为时尚早,因为明朝之初,面临人口锐减、经济崩溃,人民生活极度贫困,大量土地抛荒。朱元璋面临的主要矛盾是如何尽快恢复战争创伤,大力发展农业生产,推行重本抑末政策。把商人划入庶民范畴。甚至对于商人穿衣戴帽都有严格的限制。《明史·舆服志》记载:"(洪武)十四年令农衣绸、纱、绢、布。商贾止衣绢、布。农家有一人为商贾者,亦不得衣绸、纱。"①皇上亲自发话,规定商人穿什么衣服,不能穿什么衣服,严格对商人衣着进行限制,目的是防止商人因富裕而奢华,招摇过市,炫耀身份,由此误导社会成员舍本趋末,影响农业发展。可见明初的商业环境是极不宽松的。

严苛的户籍、土地政策和人多地少的矛盾把一批江西农民逼上了商道

构成封建经济大厦的主体是自然经济,基本是农业。国家的财政收入几乎全部来自田赋。所谓"赋从田出"。元末的战乱,导致户籍与土地册散失严重,给政府赋税和徭役征收造成极大困难。农民出身的朱元璋,比谁都清楚户籍、土地对农民、国家的重要性。明初,朱元璋对户籍、土地制度进行了系列重大改革。洪武元年,朱元璋刚刚宣布定都南京,即派出国子监生等 164 人,前往江苏、松江等地核实田亩税赋。朝廷先后多次组织全国性的土地勘察丈量。洪武十四年推行里甲制度,管理基层民众。在此基础上,把全国人口按所从事职业,分为民户、军户、匠户三类,造册登记。以户为单位,每户详列乡贯、姓名、年龄、丁

---

① [清]万斯同主编:《明史》,卷六十七,《志》第四十三。

口、田宅、资产等,逐一登记在册。送给户部的一册,封面用黄纸,故称黄册。按规定,黄册 10 年一造,每册一式 4 份,分别上报中央户部及省、府、县有关机构。民户务农,并向国家纳农业税、服徭役。与此同时,编制修订"鱼鳞册"掌控全国土地位置图,使赋役的征收具备了确实依据,有效防止产多税少或有产无税的弊端,政府税收有了保证,耕地及税额也有所增长。到洪武二十四年(1391),赋税收入仅米麦一项,就由洪武十四年的 2610 万余石,增至 3227 万余石。鱼鳞图册的编制,对于巩固专制中央集权国家的经济基础,发挥了重要作用。黄册户籍制与土地鱼鳞册管理,使人口与税赋,从混沌状态变得清晰明了,一个萝卜一个坑。朝廷的钱袋子开始丰盈了,但它的副产品也如影随形。严格的户籍、土地管理制度,使户籍与农民,农民与税赋清清楚楚。原来人多地少的矛盾从理论层面,变成了现实问题。尤其在江西,元末人口集聚,豪强兼并土地,失地农民骤增。农村剩余劳力凸显,流民问题提上日程,以吉安、抚州、南昌、上饶为最多。一部分流民流往赣南山区,大部分流向湖南、湖北。因为在本省流动,里甲长强迫入籍,分摊税赋。这股流民潮出现与官府组织的移民交汇,与"商屯"纠集,使江西在洪武、永乐年间转移人口 200 多万。

流民的生活出路,有往外省落脚从事农业开发的,也有相当多的转而经商,从事贩运农产品、本地手工业产品小买卖。南昌文人章潢在《图书编》中讲到了这种情况。他说:由于赋役日渐繁重,人地矛盾日益突出,江西很多地区的壮年劳动力大都经营于四方,甚至弃家而不顾。这或许正是江右商帮百分之六十来自贫困家庭、来自失地农民的缘由。"一个包袱一把伞,跑到湖南做老板",这耳熟能详的俗语,从侧面描绘了江右商帮生活选择的无奈。

公元 1402 年,燕王朱棣夺了朱允炆的皇位称帝,改年号为永乐。朱棣是个雄心勃勃、颇有作为的皇帝。登基伊始,他就决定迁都北京。为了建设新都城,朱棣首先下令移民。永乐元年(1403),第一批流放犯

一个包袱一把伞，跑到湖南做老板

人调往北京开荒，紧接着在江南九省迁徙 24000 户富民落户北京，调集全国 10 万官兵修建紫禁城。永乐九年（1411），朱棣又下令工部尚书宋礼征民夫 16 万，疏浚大运河。江右商人每年通过运河漕运粮食达 600 万担。朱棣还出台特殊政策：允许漕运船主私带农产品、手工业制品到北京、天津等运河沿岸城市销售。运河两边各大城市商品开始活跃，大运河码头嘈杂的叫卖声中，不乏江西方言。

这个时期，分布在全国各地的江右商人，经过近半个世纪的艰苦奋斗，迎来了重要的发展机遇，江右商人队伍不断扩大。不但把生意做到全国，而且越洋过海，把生意做到东南亚及欧洲各地。

海禁政策为江右商人提供了难得的发展机遇

元末明初时，隔海的日本国封建诸侯割据，互相攻伐。在战争中失败了的封建主，就组织武士、商人、浪人（即倭寇）到我国沿海地区进行武装走私和抢掠骚扰。洪武年间，朱元璋为防沿海军阀余党与海盗滋扰,下令实施海禁政策,片板不许入海。早期海禁主要对象就是商业,禁止中国人赴海外经商,也限制外国商人到中国进行贸易(进贡除外)。明永乐年间,虽然海禁政策仍能继续执行,但放开了朝贡贸易。私人从事朝贡贸易成为对外贸易的合法途径,"这种贸易形式在永乐至宣德年间臻为鼎盛"①。明朝实行海禁政策的100多年间,经历了一个时紧时松的多变过程,江右商人也或明或暗通过各种途径携瓷出海,参与沿海商人走私贸易。

永乐年间,朱棣命郑和下西洋。尽管朝野对此有很多猜测,有寻找不见踪影的朱允炆之说,有炫耀大明盛世之说,也有施压外邦"朝贡"之说。但无论怎么猜测,从1405年至1431年,郑和七下西洋之后,扩大了明王朝在世界的影响,使朝廷"寡人"知道世界之大、天外有天,特别是通过七下西洋,开辟了100多条航线,促进了中国同东南亚、欧洲乃至非洲东部、澳洲的贸易。同时也为江右商帮提供了用武之地。大量丝绸、棉布、茶叶、瓷器运往海湾国家,换回了大量白银。

因为海禁,凸显了江西在商品贸易中的区位优势,便利了江右商的商业活动。

1453年,拜占庭帝国灭亡,预示着欧洲中世纪的结束,世界进入地理大发现、殖民主义时代。生产、分工、交换开始有了国际的需求。这迫使明王朝在全面海禁的前提下,有限地设置开展朝贡贸易的市舶司,允许宁波、泉州、广州三地开展朝贡贸易,而且规定宁波市舶司只能接待日本使者,泉州市舶司只许接待琉球使者,限定了进贡的周期、贡船及随行人员的数量;同时,只允许广州市舶司接待东南亚及印度洋地区的商人。嘉靖元年(1522),由于沿海地区常遭日本倭寇骚扰,朝廷下令关闭了宁波、泉州两个港口,仅留了广州一个港口。这实际上变成了广州一口通商。这样实行的结果,使得南北贸易、对外贸易、货物流通,主

① 白寿彝:《中国通史》第9卷,上海人民出版社、江西教育出版社,2015年版。

要依靠"运河—长江—赣江—北江"这一通道,全长3000多公里,经过北直隶、山东、南直隶、江西、广东等地,江西境内1000多公里,占了三分之一。它与长江交汇,形成水上商道"黄金十字架"。这无疑强化了我国内外贸易对于这条南北运输线的依赖,这不仅使得江西在国内外的贸易中处于极为有利的地位,更为江右商人的活动提供了前所未有的广阔空间,有利于江右商人向外拓展,而且极大地促进了江西商业的繁荣。明代张瀚在《松窗梦语》中,记述自己从浙江富春至广东会城的旅途见闻,描绘了沿途商业繁华的景象。自铅山西南至弋阳、贵溪、安仁,达饶州,而"余干之瑞洪塘则民居辐辏,舣舟蚁集,乃东南商贾往来之通道"[①]。隆庆元年(1567),朝廷开放了漳州月港,史称"隆庆开关"。从此允许民间赴海外通商,为中外贸易与交流打开了一个全新的窗口,海外贸易得以迅速发展,国内商品日趋活跃。江右商人也乘势而动,驰骋江湖,纵横商海,如鱼得水。一时间,鄱阳湖上的吴城、河口、景德镇、樟树镇买卖兴隆,商通四海。"装不尽的吴城,买不尽的汉口",就是当时鄱阳湖这些商镇繁荣景象的写照。

"江西填湖广"大移民,扩大了江右商人队伍

明朝调整全国人口布局,是从朱元璋开始的。他力图通过全国性大移民,加快人口增长,恢复社会经济元气,巩固朱家天下。还在明朝建立的前一年,即公元1367年,朱元璋就命大将徐达在挥师北伐的同时,迁徙苏州富民充实安徽亳州,为对得起支持他的父老乡亲。移民运动,由此拉开序幕。移民的原则是从"狭乡"移居"宽乡",均衡人口,调节地力,使"地无遗利","人无失业,而有恒产"。明政府主导的移民运动,从1367年开始,至永乐末年结束,前后历时60年。明史有记载的、政府组织的大规模移民有18次之多。朝廷制定了优惠的移民政策:每

---

① [明]张瀚:《松窗梦语》,清钞本,卷二,第28页。

人（户）分田15—50亩不等，政府提供粮食生产自救和农具，免三年税赋。而江西的移民，从元末明初开始，一直延续到清前期，既有政府组织的有序流动，也有因失去土地而寻找生计的流民。

我们先看军屯。洪武八年（1375），全国性军事行为基本结束，明朝军队即开始屯田戍边。这年正月，"遣卫国公邓愈、河南侯陆聚往陕西，山中侯汤和、平章李伯昇往彰德、真定，指挥冯俊、孙通、赖镇往汝宁……董兵屯田，开卫戍守"①。实际上是从江南向北方人口稀少地区军事移民。洪武十九年，命唐胜宗往云南训练军士。到洪武二十三年，云南有军屯人数达十三卫。按明军建制，每卫官兵5600人，连同随军家属约20万人。上述邓愈、陆聚、唐胜宗等人，长期驻军江西，其兵源大多来自江西本土。

再看移民。洪武二十三年，湖南常德府武陵县民上书，说武陵等十县，自丙申（1356）兵兴，人民逃散，而土旷人稀，耕种者少，荒芜者多。邻近江西州县，多有无田失业之人。乞敕江西量迁贫民开种，庶农尽其力，地尽其利。明太祖"悦其言，命户部遣官于江西，分丁多人民及无产业者，于其地耕种"②，这是史上出现的江西人口大量流入湖广（湖南、湖北）等地区的所谓"江西填湖广"现象最官方的文字记载。洪武年间，江西总计移民214万人，其中饶州移民近百万人，大多是从饶州鄱阳瓦屑坝出发的。移民自鄱阳县瓦屑坝河下登舟，经鄱阳湖出湖口入长江，然后或溯江而上到湖北、湖南、四川等省，或沿江而下到安徽、江苏等地，其中移民较多的是安徽凤阳、合肥、桐城、安庆，湖北的武汉、黄州和湖南的长沙等县市。这些地方迄今还留有当时迁徙的痕迹，如武汉有"鄱阳街"，汉川有"江西湖""江西垸"，蕲州城东还有地名"瓦屑坝"等。安徽合肥也有不少江右商，"庐阳之民朴茂少文，守礼义，重廉耻。地产红米，丰岁一金可易四石。尤多药物，江南、江右商贾咸集聚

① ［明］姚广孝纂修：《大明实录（明太祖高皇帝实录）》，钞本，卷九十六。
② ［明］姚广孝纂修：《大明实录（明太祖高皇帝实录）》，钞本，卷二五〇。

江西移民的出发地之一：瓦屑坝

焉"。据有关资料记载，明初湖北地区总人口 172 万，其中本土 75 万，民屯移民 79 万，军屯移民 18 万。这 97 万移民中，江西籍多达 69 万。另据葛剑雄编的《中国移民史》，江西在云南民籍、军籍移民合 70 多万，其中军籍 25 万，流民近 30 万。由此亦可窥见江西人在西南地区迁移人数之一斑。江西商人到达贵阳立足的时间也很早，史料记载，早在元末江右商人即前往贵阳经商。元至正年间（1341—1368），江西庐陵商人彭如玉至贵阳，"在此创设普庵堂，供祀普庵祖师。其后僧人真贤继承其业，拓建大雄宝殿、毗卢阁，规模初具，遂改名大庆寺"①。可以说，彭如玉是前往贵阳较早且有名有姓的外省人。《石阡府志》的统计表明，该府明代历任知府中江西籍有 10 位。历任江西籍知府主政石阡时，对石阡的开发建设、移风易俗做出了巨大贡献。同时也为江右商帮进入石阡提供了良好环境。李鉴为石阡开府后第一任知府，史载其于"永乐十一年莅任时，石阡为新造之府，百端待举。鉴创制立法，导民变俗。九载任满，遮留载道"②。其在任期间修建文庙，引进大量江西籍

① 何静梧、郑荣晴、林岚：《贵阳掌故》，贵州教育出版社，2001 年版，第 137 页。
② ［民国］周国华修，冯翰先纂：《民国石阡县志》，油印本，卷五，第 275 页。

人才入黔。郭原宾于万历三十一年升任石阡知府,他主政石阡时,"建筑南北坛,重修学宫。新开河初甚浅狭,有碍舟楫,原宾凿而深之,至今舟楫便利"①。曾之可于万历四十五年履任石阡知府,他在任时创建文峰塔、明德书院,辟太虚古洞,抚恤庶黎,士民德之②。

在贯穿于明朝 200 多年的移民运动中,江西在籍人口减少近千万。其中两湖、两广、云贵川的江西移民最多,云南和贵州有一半是江西移民。

值得关注的是,江西移民迁徙,并非继续从事农业耕作,相当多的人数从事经商做生意。这使江右商人的队伍得到了空前的扩大。在河南,明朝前期这里就有很多江右商人。天顺年间的大学士李贤说:"四方之贾归焉,西江者尤众。"他还对江右商人在当地放债的情况进行了描述:每逢播种季节或有婚庆喜事之时,江右商人便会以高利息借钱给当地人。到期后连本带息一并归还。"由是终岁勤动,其所获者尽为贾人所有矣。"而当地人却"为其劳力而不知也","宁与之利而甘心焉。"为此,他发出感叹:江西商人"善贾","谲而且智"。这也有力地证明了江右商人远在明天顺年间就已在河南扎根立足。

经济和营商环境的进步,为江右商人奠定了发展基础

从明太祖洪武到天顺年间,明朝经历了近百年的发展,政治、经济、社会、文化、国力有了巨大进步。特别是在明成祖朱棣的永乐年间,经济社会进一步发展,民族团结进一步加强。包括东北、西北、西南、西藏、青海地区,设立了行政机构,明朝国力达到鼎盛。

首先是农业的发展。明初施行的土地、户籍政策,极大地推动了农村蓬勃发展,农业生产取得了巨大进步,商品性农业获得了规模性增长,以粮食生产为主、家庭纺织原料为辅的自给自足性质的经营格局被

① [民国]周国华修,冯翰先纂:《民国石阡县志》,油印本,卷五,第 277 页。
② [清]罗文思纂修:《乾隆石阡府志》,清乾隆三十年刻本,卷六,第 126 页。

逐渐被打破。粮食种植和保有量大幅提高,从1405年,全国税粮连续三年保持在3100万担左右,每户平均缴纳税粮三石。永乐元年开始,军民屯田收入也走向高峰,达2345万担,加上户纳税粮,全国人均税粮超过100斤。这从当时的粮食消费水平看,是极为罕见的。经济作物在种植中比重大幅提高,商品性农业开始出现。棉花、蚕桑、麻等经济作物种植得到大面积推广,番薯、玉米等农作物传入我国,茶、果、药、烟、颜料、油料等经济作物也不断扩大面积。明政府采取强制性措施,推广经济作物种植。明文规定每五至十亩耕地,必须配种棉、麻、桑各半亩,十亩以上的农户加倍配种。江西成为棉花主要产地。朝廷还规定两税中的丝、棉、麻征缴比例。洪武二十六年,江西征绢15477匹。因为经济作物的面积不断扩张,原粮食主产区的长江下游地区不得不挤压粮食种植面积。原来谚语"苏湖熟,天下足"变成了"湖广熟,天下足"。万历年间,全国的农产品总量达到696亿斤,水稻单产有的地方达两石(300斤)。

手工业获得快速进步。种植业的发展,特别是经济作物的种植面积扩大,为明代前中期手工业的发展提供了较为充足的原料,江南地区成为官营丝织业中心,棉织业在江西农村也十分普遍。明代初期,景德镇、浮梁制瓷以官窑为主,永乐年后,景德镇制瓷业发展到鼎盛时期,成为全国制瓷业中心。宣德年间,拥有官窑58座,脱胎、彩釉技术也获得长足发展。民窑也开始逐步成为瓷业主角。在手工业充分发展的条件下,有的手工业部门出现了具有一定规模的生产。

生产的发展,倒逼商业流通跟进。既为商人的发展提出了新要求,也促使商业经营要素不断完善。那种完全靠单打独斗式的商业方式,无法适应流通交换发展的需要。特别是全国性市场的开始出现,"滇南车马,纵贯辽阳;岭徼宦商,衡游蓟北"①。相互合作,抱团发展,更成为

---

① [明]宋应星:《天工开物》之《卷序》,明崇祯十一年刻本,第1页。

江西古代商船

商业生产的迫切需要。"商帮"组织形式的经营活动,呼之欲出。

也正是在这种条件下,商业环境逐渐发生重大变化:

一是商人的社会地位开始发生变化,社会氛围开始由轻商转向重商。原来的"士农工商"排序发生了微妙的变化,"商"不再排在最后一位。士商相混,亦儒亦商,成为一种趋势。明代著名思想家、政治家、文学家丘濬说:"今天下之人不为商者寡矣。士之读书将以商禄,农之力作将以商食,而工而隶而释氏而老子之徒,孰非商乎? 吾见天下之人,不商其身,而商其志,比比而然。"①政治家、文学家从不同的角度,为商业正名,为商人正名。这个时期的营商环境,比起明初朱元璋限制商人穿衣打扮,要宽松得多。

二是交通条件大为改善,有利于大规模远距离贩运。明成祖疏浚运河,大大提高了运河的通行能力,转运漕粮,流转京城建设物资。据《江西通史》记载,仅1393年,明朝夏秋赋粮2900万担,江西约占10%,

① [明]丘濬:《重编琼台稿》。

达 266 万担。这些官粮由江右商人漕运至京城,满足朝廷和附近地方的需要。同时,大规模开展交通基础设施建设。至隆庆四年(1570),全国开通水陆路程 143 条,其中南京至全国各地的长途路程就有 11 条,通过 8 个方向,组成了四通八达的商道网络。

三是支付手段白银化有利于商品规模化流通。明朝初期,实行的是纸钞和铜钱并用的货币制度,这本来是一件方便交易的好事。但因禁用白银而大量发行纸钞,导致纸钞很快泛滥贬值,白银不可遏止地成为公私交易的主要货币。首先是碎银成了民间交易的货币。其次是官方对赋税的征收改为了白银。明正统元年(1436),南畿、浙江、江西、湖广、福建、广东、广西上交朝廷的米麦共 400 万石,由以前的交纳实物改为了交纳白银,每石米麦折银 2 钱 5 分交纳,共计折合 100 万两白银,上交朝廷承运库,称为"金银花"。赋税由实物改为交银,适应了经济发展要求,极大地促进了商品流通。到成化二十三年(1487),已扩大至全国,"概行于天下"。明朝中期,白银货币化,提高了货币信用,改善了经商支付手段。特别是张居正的"一条鞭法"改革,税赋一律征收银两,简

水上纤夫

便了征收程序,有利于商品经营活动,客观上推进了商品流通进程。公元1435年,河南南阳知县李桓圭甚至上书朝廷,说治下有很多江右商人放贷生息,引发民间诉讼。要求朝廷命令禁止。更过分的是河南布政使年富,1449年上书,要求政府"尽驱"江西移民,特别是"江右商人"。从上述事例可以看出,因为支付、融资手段的改进,江右商帮在银钱业已经有了相当的势力和市场份额,以致使地方官员需要借用朝廷的力量才能规范他们的商业行为。

四是减轻税负的政策刺激了商业的发展。洪武、永乐时期,朝廷规定,凡商税三十税一,过取者以违令论。对于地方官私设名目苛征商人者,严惩不贷。洪武七年,彰德府税课司税及细民茶、枣、饮食之物,朱元璋得知后大怒曰:"古谓聚敛之臣甚于盗臣,正此等官吏也。"命将该税课司官吏问罪下狱。此后,明朝政府又多次颁布免税、减税诏令。朱元璋在洪武十三年下令:"曩者奸臣聚敛,深为民害,税及天下纤悉之物,朕甚耻焉。自今如军民嫁娶丧祭之物,舟车丝布之类,皆勿税。"永乐十年,朱棣下令巡按御史赴各地考察商税征收情况,若发现有数倍增收及将琐碎之物,一概勒税者,治以重罪。朝廷的三令五申,迫使地方官员有所收敛,不敢乱征苛征商税。明初的低税收政策,促进了商品生产的活跃和城镇商业贸易的繁荣。

矿业民营政策为江右商人拓展了市场空间

明代前期,已有私人资本进入采矿、冶炼领域。至明代中期,采矿及冶炼业逐步退出官营,从而使私人采矿、冶炼业得到了到快速发展。

由于云南、贵州、四川的矿产资源非常丰富,吸引着各地的商人来到这里开矿觅利,每省流寓之人闻风而至,各处聚集砂丁人等不下数十万。不少江右商人也乘势进入,从事铜、铁等矿产的开采、冶炼和经营,特别是滇省铜矿,江右商人更是从业者甚多。有的开矿和贸易一起做,"其平常出入,莫不带有货物,故厂民与商贾无异"。或者收买农户、手工业者的原料或半成品,自行设厂加工,生产商品。有的冶炼业达到了相当规模。"凡一炉场,环而居者三百家,司炉者二百余人,掘铁矿者三百余。汲者、烧炭者二百有余。驮者牛二百头,载者舟五十艘。计一铁场之费,不止万金,日得铁二十余版则利赢入,九版则缩。"①在贵州开矿、冶炼的江右商人也很多,"银铜黑白铅厂,上下游十有余处。每厂约聚万人、数千人不等"②。有些江右商人还进入到四川少数民族地区开采、买卖矿产,引起了朝廷的注意。明成化十七年(1481),刑部因江西商人携带绢布、火药等物品涌入四川少数民族地区买卖铜铁、聚众开矿,疏请申禁,"江西人不许往四川地方交结夷人"③。

有些江右商人也在本地和邻省从事矿业开采冶炼。新城县(今黎川县)饶大俊,经商于福建,于沙县设场开矿冶铁。江西本省铁矿主要位于兴国、长宁(今井冈山市)、上犹三县,本地商人多投资开采。

明人沈德府曾谈及明代有三次挖矿高潮:第一次为永乐时期,当时的文渊阁大学士胡广为江西吉水人;第二次在成化时期,内阁首辅彭时,也是江西吉安人;第三次为万历时期,吏部尚书、文渊阁大学士为张位,也还是江西南昌人。这三次挖矿高潮期都因为他们"惠泽乡人",而得不到纠正和制止。

综合上述社会背景,我们可以看出:从明代永乐到天顺年间,封建生产力水平经过较快发展,社会商品率水平得到较大提高,加速商品流通,扩大商品市场,成为生产力进一步发展的内在需要。抱团合作,向外发展,在更大范围发现市场,扩大产品营销,也就成为商业活动的必然趋势。于是,江右商帮应运而生。当然,同任何事物一样,江右商帮产生后也有一个不断发展的过程。到明朝中后期,江右商帮已经成为了中国封建商业的一支重要力量。

---

① [清]屈大均:《广东新语》,清康熙水天阁刻本,卷十五《货语》,第434页。
② 《清高宗实录》,卷三百一十一,第8633页。
③ 《皇明条法事类纂》卷29,《江西人不许往四川地方交结夷人评告私债例》。

二、江右商帮的构成要素

什么是商帮？由商到帮有哪些标志？哪些构成要素？

一般来说,商帮是以乡土亲缘为纽带,拥有会馆、办事机构,有标志性建筑的商业集团。显然,单枪匹马闯荡江湖不是商帮;邀上三俩知己,跑一趟生意,完后一拍两散,也算不上商帮。商帮是一个带有集团性质的商业组织。而且这个集团组织有一定的地域性,籍贯相同而具有相同的口音、相同的生活习惯,甚至相似的商业思维和价值取向。

商人之所以要集众结帮,是因为经过上千年商品经济的发展,商品行业繁杂和数量增多,商人队伍日渐壮大,竞争日益激烈。而封建社会文化总体上是排斥商人的,商人的合法权益,上没有国家法律保护,下受民间"奸商"认知的歧视。于是,商人利用血缘、地缘、业缘关系联系起来,互相支持,抱团取暖,形成一定的势力,争取充分的话语权,成为市场价格的制定者、影响者,实现更多的商业利益。同时,以商帮的组织行为规避内部恶性竞争弊端,增强外部竞争力,在封建体制内用"帮"的力量保护自己。

所以,作为一个商帮,应当具备相应的构成要素:

有一定规模与人数

作为中国较早出现的商帮,江右商帮一经问世,就带有群体性的特征。有以地域结帮的,有以行业为帮的,也有一业多帮的;有大帮也有小帮,大帮套小帮,帮中有帮。但无论怎样结帮,都是具有一定人数和规模的商业群体。

根据现有史料,中国最早的商业组织,是唐宋时期出现的"行"。所谓"行",就是同一类的商肆店铺集中在一起。而各个都市中的"市",则是由许多"行"组成的。不过,这些"行"并不是商人自己成立的。而主要是官府以行政命令的方式组织的。目的是便于官府的管理,可以随意向商人征收税收,摆派杂役。到了明代,随着商人势力的扩大,商人们再也不能忍受"行"的控制,于是,便另起炉灶,自己成立地域性的商业群体组织。

明代永乐至天顺年间出现的江右商帮,就是当时经济社会发展进步的产物。虽然商帮的整体规模无法考证,但从一些商帮的发展,可以窥见一斑。如丰城的白马寨帮,从事金融行业,开钱庄银号。其主要活动在沅江流域,即贵州铜仁到湖南常德一带,在黔东、湘西地区,凭借雄厚的资金实力和独特的经营方式,开设了大量的当铺钱庄,经过多年苦心经营,逐渐浸透到当地经济各个领域,掌握了区域经济命脉。全盛时期,经营者110多人。白马寨帮杨氏族谱记载,村人最早经商者杨学鏓,由贵州同仁到湖南常德,此后纳入族谱的300多族人中,80%是商人,而且很多都是子承父业。

建昌药业的规模亦不小。这个源于东晋,兴于明代并走向鼎盛的药帮,其药技流传于赣闽40余市县,影响远涉台、粤、港及东南亚地区。建昌帮药业鼎盛时期,城区有40余家中药店及18家大药商。圩场都有不少历代不衰的传统"水药店",县内药工达1000余人,用于药业的房屋有800多处。南城县直接或间接以药业为生的人数众多,有俗语言:"南城只只大屋都有吃药饭的人。"而且,每年都有大量的南城人下赣南,走福建,以药业谋生。而那些药工学徒都是十多岁的少年。他们往往是"扎红头绳出去,扎丝线归",大半生在外漂泊。有很多人在福建城乡以药业营生入籍。故福建有民谚称:"无建不成村"。

进贤李渡镇,从元代开始就是有名的"江南酒乡"。2002年8月,在考古发掘中,发现元代、明代、清代的烧酒作坊遗址,有炉灶、晾堂、酒窖、蒸馏设施、水井、墙基、灰坑、砖柱等,为当年中国十大考古发现之一。据《进贤县志》载:明代有酒店14家、酒作坊6家,清初增至28家。所产烧酒不仅销至全省,还远销安徽、浙江和湖南等省。

金溪浒湾镇刻书业,自宋代始就很兴隆。明清时期,镇中街道上家

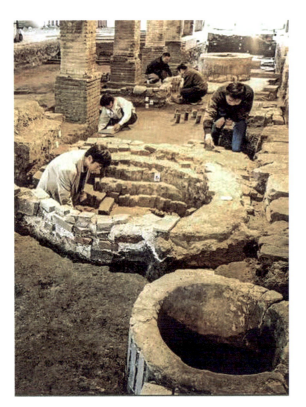
考古研究人员在清理李渡元代烧酒作坊遗址

家开的都是书铺,故名书铺街。凡经、史、子、集、戏曲话本、书法碑帖,在这里都能刻板刊印。浒湾镇书铺街在清后期成为江西的印书中心,这里刻印的书籍也被称为"江西版"。

光绪《抚州府志》言:"抚州地平衍,介江湖间,风厚俗朴,贤哲辈出,人稠多商,行旅达四裔,有弃妻子老死不归者。"①其中金溪县人也大多外出经商,"民务耕作,故地无遗利,土狭民稠,为商贾三之一"②。可见,江右商负贩外地具有一定规模。

以上一些事例说明,江右商帮是一支颇具规模的商帮。

有鲜明的地域特色

地域特色,亦即一个地方的主要特征,包括地理特征、文化特征以及风俗习惯特征等,是区别"这一个地方"与"那一个地方"的主要标志。江西是个山地丘陵地形,盆地和山垅交错,村庄与村庄分隔,不仅各地物产不尽相同,而且说话也"十里不同音",人们生产生活方式也存

江右商帮与万寿宫文化

① [清]许应鑅修,[清]谢煌纂:《光绪抚州府志》,清光绪二年刊本,卷十二,第411页。
② [清]杨文灏修,[清]杭世馨纂:《乾隆金溪县志》,清乾隆十六年刻本,卷三,第154页。

金溪县浒湾雕版印刷博物馆街区	雕版古书和木刻雕版

在着明显差异。人是环境的产物。作为在江西这块土地上成长起来的江右商帮,也不能不受这种地理和人文环境的影响。所以,同其他商帮相比,江右商帮的商业活动有着自己的鲜明特色。

首先,从选择的经营产品上看,多是经营本地特色优势产品,进货渠道可靠,有充足的货源保障。景德镇、浮梁商帮无疑是经营瓷器,铅山最多的是纸帮;吉安布帮,九江茶帮,樟树药帮,在不同地域经营本地优势产品。以府而论,抚州府商人主要以毛笔、印刷业为经营特色,南昌府以绸布、金银、工匠为特色,吉安府以布匹、盐业的经营为主,临江府主要经营中药业,建昌府主要经营的行业为柑橘、中药,饶州府则主要经营瓷器业。这与明代中后期崛起的潮州商帮形成鲜明的反差。明正德年间(1506—1521)私人海外贸易逐渐兴起,潮州沿海居民大规模投入海上商业冒险活动,大批潮州人以船为伴涌向大海波涛之中,什么挣钱就经营什么。他们的经营,常常"无中生有",并不在意是否本地有生产基地支撑。以冒险著称,成为一支具有海洋性格、海洋文化的商帮。入清以来,"红头船"成为潮州商帮的象征。被誉为"东方犹太人",甚至支撑着泰国的经济大厦。至今,潮州商人的开拓意识,冒险精神,巨商大贾,依然挺立商海潮头。

二是,"扎堆"造市。江右商帮进入市场,热衷于扎堆,聚集一起。无论卖什么,形成一条街。"扎堆",是一种规避风险的办法。同时,"扎堆"也可以营造商业氛围,形成特色市场,培养"慕名购物"消费行为,还可以在一定区域形成行业垄断,提高商帮整体经济效益。所以,全国很多地方有"江西一条街"。或药街,或金街,或瓷街;或米市,或茶市,或纸市。可以说,以"江西"冠名的专业市场随处可见。在湖南常宁县,几乎所有的药店,都是江右商帮开设的。清朝时期,在湖南望城、靖港经营煤油、绸布、首饰的江右商人,三百以上。西南云、贵、川等省采矿业,大多操于江右商人之手。每开一矿,投入银子十万、二十万不等,雇工多达上百人。也有一部分江右商人集矿主和行商两重身份为一体,一面开矿,一面做货物贸易。云南永顺东南有个叫卡瓦的地方,既开矿又做买卖的江右商人至少有两三万人。

三是,商路选择趋同。大多数江右商帮选择的商路朝西南方向,朝中国人口稀少、开发相对滞后、经济相对薄弱的省份寻找商机。湖南、四川、贵州和云南四省是江右商帮聚集最多的地方。1935 年,地理学家胡焕庸在中国地图上划出了一条"人口密度对比线",被认为是一条"文明分界线"。这条线的东部,是农耕的、宗法的、科举的、儒教的。而西部,则是游牧或狩猎的、部族的、血缘的、多元信仰的。东西部的政治经济文化发展有着明显的差距。西部生产力发展水平、市场发育程度、商业要素配置,无疑跟不上东部前进的脚步。因此,把西南方向作为成就事业的舞台,显然有难以逾越的地理、文化、经济的障碍。这正好与中国经济文化发展主流方向相悖。这也是江右商帮难以做大做强、难出富商巨贾的主要原因。反观徽州商帮,他们的足迹所及,直指长江中下游地区,这正是明清时期中国农业最发达、手工业生产最先进、消费水平最高、市场发育最快的区域。"成批的徽商从皖南的大山里走出,他们沿着长江顺流向东,来到了这片黄金般的土地,乘势借力,大展身手,把无数的商机转化为巨量的财富,涌现了一批批叱咤风云的商界巨头。"①

有简单的商业行规

国有国法,家有家规。没有规矩,不成方圆。作为一个具有群体性质的商帮,没有一定行业规定的约束,就无法统一意志与行动。商帮从设立的第一天开始,就要有自己的行为规范。作为一个较有影响力的商帮,江右商帮在自己发展过程中,经过不断总结提炼,概括提升,逐步形成了比较明确的商业行规。这种帮规行法,林林总总,分门别类,因行业不同、地域差异、职业多门,有明显差异。

在湖南的江右商帮,一般以府为单位组成,也有以地域、以行业为单位结成的商帮。这些商帮"通过严密的帮规来规范成员行为,有效地维护了地域商人的整体利益,具备了行业组织的主要特征"②。在湖南的樟树药帮,制定了药帮的经营制度:所有药材买卖不论数量多少,一律通过药材行成交。违者采取一致行动,与买卖双方断绝一切交易关系;佣金只取卖方,且各行佣金比例一致,买方不负担任何手续费;统一扣价,按折扣计钱,以药材几大产区划分。川、陕、淮、浙货类的当归、党参等药定为九一扣,广货和南洋进口药材如珍珠、燕窝、广木香等定为八五扣,土货类即湖南本地药材不打折扣。行业扣秤有折扣、升皮、叫

---

① 刘上洋:《万寿宫:江右商帮的精神殿堂》,《百花洲》2020 年第 1 期。
② 杨福林、徐裕良、姜舒强:《清代湘省江西商帮的组织及其运作》,《江西科技师范学院学报》2010 年第 3 期。

秤、明皮之分，按不同药材及包皮、实际皮重与规定皮重的差距定为八五、八八、九六等扣率，不扣秤即明皮。各行保证公买公卖，不瞒秤、不吃价、不短斤少两，不贴秤、贴价、贴行佣，做到无论买主卖主在不在场均一样，远近无欺。交易完成，一律悬写粉牌，便于买卖双方洽谈和监督，以取得客商的满意和信任。不仅如此，各药材行内部都有严密的财务管理制度，如统一的财务表账，包括交易的流水账、银钱往来的明细账、购销商品的分户账、银钱和财务总账、行工进出药材的明细账，做到货账相符、钱货相符。每到年终，各行应造具收支平衡表，以备行业组织核查。① 或许正是这种严密的组织机构和严格的行规，使得江右商称雄商界数百年。

如果商帮内部发生追求个人利益，同乡压价竞争，使商帮整体利益受损而外邦渔利，则群起制裁。有的商帮还制定相应的规章制度，使全体商帮有所遵循。以"划一价格，避免同乡竞争"作为基本原则，约束商家竞争行为，如有违背，同行严加惩处。

有固定的议事场所

凡是商帮，都有固定的议事场，一般称作会馆。江右商帮亦然。他们一般把万寿宫作为会馆，也有根据商人所来自的府县名称命名的会馆，如长沙、湘潭、溆浦、武汉、襄阳、重庆、秀山、成都、宜宾、泸州及云南蒙自等商业城镇中，既有江西各府商帮合建的会馆，还在其周围建有各府县会馆。同治《善化县志》记载了江西各府州县商人在该县建立会馆情况：南昌会馆文昌阁，临江会馆仁寿宫，抚州会馆昭武馆，吉安会馆石阳宫等，各馆"环而拱之，远则不过半里，近则百数十步，地相联情相接也"。

各地省会会馆，一般由江右商帮集资所建。贵阳万寿宫会馆，建于

① 杨福林、徐裕良、姜舒强：《清代湘省江西商帮的组织及其运作》，《江西科技师范学院学报》2010 年第 3 期。

清朝康熙十九年（1680）。它是由早年到贵阳经营菜油、桐油的江西籍商人所建。经过清朝多次扩建，成为当地规模宏大的江西会馆。凡加入会馆的人都必须"上馆"，即向会馆捐赠钱财。江西会馆按入会人员的原籍分为六个府，分别为南昌府、丰城府、临江府、抚州府、瑞州府、吉安府。六个府中，南昌府人数最多，规模最大，经济实力也最雄厚。所以，南昌府捐的钱财也最多。经过几代人的不懈努力，江西会馆成为贵阳范围内最具经济实力的会馆之一。

再如苏州会馆，是康熙二十三年（1684）由江右商人和此地的江西籍官绅共同建造。雍正十二年（1734）、乾隆七年（1742）、乾隆二十四年（1759）、乾隆五十八年（1793）四次重修。每次重修所需款项由江右商人筹集。第四次重修撰刻了《重修江西会馆乐输芳名碑》，详细记载了所捐款项的名单和金额，其中捐款最多的是南城县商帮，元银 1600两；南昌府纸货商帮，元银 700 两；丰城县漆器商帮，元银 460 两；丰城县熊立兴号，元银 100 两；德兴县纸货商帮，元银 100 两；麻货商帮，元银 1200 两；枫桥镇饼行商帮，元银 700 两；炭货商帮，元银 650 两；山塘花笺商帮，元银 300 两；瓷器商帮，元银 150 两；烟箱商帮，元银 75两；永福烟草商帮，钱 85 千文；管城商帮，钱 64 千文；镯桐山布商，钱 50 千文；其余各商 102人（或商号），捐资元银 602.95两、钱 84.5 千文、洋钱 25 元。重修历时两年，于乾隆六十年（1795）竣工。

1874 年俄罗斯摄影师 Adolf Erazmovich Boiarskii 拍的汉口万寿宫

江西会馆的日常经费也主要来自江右商人的捐款。如汉口江西会馆规定：（一）凡新开店者，当出钱一串二百文。（二）新来汉口为店员者，当出入帮钱四百文。（三）自他帮雇人之徒弟，当出钱五百文。（四）徒弟入会者，当出钱五百文。（五）在汉口贸易者，若入帮延迟一月者，共同处罚。除此之外，不少会馆还靠房产、田产的租金解决日常开支问题。

据统计，明代全国各地在北京建会馆 41 处，其中江西会馆多达 20 处。占总数的 49%。到清代光绪年间，北京尚存会馆 387 所，江西 51 所。在明朝，有"朝士半江西"之说，对于江右商人而言，这是难得的、稀缺的政治资源。亦官亦商，官商合流，在当时是较为普遍的现象。江右商帮利用老乡情谊，或联络朝廷的江西籍官员，或接待来往于京城的江西达官贵人，借助他们的信息、政策、人脉、权力，获得别人不能获得的商机。

有松散的组织结构

作为封建经济条件下的商业帮会组织，其内在凝聚力主要源于血缘、地缘、业缘关系。同资本主义条件下的企业制度比较，最为致命的弱点是缺乏产权关系，无法形成由产权而延伸的收益、风险与责任攸关利益共同体。所以，它是松散的，不稳固的。他们之间的合作，或因一桩生意，或因一时需要，或因一段情缘，走到一起。也许一言不合，就分道扬镳。

为了克服这个弊端，江右商帮也力求在内部建立起比较严密的组织结构，会馆便是这种组织结构的重要形式。各府商帮的会馆每六年推举新一届总领，总领是负责人。在总领之下设当年即副总领，负责会馆具体工作。会馆的管理由各府轮流进行，每府经管一年，每年春节举行下年总领交接，府之总领即为会馆的总负责。总领及当年都没有报酬薪金，只享有节日的礼品。每府可聘部分专门人员参加日常管理，无论大府、小府，一视同仁，大家轮流执掌会馆的经营，透明度高。平等、公开的管理方式使得各府间不至于产生矛盾。

各个会馆还设立董事值年制度。值年董事的重要职责之一，就是负责对外联络交涉，处理帮内争执纠纷，协调本帮与当地、与外邦的关系，牵头制定帮规，住持祭祀。有的会馆职责中明确规定：为同乡主持正义。凡有江右商人受外界欺负，以个人力量无法解决的纠纷，则由值年出面。需要诉至官府的，会馆负责到底，直到问题解决。如果是商帮自己做了亏理的事，值年也必须批评教育，并代当事人向对方道歉。

在各行业商帮内部，一般也设有管理机构，负责行业商人之间生意协调。湖南湘潭的江右药帮，设有药材管理组织"八堂"：即崇谊堂、全美堂、崇庆堂、崇福堂、福顺堂、聚福堂、怀庆堂、公正堂。它们分别是药材行号店老板的组织、药材行老板的组织、药材行员工的组织、药材行买货客的组织、药材行经营川货的组织、药材行经营汉货的组织、药材行经营淮货的组织、药材行统一校秤的组织。衡阳江右商帮也有各自的组织，染房业有致远堂，钱业有国宝堂，纱布业有慎锦会，南货业有公益堂，老板有合益堂等。

许多手工业也各自组成行会，管理和协调本行业的有关事务。如修水县的手工业行会主要有：加工金属行业的老君会，建筑行业的鲁班会，缝纺弹花行业的轩辕会，制鞋行业的孙祖会，理发行业的罗祖会，刊刻行业的文昌会，装裱行业的黎祖会，柴香行业的福主会，油漆行业的漆宝会和度量衡行业的三皇会等等。

有相对固定的经营领域

在小农经济的封建社会，一个商帮经营的领域和范围，同其所在地域的物产和文化传统有着十分密切的关系。由于得天独厚的自然条件，江西土地肥沃，物产丰富，特别是从唐以降，经过宋元的发展，形成了一批具有本地特色的行业和产品，江右商帮经营的主要领域和范围也由此展开。

根据《江西通史》记载，江右商经营的主要货物有粮食、瓷器、茶叶、烟草、纸张、夏布、药材、木竹等。此外，笔管、书丝、石炭、染料、柑橘、莲子、甘蔗等土特产和手工艺品都是江右商人负贩的物品。食盐和矿业也是江右商帮经营的重要领域。江西各府的江右商帮还根据本地的物产，有自己的主营产品。"湖南有以因籍为帮者，如盐帮有南帮（江南盐商曰南帮）、西帮（江西盐商曰西帮）、北帮（湖北盐商曰北帮）、本帮（本省盐商曰本帮）；竹木帮有西帮（江西商人）、本帮（本省商人）；钱帮有西帮（江西）、苏帮（江苏）、本帮（本省）；典当帮有南帮（江南）、徽帮（安徽）、西帮（江西）、本帮（本省）。"[①]这些行业和各府的商帮，都有自己的市场范围，约定俗成，互相遵循，在各自的势力范围活动。

除了行业的界定之外，行业内部还有按专业、按工序派生的商帮。比如江西药帮，就有建昌帮、樟树帮之别。

当然，江右商帮也跨领域、跨行业经营，只要有利润，必然有江西商人渗透其间。经营盐业的跨行兼做木帮，经营木材的跨行兼开钱庄。经营矿业的跨行兼做贸易，哪行赚钱就进到哪行，哪行有利就赚到哪行。清朝雍正末年，江右商人左成宪，从家乡来到贵州石阡县经商。他发现这里盛产茶叶，便做起了茶叶生意。不久他又发现四川的盐很赚钱。于是，他把石阡的茶叶运到四川出售，又从四川买盐到石阡售卖。就这样，经过数年赚取了大量钱财，成了当地的首富。江右商帮的这些跨业经营活动，一方面使自己的经济实力逐步得到了壮大，同时也大大地促进了货物在各地的流通。

三、江右商帮的主要特征

继江右商帮之后，在明朝成化、弘治年间，又相继崛起了晋商、徽商、鲁商、浙商、潮商等商帮。由于地域、文化、经济发展水平等差异，各

---

① 彭泽益：《中国工商行会史料集》（上册），中华书局，1995年版，第115页。

个商帮在商业理念、商业文化、组织形式、经营方式等方面都有着自己明显的色彩,晋商以规模与气势取胜,徽商以"儒商"著称,浙商以灵活吃苦闻名,潮商以敢于冒险称雄,等等。那么,江右商帮又具有哪些特征呢?

人数众多，分布面广

与其他商帮比较,江右商帮最为突出的特色是人数众多,遍布全国各地。由于受许逊忠孝文化深刻影响,江右商人外出经商往往沾亲带故,或兄弟、或父子、或乡亲故友,成群结队,群集而居。特别到了明代中期,江右商人无论人数、规模,还是分布范围,前所未有,足迹遍布全国大多数省份。北至京城,南到两广,西抵川滇,东至苏浙,都有江西商人活动。抚州人艾南英曾说:"吾乡之俗,民稠而田寡,不通舟楫贸易之利,虽上户所收,不过半亩数钟而已,无丝枲竹木之饶,故必征逐于四方,其所事之地,随阳之雁犹不能至,而吾乡之人都成聚于其所。"[①]明代徐世溥在其所著《榆溪集选·楚游诗序》中曾谈及江西商人的活动范围:"豫章之为商者,其言适楚犹门庭也。北贾汝、宛、徐、邳、汾、鄂,东贾韶夏、夔巫,西南贾滇僰、黔沔;南贾苍梧、桂林、柳州,为盐、麦、竹箭、鲍木、旃罽、皮革所输会。"明嘉靖年间,海瑞在《兴国八议》中说:吉安、抚州、南昌、上饶等地外出经商者,约有十分之九在外省,只有十分之一前往赣南等地。

"人数众多",多到什么程度,史料上缺少足够记载。但有些地方与场面,可以从一个侧面予以佐证。明代学者王世懋说,福建建阳、邵武、长汀等地居民口音与江西口音相似,一经询问,原来这里有大量的江西商人。福建建宁以盛产武夷茶称著,茶农茶商几乎都是江西人。每年早春,总有数十万江西人来到这里,"筐盈于山,担接于道"。江右商人

---

① ［明］艾南英:《（重刻）天佣子全集》,卷九《白城寺僧之滇黔募建观音阁疏》。

的规模可见一斑。

邻近的湖南、湖北两省，江西商人人数众多，行业庞杂，名店字号，数代传承，从商业都会到穷僻的小县城，甚至是乡野小集镇，到处都有江西商人经营其间，"自城邑市镇达乎山陬，列肆以取利者，皆江右人"，形成了"无江西人不成市场""无江西人不成码头"的市场格局。湖南长沙、湘潭的市场几乎被江右商人占领，尤以吉安、临江、抚州三大帮居多。清初，吉安商人刘尔凯，在武汉、长沙拥有数百的商号和工厂，乾隆皇帝封他为大夫。明末文坛五子之一李维桢，曾任福建布政使。他在考察湖北竟陵（今天门市）东南六十里的皂角市后，感叹"市可三千家，其人土著十之一，自豫章徙者七……贾十之八"。来自江西的人占本地百分之七十，而其中江西商人又占百分之八十，可见人数之多。万历《承天府志》记载了湖北钟祥县江右商人的借贷情形："地多异省之民，而江右为最。商游工作者，赁田以耕，僦居以住，岁久渐为土著。而土著小民恒以赋税繁重，为之称贷，倍息以偿之。质以田宅，久即为其所有。"

云、贵、川更是江右商人云集之处。明代万历年进士王士性，曾因被贬广西、云南为官。考察江右商人之后，无限感慨："作客莫如江右，江右又莫如抚州。余备兵澜沧，视云南全省，抚之人居什之五六。"抚州的"富商大贾，皆在滇云"。个旧锡矿的大锡买卖，从康熙年间开始，由江右人经营，采矿工人中，江右人十之三。《黔南职方纪略》说：贵阳商人中，最多的是江右商人。据一份对石阡县域踏访，有七成以上的石阡人均自称来自江西朱市巷。石阡县现仍存地名江西坳，江西移民与当地人通婚，逐渐融入当地，在贵州境内至今都保存着很多"江西街"。

在江浙一带，江右商人的经营活动也很活跃。据万历《扬州府志》载：在扬州的各地商人，以徽商最多，其次是陕商、晋商和江右商。江西瓷商在江苏经营瓷器，瓷器多来自江西景德镇。"江西商贩则由九江一带,顺流径抵安省、江宁、苏州等处,鲜有逆水载往湖北上游者。"①清朝中期,南京的书坊皆在状元境,"比屋而居二十余家,大半皆江右人"。清康熙雍正年间,在苏州经商的江右商人不少,"各货云集""踊跃从事""郡郡皆然",尤其买卖白麻的江右商人更多,获利丰厚。

广东、广西的江右商人接迹于道,同贾于市。江西南部地区食用盐来自广东,因而从粤贩盐到内地的江右商人为数不少。康熙《平乐府志》载:贺县往来市中贸易者,江右商人占三分之一。在广西的地方志中,有关江西布商的记载也颇多,来宾县"县境在百年前缝工多来自江西,土木工多来自广东"②,"商之由陕(西)、由江(西)至者,边引蜀盐,陕人主之,棉花布匹,江人主之"③。

在河南,"四方之贾归焉,西江来者尤众"。在河北,河间府的瓷商、漆商,宣化、登州的书商和巾帽商等,"皆自江西来"。

在东北、西北等北方广大地区,都有江右商人活动的记载。他们携货往返,乃至娶妻生子。玉山商人张良好,长年在辽阳经商,积资甚富。在高寒的西藏甚至都有江右商人前往经商。南丰商人夏某进藏经商,翻山越岭,高原气候多变,客死于途中。多年后被儿子找到下落,家人悲痛不已,费尽周折,扶灵柩归家安葬。

江右商帮"人数众多,分布广泛"的特点,正好与徽商形成了强烈反差。如果说江右商帮是人数取胜,那么,徽商则以资金雄厚、规模优势冠雄。徽商从成化、弘治年间开始崭露头角,以奋发进取,官府背景深厚,财富快速积累著称。其数量不多,但资本雄厚,能影响国家经济全局。"富室之称雄者,江南则推新安,江北则推山右。新安大贾,鱼盐为

第二章 江右商帮的形成与特征

---

① 《清实录》之《高宗纯皇帝实录》,卷一千二百三十六。
② [民国]宾上武修,[民国]翟富文纂修:《民国来宾县志》,民国二十五年铅印本,下篇,第409页。
③ [清]萧琯等纂:《道光思南府续志》,清道光二十一年刻本,卷二,第90页。

业,藏镪有至百万者,其他二三十万,则中贾耳。"①万历年间,徽州帮已经在商海傲视群雄了。

<h2 style="text-align:center;color:#c0392b">操业广泛,渗透力强</h2>

与其他商帮操业相对集中相比,江右商帮操业十分广泛。可以说,几乎所有行业,哪怕是一些细微和偏僻的行业,如堪舆、星象等,都有江右商人经营。这一方面与江右商帮队伍结构有关,另一方面是因为江西的农业、手工业相对发达。因而加工业门类也就很多,这就为江右商帮营销提供了重要前提和基础。这些江右商人卖什么,卖给谁,去哪里卖,都有相当的盲目性。无论经营项目的选择、经营地域的考量,几乎是随机而动,哪样挣钱卖哪样,哪里有市场就奔哪里。有的是亦农亦商,农忙务农,农闲经商。这就决定了江右商人的操业范围十分广泛。清人陈文瑞在《西江竹枝词》中即对江右商的经商原因及经营范围进行了描述:"豫楚滇黔粤陕川,山眠水宿动经年。总因地窄民贫甚,安土虽知不重迁。"

在商品短缺、消费能力低下的封建社会,江右商帮的营销无疑对市场有相当的调节能力。江右商人以所在地区物产为依托,从事农副产品和手工业产品的经营活动,几乎掌握了长江中下游地区的大部分小商业。同治《乐平县志》说乐平商民贩卖该地盛产的石炭、石灰、青靛、甘蔗、烧酒等,"往来吴楚市场"。康熙《贵溪县志》载彼地乡民"间有载米粟于饶、徽,鬻楮钱于荆、楚,货竹木于京、淮、越地千里,归之日竞以他郡土产互相赠遗"②。嘉庆《东乡县志》则说该县乡民"谋生之方不一,书肆遍天下,而造瓷器于饶州,造纸于铅山尤多……无籍之民,不役纸厂,则贩私盐"③。光绪《龙南县志》载,该县生产木材、落花生等物,

① [明]谢肇淛:《五杂俎》,明万历四十四年潘膺祉如韦馆刻本,卷四,第148页。
② [清]杨长杰修,[清]黄联珏等纂:《同治贵溪县志》,清同治十年刻本,卷一,第193页。
③ [清]嘉庆《东乡县志》,卷四《风土》。

"民邀以为利,广为贩运"①。

为了谋生,江西商人还不讲条件,发挥自己的所长,顺便做起了各种生意。南宋汪肩吾《昌江风土记》称:"浮梁之俗,……人生其间,颖秀者为士,狡狯者为游手,富则为商,巧则为工,盖自县郭达于四境……士与工商皆出四方以就利。……其货之大者,摘叶为茗,伐楮为纸,坯土为器。自行就荆、湘、吴、越间,为国家利。其余纺丝布帛,负贩往来,盖其小者尔。"②

江右商帮在贵州经营的领域十分广泛。他们很早就在贵州经营矿业,至明代已经形成了规模,入清后依旧兴盛。《黔南识略》记载开州地区多砂厂,"江右之民麇聚而收其利"。可见江右商人在贵州开矿的人数之多,规模之大。

江西抚州商帮在贵州兴义地区经营纸业尤为著名。《兴义县志》记载:"至若工商,则有吴绸、粤棉、滇铜、蜀盐、抚帮白纸之名由是兴……又若县城,旧称八大户中有邓、黄、盛、车、王诸氏均来自江西,所谓抚邦……"③《兴义府志》所记载《黎峨杂咏》一诗中"行商都入纸槽箐"一句下注:"地出纸佳者,仿佛高丽,谓之夹纸,商皆江西人也。"④江右商帮几乎垄断了兴义的纸业。

江西商帮还在贵州从事银钱业,"贷其赢余而厚取其息",从中攫取巨额利润。道光年间,贵州巡抚贺长龄奏疏称:"川、楚、粤各省穷苦之民,前赴滇、黔租种苗人田地,与之贸易,诱以酒食衣饰,俾入不敷出,乃重利借与银两,将田典质,继而加价作抵,而苗人所与佃种之地,悉归客民、流民。"⑤其中虽未写有江右商帮,但以江西移民数量在各省移民总

---

① [清]光绪《龙南县志》,卷二《物产》。
② [清]乔溎修,[清]贺熙龄纂:《道光浮梁县志》,道光三年刻,道光十二年补刻本,卷二,第63页。
③ [民国]蒋芷泽纂:《民国兴义县志》,民国三十七年稿本,第四章,第379页。
④ [民国]蒋芷泽纂:《民国兴义县志》,民国三十七年稿本,第十三章,第841页。
⑤ [清]黄宅中修,[清]邹汉勋纂:《道光大定府志》,清道光二十九年刻本,卷五十一,第1489—1490页。

湖南凤凰古城古街

体数量中的占比,如奏疏中描述的江右商人不会在少数。永绥厅临近贵州东北部,《永绥厅志》记载:"客账多为衡宝、江右客民住市场者放之。制钱八百为挂,月息钱五,至三月不还,辄归息作本计。周岁息凡四转,息过本数倍矣。约苞谷、杂粮熟时折取息钱,或乘其空乏催讨,将田地折算。又有放新谷、放货谷诸名:放新谷则当青黄不接之时,计贷钱若干,秋收还谷若干;货谷则除以布盐什物计贷若干,秋收还谷若干。"苗民常是"往往收获甫毕,盆无余粒,此债未清,又欠彼债,盘剥既久,田地罄尽"[①],凡此种种,激化了苗民与客民之间的矛盾,这些矛盾于乾嘉苗民起义中大爆发,乾嘉苗民起义中苗民打出"逐客民,复故土"的口号,对这种剥削行为奋起反抗。

在云南,江右商人操业甚多。道光年间的《昆明县志》描述,"县城凡大商贾者,多江西湖南客",据民国新纂的《云南通志》记载,"在清中

① [清]董鸿勋纂修:《宣统永绥厅志》,清宣统元年铅印本,卷三十,第873页。

江右商帮与万寿宫文化

世,外贸易于滇者,最早为江右帮、湖南帮之笔墨庄、瓷器庄"。又说:钴矿"为滇中特产",质量上乘,是当时景德镇画瓷重要青料。在元、明时期即声名大噪,并且自元朝时一直在开采。主要由宣威人采运至江西景德镇瓷窑销售,直至清末仍很畅销。钴矿是很好的画瓷原料,"凡陶磁器及玻璃之青色颜料均利用之",主要用来画人和动物的眼睛,因而被称为"珠明料",在康熙时尤为著名,被称为"康青"。① 正是因为这些地区大量出产制瓷所用矿石,使得江西商人大量在此聚集,他们中既有行商,也有坐贾,目的只有一个,即将这些原料源源不断运往景德镇制作瓷器以获取利润。

康熙末年,四川"一碗水地方聚集万余人开矿,随逐随聚"②。川西的昭觉县乾嘉时,矿厂甚旺,汉人居于斯土者成千万计。

在重庆,江右商人的经营门类众多。清嘉庆年间,全市 169 个行业中,江右商经营的有 40 多行。其中大行业 69 行,江西山货占 22 行,药材占 11 行,铁锅 2 行,布匹 2 行,麻、油、铜、铅各 1 行,还有多家钱行。经济实力甲于全城。当时有首民谚说:重庆有"四多":湖广馆的台子多,江西馆的银子多,福建馆的顶子多,山西馆的轿子多。

江右商帮在湖南的经营几乎遍及全省。清代乾隆年间,江西商人大量进入湖南凤凰城,在该地形成了"江西街"的居住区。江西商人在这里创办了数量多、名气大的商号。如"熊祥昌""庆丰祥""裴三星""周仁顺""孙森万"等。凤凰城商业街正街与十字街上,80% 的商店都为江西商人所有。在郴州的永兴县,12 家江西棉商于乾隆三十年(1765)合股成立了"豫章花号"。

论渗透力,江右商帮也是很强的。樟树药帮起初都是长途贩运,将原药运回樟树加工销售,后来不少药商改在省外设立药行,在全国形成

① 龙云、卢汉修,周钟岳等纂:[民国]《(新纂)云南通志》,卷六十五《物产考八·矿物二》,民国三十八年铅印本。
② 《圣祖仁皇帝圣训》,卷二百五十五。

庞大的樟树药业网。樟树药商在湖南湘潭开设了多家药行，从业人员多达四五百人；在湖北，仅汉口一地便有10多家樟树药号。到清末，樟树药商开始将业务拓展到更远的地区，在广州、香港设庄从事药业经营。乾隆时，清江县人钱时雍说，该县人主要经营药材行业，经营的地域范围也很广，"贾必以药。楚、粤、滇、黔、吴、越、豫、蜀，凡为药者多清江人也"①。建昌帮以擅长传统饮片加工炮制、药材集散交易著称，讲究"行、色、气、味"，尤以谷糠炒制最有特色，其药技流传赣闽40余市县，在台湾省、广东省、香港特别行政区及东南亚地区都有影响。

不仅如此，江右商帮的触角还深入到缅甸和我国边疆少数民族地区。相关资料显示，明代万历时云南居住的人口一半以上来自江西抚州，曾任澜沧兵备道的王士性言：江右商人的活动，"初犹以为商贩止城市也，既而察之，土州土府，凡僰猡不能自致于有司者，乡村间征输里役，无非抚人为之矣"。有些江右商人甚至干脆在少数民族里定居，成

西南苗族风情

① ［清］钱时雍:《钱寄圃文集》卷十二《陈佑达传》。

为他们中的一员。《铜仁府志》载:多有来自江西的汉人出入苗民聚居区域,货通有无,"抱布贸丝,游历苗寨,年久便为土著"。云、贵两省今天的少数民族人士中,就有不少是江右商帮的后裔。贵州省原省长王朝文是位优秀的苗族干部,他的祖先就是清朝时的一位江西抚州商人。因到苗寨经商做生意,被一位苗族姑娘看中而招为女婿,并一代一代生息繁衍至今。

小本经营,资本分散

江右商人中,大多贫寒出身,具有天然"草根"性。"地狭人多,为农则无田,为商则无资。"由于"家贫服贾",因而只能"挟小本,收微货"。张瀚在《松窗梦语》中谈及江西时便说:"地产窄而生齿繁,人无积聚,质俭勤苦而多贫。"[①]万历时人谢肇淛在《五杂俎》中说,天下商帮,新安(徽州)与江右(江西)是两大帮,"然新安多富,而江右多贫者"。意思是,徽商资本雄厚,多富商大贾,而江西商人都是小本买卖,以贫困起家。清江县"横衮不及百里,人繁而地狭,以三代授田法,家均之田不能十亩,且多水患,农恒不给。故清江人多以贾闻,虽诗书宦达者,不贾无以资生"[②]。可见江右商人多是家境贫寒的农家子弟出身,他们迫于生计而经商于他乡,也包括一些家道中落的中产家庭子弟,科举失意者、弃儒从商者,还有一小部分子承父业者。因此,江右商人大多为小本经营,从小买卖开始做起。根据史料记载,在大约1500余名明清江西商人中,有60%以上是家境贫寒的农家子弟,他们大都因生计艰窘而弃农经商。

商业经营的基本规律是成本与收入成正比,风险与收益成正比。"本大利大","本小利小"。江右商人经商的资本金明显不足。导致经营

①　[明]张瀚:《松窗梦语》,清钞本,卷四,第108页。
②　[清]钱时雍:《钱寄圃文集》,卷十二,《陈佑达传》。

规模小、积累缓慢、成长空间狭窄。也正因为如此,江右商帮往往很难做大做强。在行业缺乏足够的实力,特别是在同其他商帮中一些大户的竞争中,几乎没有招架之力。

资本规模小,很大原因在于融资渠道不畅,资金来源不足。考察江右商帮资本金筹集状况,其资金渠道主要有以下几个方面:

一是同乡、亲友间借贷。也有极少数可以从官府借贷的。借贷双方立有文书,到期归还,还本付息。也有借贷各方,把所筹资金,委托其中一人经商,取得利润后按筹资比例分红,这是最早、最原始的股份合作模式。

二是受雇于大户富室,出卖劳动,既积累资金,也学习一些经商技巧,积累到一定程度后,开始自立门户,自谋职业。

三是具有相对足够的耕地,通过农业劳动的逐步积累,转化成商业资本金,这是一个艰苦又漫长的积累过程。或是家庭成员分工,有人在家务农,有人外出经商,农商互补,积少成多,逐步把生意做大。

四是"小买卖而至大开张",含辛茹苦,惨淡经营。先小打小闹,逐步积累资本,到赚足了第一桶金,再大张旗鼓,隆重开业。

因此,总体上看,资金分散,小本经营,小打小闹,小商小贾居多,是江右商帮的共同特点。他们一般以贩卖当地土特产品为起点,或者挟技艺经营四方,因而很难赚到大钱,很难发展壮大起来。

而反观晋商则大不一样。一些晋商从运销潞盐起家,资本迅速膨胀,明代后期就出现几十万、几百万的巨商大贾。如太原府的闫家、李家,襄陵县的乔家、高家,他们都从经营盐业开始,积累了雄厚的资本。19世纪初,钱庄票号开始发展,他们把主营业务又投向金融业,挣得盆满钵满。在竞争市场上,表现出大小通吃的气势。江右商帮经营银钱业起步比晋商早,小本经营,资本积累有限,同时缺少经营方式创新,在钱庄、票号迅速发展的风口,没有适时跟进,其原有市场常被徽商、晋商吞噬。明前期,中国市场茶叶主要由江西商人经营。但到了清初,江西传统产茶区的浮梁茶由徽商垄断,福建武夷茶早期都是江右商人主导加工和贸易,到清代中后期,已经操纵在晋商手里,而这一时期活跃在河南的江右商人,至清代,也被晋商挤出了河南市场。

当然,江右商帮虽然"以贩运本地物产取利,以传统加工技艺立身。他们很少经营那些利润高而风险大的商品,然小本经营,资金分散却人数众多,因而形成很大势力",仍不失为明清时期我国经济领域中一支不容忽视的商业大军[1],对明清社会经济发展的促进作用是巨大的。

经营方式落后,竞争力不强

商业活动,涵盖了经营理念、营销方式、盈利模式,能否根据时代与市场变化,不断优化取舍,决定一个商帮的前途。经营方式先进,商业活动就风生水起,竞争力就强;经营方式落后,商业活动就冷寂落寞,竞争力就衰退。综观江右商帮的发展历史,虽然在经营方式上也有少数与时俱进者,但其中大部分经营方式缺少创新。这是江右商帮很少能出巨商富贾的重要因素。

江右商帮的经营方式大致有以下几种:

第一种,个体经营。

中国古代社会是个自然经济、小农经济社会,这一经济形态决定了大部分江右商帮的经营方式,是个体的、手工的。家庭成员中一人出外经商,其他务农;他们走街串巷,走州过府,随买随卖,随收随赚。只要有利可图,就成为他们的经营项目,既无所谓主业经营,也无长期坚守的项目。也有的一人长期在外经商,用所赚钱财补贴家用或解决家里遇到的困难。

---

[1]　余悦、叶青:《赣水吟》,百花洲文艺出版社,2000年版,第55页。

第二种,家庭经营。

父母和兄弟姐妹一起经商,或者开个家庭店铺,或者开个家庭作坊,围绕一个主营业务,在家里"能人"的组织下,全家人一起上阵,各负其责,各显其能,既有分工又有合作,齐心协力做好生意。由于家庭经营是以最亲的血缘关系作为基础的,加上绝大多数都是小本生意,所以这是江右商人最愿意采取的一种经营方式。

第三种,合伙经营。

这种经营多发生在同乡、熟人和亲友之间。由于有些商业活动,需要较多的成本,需要一定的人力,而单个人的力量和资金又有限。于是几个人共同出资和经营,共同获取收益,且出资和收益一般都是对等的,也有一些是按实力大小而出资和分红的。这种合伙经营,有明确的项目,且一般都比较稳定,持续时间也较长。经营的伙计之间,一般都相互信任,关系融洽。

第四种,合帮经营。

从江右商帮的构成形式来看,主要有两种,一种是以地域为纽带组建的"乡帮",另一种是以行业为纽带组建的"行帮"。这些"商帮"之间,常常以"同帮同本"或"同帮不同本"的形式,合作开展商业活动。

所谓"同帮同本",带有原始股份性质,商帮的资金与货物共有,按出资分配利润。合作时间可以是一定时期的,也可以是某一单生意,某一个项目。项目结束,自行散伙。

所谓"同帮不同本",则是商帮成员仅限于劳务合作,或者就是同路人性质。同帮成员没有资金、货物、收益上的瓜葛,完全独立。但如果同帮中有人发生亏损和意外,则出于道德上的义务,大家帮助接济,弥补一些损失。这类商帮,更为松散。无论"同帮同本"还是"同帮不同本",都缺少严格的契约关系约束,只是凭道德维系。

第五种,主伙经营。

即业主出资,雇请伙计经营。其雇工有相对稳定性,伙计是雇主的助手。也有经营规模比较大的雇主,只承担出资人的职责,日常经营全部托管给伙计,伙计从雇主那里取得薪金收入。随着伙计薪金收入增加,雇主也允许伙计入股经营业务,分享经营收益。

由于经营方式难以跟上时代的发展,江右商帮在规模上一直未能做大,实力一直难以增强,因而在与全国其他商帮的竞争中,经常处于劣势,败下阵来,导致原有市场常被其他商帮所吞噬。

第三章

江右商帮与万寿宫文化的融合

　　万寿宫,在很长的历史时期里,只是一座道观建筑。其功能主要是祭祀,朝拜许逊。但江右商帮形成后,便同万寿宫结下了不解之缘。江右商帮走到哪里,就把万寿宫建到哪里。凡是有江右商帮的地方,就一定会有万寿宫。可以说,万寿宫就是江右商帮的象征,而江右商帮则是万寿宫的化身。这已成为一种重要的文化现象。

　　据有关资料记载,国内外现存万寿宫 2000 多座,其中江西省内近

重庆木洞镇中坝村

重庆木洞镇中坝村万寿宫遗址

600 座,具体分布是:南昌地区 63 座,赣北地区 85 座,赣西地区 165 座,赣中地区 52 座,赣东地区 52 座,赣东北地区 47 座,赣南地区 115 座。省外、海外还有近 1500 座,分布在全国各地和东南亚地区。

江右商帮在省外建的第一座万寿宫已无法考证。现存最早的万寿宫在重庆市木洞镇中坝村。这是长江中间的一个小岛。《巴县文化志》载:根据宫中金檀上取得的字句,以及建筑的斗拱形和布局结构,确定是明代天顺年间所建。这说明江右商帮在此时已经形成并具有相当实力,否则是建不了这样一座建筑的。

一座建筑与一个商帮,本是一条平行线。那么,究竟是什么力量把两者紧紧地融合在一起的呢?

这个力量来自于江右商帮的需要。

一、江右商帮建万寿宫作为会馆

凡是中国商帮,都有一个不成文的惯例,选择本土有影响的神庙作为商帮会馆,如晋商的关公庙、陕商的三元宫、闽商的天后宫、粤商的南华宫。这些宫与庙,供奉的都是千百年来人们顶礼膜拜的大神。江右商帮也不例外,他们选择万寿宫作为会馆,并供奉福主许逊。

万寿宫是江右商帮的精神殿堂

江右商帮为什么要选择万寿宫作为会馆呢?根本原因在于万寿宫供奉的福主许逊,能够为他们提供精神上的支撑,以让他们在商海中奋勇前行。也就是说,万寿宫可以为江右商帮竖立起一座精神殿堂,为江右商帮注入强大的精神动力。每年农历八月初一,江右商帮都要在万寿宫举行盛大祭祀活动,活动有整套仪式和程序,善男信女,斋戒沐浴,净手焚香,庄严隆重。三步一叩、九步一跪,到殿前陈敬贡品,默念心愿,祈求福主保佑和恩赐。神像龛前,香火达旦;八卦炉中,纸锭飞灰;爆竹声、钟声不断,一直持续到八月十五才结束,场面极尽神圣和庄严。

第一,把万寿宫作会馆,寄托着江右商帮对平安吉祥的期待。在交通不便、条件极差的古代,外出经商不仅十分危险,而且非常艰苦。既要跋山涉水、日夜兼程,又要经受严寒酷暑和风吹雨打;既要防范豺狼虎豹的袭击,又要防范强盗匪徒的抢劫。漫漫商道,时刻都有可能遭受不测。此时此刻,江右商人迫切希望有一种超现实的力量来保护自己化险为夷、遇难呈祥。而万寿宫里供奉的许逊,传说能够呼风唤雨、擒妖捉怪、抗疫驱魔,正是他们理想的"保护神"。因此,江右商帮建造万寿宫为会馆,供奉福主许逊,这样可以使他们在经商的路途上,多一份精神上的慰藉,忐忑不安的心境也会变得踏实。

此外,江右商帮也祭祀其他神仙。到明末清初,在万寿宫里,除了供奉福主许逊,还祭祀中国民间崇拜的神祇和佛道两教各路神仙。如观音菩萨、送子娘娘、财神、孔子、关帝、龙王、土地,以及各行各业的鼻祖。如木匠、石匠、泥瓦匠敬鲁班,中医药祭孙思邈,酒业拜杜康,纺织、裁缝恭敬嫘祖、轩辕。从农历二月初三开始,几乎每月都有祭祀活动。当然,虔诚恭敬的表情下,是一颗祈求平安康顺的心。

第二,把万寿宫作会馆,寄托着江右商帮对事业兴隆的期盼。赚钱发财,是经商做生意的初衷。无论在哪个地方哪个行业经营的江右商帮,都有一个共同的愿望,这就是如何把生意做得顺风顺水,兴旺发达,多赚钱,赚大钱。但商海的现实往往很残酷,许多江右商帮不是生意清冷、惨淡经营,就是遭人暗算和盘剥,赚点钱非常不容易,有时甚至老本都要赔个精光。每想到此,商人们往往就会不寒而栗。为了避免这种情况的发生,在科学技术很不发达的古代,人们只能把希望寄托在冥冥中的神仙保佑。而许逊很早就是江西民众心中的福主,传说有着为民造福的非凡本领。于是,江右商帮兴建万寿宫,祭祀许逊,祈祷他能显灵,在他的保佑下,自己的生意会红红火火、大吉大利。正所谓"生意兴隆通四海,财源茂盛达三江"。

第三,把万寿宫作会馆,寄托着江右商帮对故乡与亲人的思念。江右商帮从家乡启程,一步一个脚印,向全国的各个方向进发,远走异国他乡。远离亲人故土,一种悲壮、萧瑟、无奈和思念时刻缠绕心头,精神压力可想而知。古代文学作品中,描绘这种思乡思亲心境的名篇佳句不少。"独在异乡为异客,每逢佳节倍思亲","枯藤、老树、昏鸦,小桥、流水、人家,古道西风瘦马,断肠人在天涯","劝君更尽一杯酒,西出阳关无故人","慈母手中线,游子身上衣"等,这类生离死别、浪迹天涯的场景,无不魂牵梦绕,震撼心灵。亲情、友情、乡情,血缘、人缘、地缘,是中华传统文化中最为宝贵的元素。江右商帮行走四方,长年无法与家人见面,无法夫妻团圆,无法见到家乡的那条河、那座桥、那棵树,无疑是精神层面的严重缺失。而矗立在各地的万寿宫,弥补了这种缺失。一群说着相同方言的同行,聚集在同一座熟悉建筑的屋檐下,交流、传递着来自家乡的各种信息,相互转达对家人的问候和祝福,这是最好的精神慰藉。万寿宫,是他们永远的精神家园,进进出出的人流就是他们的亲人。

第四，把万寿宫作会馆，寄托着江右商帮对铁柱万寿宫商业文化的眷恋。古代时期，铁柱万寿宫一带就是南昌商业最为繁华的地方。宋代南昌有十六座门楼。朱元璋攻克南昌后，命亲侄朱文正督守南昌并改建城区，仅留下进贤、德胜、章江、广润、永和、顺化、惠民七门。从此，南昌便有了"七门九州十八坡"之说。其中广润门位于赣江和抚河交汇处，旁边就是万寿宫。因为位置优越，进出便利，这里商贾如云，货物如雨，有粮市、布市、棉花市、盐市，有专营竹制品的箩巷，有专门制售老醋的醋巷，有专门买卖渔具的棋盘街。不远的地方还有个蓼洲，从抚河上游漂流下来的木排在此集中，扎排工把一层一层木排叠起来，足有七八层，再用缆绳绑扎。撑排的师傅再用长长的竹篙，撑着木排进赣江、入鄱阳湖、沿长江顺流而下。因为铁柱万寿宫和广润门蕴含"许真君保佑财源广进"之意，所以这里很受商人们的青睐。他们既在这里忙着经营他们的生意，又到万寿宫里祭拜许真君。经过长时间的积淀，慢慢形成了一种具有特殊色彩的万寿宫商业文化。这种文化无不时刻在影响着江右商人。当他们奔向全国各地经商做生意时，自然而然就会想到万寿宫，就会把它作为自己的归宿。

老南昌

正是因为如此,全国各地乃至海外的江右商帮,在他们挣得第一桶金后所要干的头等大事,就是在当地建造万寿宫。按江右商帮的走向和时间推算,湖南和湖北应是万寿宫建立最早和最多的省份。据不完全统计,湖南有228座,其中长沙有19座,湘潭有25座,株洲有27座,怀化有29座。湖北有200多座,汉口还有一条万寿宫街。道光末年,叶调元《汉口竹枝词》曰:"一镇商人各省通,各帮会馆竞豪雄。石梁透白阳明院,瓷瓦描青万寿宫。"四川、贵州和云南的万寿宫也很多,其中四川(含重庆)300多座,贵州188座,云南156座。从一定意义上可以说,万寿宫数量的多少是江右商帮人数及经营规模的重要标志。随着外省江右商帮人数和经营规模的扩大,万寿宫的数量也逐渐增多。

万寿宫是江右商帮的主要活动场所

万寿宫不仅是江右商帮的精神殿堂,还是江右商帮的主要活动场所。作为一个在外做生意的商帮,不论是在一个县,还是一个府,每个人都有各自的商业活动,不可能经常在一起,这就需要一个场所,作为大家的落脚点,使大家有所依靠,并能进行一些必要的活动。万寿宫作为江右商帮的会馆,就承担了这样一个角色。

议事决事 各地的江右商帮,在商业活动中,经常有一些重要的集中性活动需要决策,经常会碰到各种各样的问题需要解决。每逢这时,当地万寿宫会馆的总领就会召集有关人士在一起商量,研究具体方案或者办法措施。贵州省石阡万寿宫的重建就是一例。该座万寿宫建于清康熙乙亥年(1695)。宫内有石刻记载:"阡城北有万寿宫,创自康熙乙亥岁,为豫章合省会馆久矣。"但因时间风雨的侵蚀渐渐破损。乾隆二十七年,由江右富商左成宪发起,南昌、抚州、临江、瑞州、吉安五府决定对该建筑进行重修。为了使重修后的万寿宫"耳目一新,人皆称羡",左成宪专门派人赴江西绘图带回石阡。从《五府助修碑记》也可以看出,整个重建活动也是经过严密策划和商定的。其中一段碑文是这样说的:"豫十三郡,郡中旅居黔阡者约五,南、抚、临、瑞、吉是也。五府在昔共捐资于公项以生息,复捐资于私项以生息。积在公者,即今修建所费之余金也,积在私者,即今各府所助之功德是也。夫五府所积私项,原以仰答神庥,当兹庙宇改观,乐助支费,以私全公,期予落成,将见巍峨庙貌,崇祀维新,五府人当更获福无量矣。爰勒于石以志不朽。"又如,由于同业竞争激烈,上海的江右商人"每逢运货到上,价格参差不一,以致各方难以获利"。于是上海万寿宫会馆"邀集同都妥议","凡在同乡贸易,不致涨跌参差"。并最终"议妥",使这一问题得到圆满解决。

救急帮难 天有不测风云,人有旦夕祸福。特别是在商场闯荡,更是暗礁险滩遍布。作为会馆的万寿宫,承担了救急帮难的职责。对一些遭遇不测的江右商人,损失小的,由会馆相助;如若数额巨大,则由会馆出面,在同乡商帮中募捐,帮助渡过难关。贵州小江地区的万寿宫记载,其创建缘由为"吾等万寿宫数姓为不受异姓寨头恶棍之欺凌","故我辈念其江西之根本","万寿宫会馆内人在生应视同骨肉,互相帮助解决困难",若有违背诺言者,则"群起而责之,弃也"。湖南醴陵万寿宫,明代由江右商帮兴建,清乾隆年间重修。约法三章,帮困济难。规定:"凡赣人落拓于醴者,饮以川资。病给医药,死无所归者,则畀以棺槥。"有的万寿宫,甚至专辟"斯道",为同乡商人停枢之所。还有的万寿宫会馆,专设"回恒",为江右商人生病治疗、休养康复提供方便。还有助衣、助药、助路费、育婴堂等服务项目。每逢灾荒年,组织施粥赈灾,救民于危难。

调解纠纷 追逐利润是商人的秉性。在江右商人中,虽然不少是兄弟结伴、父子相随、亲友成群、乡邻成队,但因长年累月在一起经商,是非口角难免,特别是在一些重大利益面前,往往各不相让,锱铢必较,睚眦必报。亲友之间、行帮之间,常常会因为市场分割、利益的分配,引发纠纷。而那时又不像现在有完善的法规,有专门的法律机构予以裁决,往往公说公有理,婆说婆有理。于是会馆就成了唯一的仲裁调解机构。当事人双方来到会馆正堂，请会馆主持或值年出面调解，如达成谅解，三方签署文书，以绝后患。如果商帮内部发生追求个人利益，同乡压价竞争，使商帮整体利益受损而外邦渔利，当地会馆则会要求大家一起予以制裁，以维护商帮的正当权益，维护市场的正常秩序。

除了调解商业上的纠纷之外，万寿宫还调解帮内同乡间的民事纠纷，处理部分民间诉讼。据《都昌会馆概况》记载，民国时期曾经担任过会馆会首的谭克墉回忆，每年农历二月，万寿宫会备几桶茶，接待来会馆诉讼的民众。到会馆诉讼或请求调解的叫"接茶"。打官司的要在会馆开"一堂茶"，费用由"接茶"者负担。一般口角纠纷，当即调解处理。

或许因为万寿宫是既隐含着皇权又隐含着神权的殿堂，在这样一个地方化解各种争议和纠纷，往往比在其他地方要容易一些，解决问题也更便捷一些。

文化娱乐　戏曲娱乐、文化交流是万寿宫又一重要功能。万寿宫

万寿宫古戏台

建造设计,根据商会的需要,科学划分功能,其中必有戏台布局,包括戏台与后面殿堂之间的庭院空间、两侧的廊道、庭院。庭院空间一般较大,适合容纳大量的人群,也方便展开大型文化、商业活动。每年农历八月,江右商帮都要在这里举行长达半月的庙会,各方商人聚集一堂,各种戏剧轮番表演,你方唱罢我登场,看了这戏看那戏,连续不断,热闹非凡。同时进行商贸交流,商人们既饱了眼福,又做了生意。

除了庙会之外,每年还有各种神会,有时一月数次。所有会员都必须到场,先聚餐,后看戏。以此联络感情,凝聚力量,壮大势力。

交通驿站 元朝疆域辽阔,为了维持朝廷政令畅通,全国设立一万余所驿站,置有 30 万马匹。元末战乱,驿站大部分遭到严重破坏。至明代改驿站为驿递,每隔 10 里置铺,铺有铺长;60 里设驿,驿有驿丞。沿线每 60~80 里设一个驿站,全国共有驿站 1936 个。但远远满足不了人员、经济流动的需要。各地万寿宫便承担起部分驿站的任务,来往商人在这里驻足食宿,有时还接待一些出外谋生穷困潦倒人士。1890年,16 岁的少年张鸿模从江西抚州金溪县,到长沙谋生。以挑卖湘江河水为业。后来偶遇一位同乡钱铺老板,老板愿意收他为学徒,但要有人担保。张鸿模找到万寿宫会馆,会馆破例为他盖了保戳印,实现了在钱庄当学徒的愿望。他勤敏奋发,在行业中崭露头角,在经营上别出心裁,另辟蹊径,采取人弃我取的经营方针,把放款对象重点摆在湖南土产外运方面,成为长沙钱业巨子。

万寿宫会馆不但接待同乡商人,还收留落难秀才、游履方士、升迁官员、失意儒生,为他们提供吃住方便。有时还要接待出公差的官员。有史料记载,从清嘉庆至道光年间,在长达千里的长江至赣江水道上,来自全国各地的官员、文人等各方面人士,熙熙攘攘,在沿途各城镇的万寿宫进进出出,成了一道特殊的风景。

万寿宫是江右商帮联系社会的纽带

商业活动,既是一种经济活动,也是一种社会活动,离不开与社会的联系和支持。无论一个商人还是一个商帮,要把自己的生意做得顺畅通达,就必须学会和社会各界人士打交道。建在各地的万寿宫,就是江右商帮联系当地社会的桥梁和纽带。这也是万寿宫的一项重要功能。

联络地方官府的纽带 在中国封建社会里,官府掌握着所有的权力。所以,打通与官府的关系,利用政治资源,更轻松、简便、直接地获取商业利益,也就成了所有商人经商做生意的捷径。特别是在盐、铁等专营而利润丰厚的领域,如若能通过官府的关系取得经营许可权,那就可以在很短的时间里获取可观的收益,以至成为巨商富贾。所以,江右商帮每到一个地方,都十分注重搞好同当地官府的关系,常常把府、县的官员请到万寿宫,好酒好菜招待,重金重礼相送。有些生意做得大的商人,甚至从自己的利润中暗地里分送一部分给当地官员。如顺治六年(1649)北京《吉安会馆条例中》中就有这么一项规定:"每年以清明前三日,冬至前五日为期,值会先三日发帖,知会内外籍在京士绅、举贡、监生,如期毕集祠中","以人多寡备席,期于尽欢而散"。由于加强了同官府的联系,江右商帮也就有了靠山,因而做起生意来也就畅通无阻。这种"官商勾结""给小惠获大利"的现象,在古代各个商帮中比比皆是,习以为常。

联络住地社会的纽带 作为"外来户",江右商帮能否与住地形成共生共荣的社会生态,对于自身的立足与发展至关重要。因此,建立和维护好与住地的关系,是万寿宫会馆的重要职责之一。会馆设立的值年董事,其重要职责之一,就是负责对外联络交涉,协调本帮与当地社会的关系。除了解决本帮与当地社会出现的矛盾纠纷外,更主要的是加强与当地民众的交流,不断增进感情,逐渐融为一体。采取的办法通常是举慈善、兴公益、办学堂等。特别是在清代前中期，江右商帮走向鼎盛，一些获利丰厚的商人、商帮，慷慨解囊，捐钱、捐物、捐产，做一些公益事业。施粥米、送医药、赠寒衣，建驿站、修渡口、建桥梁，解决当地民众生活中的突出问题，赢得当地民众的尊重与认同，还有的在当地兴办学校。清末时期，贵阳万寿宫会馆，在贵阳创办豫章小学、豫章中学，既方便商帮子女入学，也为当地民众提供了受教育机会。

团结帮内帮外的纽带 江右商帮有一个显著的特点，就是帮内有帮，或以行业成帮，一业一帮，一业多帮；或以地域成帮，一地一帮，一地多帮，等等。各帮都自立门户，各自为政，具有保守、排他、垄断性质。有的商帮还有下属"堂口"。比如湖南衡阳的江右商帮，染坊帮有致远堂，钱帮有国宝堂，纱布帮也有慎锦堂等。这些帮帮派派，都是一方利益群体，都会因为市场分割、产品竞争、利益分配产生各种矛盾。需要万寿宫会馆出面协调平衡，防止出现压价竞争、同业倾轧的现象发生，保证各方获利。

除了协调商帮内部关系外，万寿宫会馆还团结商帮，齐心协力，同欺行霸市的外帮作斗争，维护本帮的商业利益。江右商人在汉口创办"邹协和"金店，受到垄断汉口金银首饰业的宁波帮的"围剿"。当地万寿宫会馆组织汉口江右药业、油业、钱业予以倾力支持，据理力争，出钱出力，打破了宁波帮的垄断经营，"邹协和"金店不但在汉正街站稳了脚跟，并以优质的服务、差异化经营、可靠的质量，迅速崛起，成为汉正街著名品牌，是汉口金银业的代名词。

二、万寿宫是江右商帮成就事业的舞台

经商做生意同干其他事业一样，都需要舞台。万寿宫就是江右商帮的舞台。在这个舞台上，江右商帮充分发挥自己的聪明才智，唱念做打，大展身手，演出了古代商业的一出出精彩活剧。可以说，万寿宫是江右商帮成就事业、成就人生的大舞台。

万寿宫是江右商帮获取市场要素的平台

人类的任何生产经营活动,都是生产要素的聚集和组合。离开了生产要素,生产经营就无法进行。在封建社会里,因为生产力十分低下,所需生产要素虽然非常简单,但仍是生产经营必不可少的前提和条件。由于元至正十一年(1351)红巾军起义,中原及边缘地区陷入旷日持久的战乱,经济社会遭受巨大破坏。加上洪武年间扬本抑末政策,使经商做生意遇到了巨大的困难,特别是一些必需的商业生产要素严重短缺。在这种背景下,江右商帮以万寿宫为平台,整合有关商业生产要素,使之成为江右商帮获取商业生产要素的重要平台。

信息交流平台 对于一个商帮来说,市场信息至关重要。信息灵通,生意就能做好;信息不灵,生意就会盲目被动。在万寿宫里,尤其是每年的庙会,南来北往的客商在这里云集,带来了各地的商品需求信息。凭借这些信息,江右商帮不断调整自己的经营计划、营销策略,增强针对性,减少盲目性,不断拓展市场空间,实现自己的经营目标。特别是对一些大宗货物,掌握市场信息就更为重要。明末清初,江西的粮食每年除给朝廷100万石漕粮、200万石仓储、200万石调剂之外,剩余部分大都由江右粮商贩运。这种大规模、长距离贩运的生意,如果没有准确的信息,其造成的损失是巨大的,甚至有可能倾家荡产。在很多时候,一条信息就是一次商机,一个信息就是一笔财富,可以让一个商人在"山重水复"时突然变得"柳暗花明"。1907年初秋,一脸沮丧的丰城农民敲开了浔阳万寿宫的大门。他叫熊季康,刚刚种下了秋作物,兄弟几人帮他凑够了盘缠,准备往九江做点小生意,在浔阳街头转了三天,不知道做点什么好。万般无奈他想到万寿宫会馆歇个脚,蹭口饭吃。还没进门,听屋里有人发牢骚:"织了一大堆白布,跑遍了府前大街,找不到染料。"说话的声音不大,对熊季康却是如雷贯耳,天眼洞开。他转身离开了万寿宫,直奔龙开河。没过几天,龙开河浮桥巷口出现了一家小染料店,兼营油漆小五金。占地不过 10 平方米,却填补了九江染料销售的市场空白,还起了一个豪气冲天的店名"华盛昌"。一时顾客盈门,热闹非凡。此时,恰逢汉口大德染料公司一位德国商人来九江考察市场,与熊季康交流一番,对他发现市场的能力和经营谋略十分欣赏。当即决定委托他作为江西地区总代理。两年后,一幢占地 400 多平方米的四层商厦在庐山路口拔地而起,"华昌盛"的生意如日中天。

资金融通平台 从江右商帮的人员构成可以看出,许多人家境贫寒,资本单薄,"为商贾者多假贷为生"①。所以,资本金不足,始终是困扰江右商人发展的首要问题。作为江右商帮之家的万寿宫,就成了重要的融资平台,成了他们筹集资本金的重要来源。

万寿宫引进民间"摇会"方式,为有融资需求的商人筹集发展资金。同时,不断丰富发展"摇会"的内涵与外延,对发起人、公证人、程序与方式,都做了严格的规定。首先要有万寿宫会馆会首或半数以上的首士到场做证。发起人必须是江右商帮中公认忠实可靠、信誉过硬的商人。如果没有这个前提条件,就没有人参加"摇会",引发集资方案流产。同时,发起人必须有大家知道的困难,而且只是暂时的,必须具备可靠的偿还能力,事先征得大户人家的支持,敲定筹款总额。然后通过相互影响和联系,落实大致参与人数,大家商定好时间,带上银子,在万寿宫议事堂集中。发起人事先准备茶水点心,招待与会人员。议程开始,由会首向大家说明"摇会"缘由、每一份数额及"摇会"总额、参加人数、融资周期等问题,并回应大家相关疑问,有点像现在的上市公司路演。最后宣布发起人优先获得第一会,其余参加人员通过摇色子,按点数大小先后获得第二会、第三会。"摇会"筹资,借贷方没有利息负担,但绝不允许赖账。一旦出现逾期不还的情况,将遭商帮全体谴责声讨,直至违约者名声狼藉、信誉扫地,断绝全部的商业关系,在当地无法立身。也正

① 钟起煌主编:《江西通史》(明代卷),江西人民出版社,2008 年版,第 211 页。

是这种"摇会"的筹资方式,使一大批江右商人,渡过了一个个暂时遇到的资金困难,抓住了一个个稍纵即逝的商机,从小到大,由弱到强,成就了一批批江右商人甚至是商业巨子。

江右商帮融通资金的方式,除了"摇会"之外,还通过万寿宫会馆,在商人之间相互借贷,化解资金困局。新城(今黎川)人陈世爵经商路过吴城,湖中遭遇暴风雨,商船倾覆湖底,血本无归,号啕大哭。大家劝说,货没了,人还在,万幸,不必伤心。陈诉说:我和朋友曾经相约,这趟生意成了,大家分红。如果我遭不幸,所借款项,一定如数还给大家。还不了,我这辈子给你们当佣人,打工还债。这个故事,说明陈的资本金无疑都是借贷的。当然,商人间的借贷,一般都立有文书,约定还款细节,利息数额。但也常常发生违约现象。明代天顺年间,湖广等地的江右商人经常发生违规借贷的事情,以致惊动朝廷,为此,专门发布有关江右商人借贷活动规范的法律。天顺二年(1458),刑部奏准:今后江西客人在湖广等处买卖生理,有因负久钱债等情应许告理者,止于所在官司陈告,即与准理。若不候归结,辄便赴上司及来京诉告者,一体依律问罪。这些史料,从另一个侧面反映了江右商帮相互间融资的普遍性。

至明朝后期,银铺、钱庄兴起,万寿宫会馆的融资功能逐步被钱庄取代。有些江右商人进入金融业。清时比较大的钱庄有奉靖商帮王德舆的源长钱庄,张树斋的德昌祥钱庄等12家钱庄。南昌商帮经营钱庄达30家。有些财力雄厚的商人,除在本省主要城市设有分庄或联号外,在省外如湖南长沙、常德、衡阳、湘潭,湖北汉口、荆州及上海等地均有分庄。景德镇钱庄最盛时期,全镇区有35家钱庄,大多是江右商人经营。

商人培介平台　在经商中,常常会出现这样一种情况,有些江右商人因生意扩大急需增加人手,这时万寿宫的总领或值年会千方百计帮他们物色人选,直到解决为止。也有一些初来乍到寻求生意的江西人,万寿宫会介绍他们到一些合适的江右商人那里去从业。由于历史条件的限制以及传统观念的影响,江右商帮在经商做生意中,一般都采取代代相传、师徒教授、联姻结亲的方式培养新人。但无论什么形式、什么行业、什么地方,都集中在万寿宫的旗帜下,认同与遵循万寿宫文化价值理念。特别是每次在万寿宫举行的祭祀活动,都是对江右商帮后来人的一次灵魂洗礼。同时,江右商帮还把对后一代"商艺"传授作为重要职责。湖南凤凰城是江右商帮的一个聚居地。明朝时期最早进入凤凰的江右商人,只要取得一些经营成就,就回乡将自己的亲友、兄弟、侄儿或外甥带到凤凰城,传授商经商艺。待他们渐入佳境、可以自立门户时,以各种方式给予扶持。

清朝末期,朝廷设商部,专事商业、商务管理职责。1904 年,商部仿照西方模式,倡导华商设立商会,以期达到保商利、通商情、活跃发展商业之目的。清廷很快谕批《商会简明章程》,在全国推行。商会开始遍布府、州、县、镇,此后,江右商人以商会为阵地,培育新人、帮带乡友的内容也明确地写入商会职责。

货物储转平台 白寿彝主编的《中国通史》认为:明初朱元璋推行的是一条扬本抑末的路线。"明初的商界中能够看到的几乎只有盐商。"到朱棣时期,由于重新疏通了大运河,粮食漕运等商业开始活跃起来。江右商帮不少起家于盐商与漕运。之后,木材、药材、纸张等这些大宗商品的长途贩运也逐渐兴盛,这时货物的仓储、转运、接驳就显得特别重要。万寿宫作为商帮驿站,为商人提供短期货物储存转运方便。江苏扬州,是江淮百货聚散地,商贾摩肩接踵。《太平广记》记载,江西盛产木材,而扬州地处海滨,木材短缺。将江西木材运至扬州,可获几倍的利润,江右木帮争相贩运。他们从江西奉新、铜鼓、修水山区放木排顺修河进吴城汇入赣江,再由湖口进入长江,沿途在各地万寿宫停留、转运、接驳,最终到达目的地。

在湖南津市,澧水穿城而过,但南北两岸过渡由当地人控制,而且收费随意,张口即价。江右商人屡遭盘剥。过往货物,雁过拔毛,商人叫苦不迭。万寿宫会馆筹资修建两岸"江西码头",组织"义渡"。"义渡"经费由南昌、吉安、临江等五府商帮分摊。造渡船八艘,四艘值渡,四艘备用。在渡口树立界碑,防止外人侵占。为方便商帮待渡歇脚,还在岸边修建"豫章亭"。

清代中晚期,万寿宫会馆的储藏转运功能更加完善,方便商帮的服务更加周全。一些有成就的江右商人募捐万寿宫建设,会馆甚至设"义园",建山门、祠宇、享堂,作为祭祀,并雇专人看守。

万寿宫文化造就了一批有影响的江右行业商帮

自江右商帮形成以来,在万寿宫文化的熏陶下,经过明清几百年的发展,至清代中期,江右商帮已经成为中国大地一支影响巨大、商绩斐然的劲旅,相继涌现了一批有实力、有影响、有作为的行业龙头。一个行帮就是一个产业辉煌的折射。这是江右商帮崛起的重要标志。

瓷帮 制瓷业是江西发展最早的手工业。景德镇瓷业在宋代就已经高光耀眼。瓷器的烧法与制作、色釉的创作与仿制、瓷雕与彩绘等技术在宋代有大的飞跃,瓷器成为宋代对外贸易的大宗商品。宋代江西的瓷窑主要分布在饶州的景德镇、吉州庐陵永和镇、抚州南丰白舍镇、虔州的七里镇及江州等地,仅景德镇瓷窑就达 300 多座。到明清时期,景德镇瓷器生产、制作工艺、在世界市场的占有率,走向巅峰,均超过其他瓷产地,成为全国瓷业中心。《明史》记载,"弘治三十七年,遣官之江西,造内殿醮坛瓷器三万,后添设饶州通判,专司御窑烧造。是时营造最繁,近京及苏州皆有砖厂"。可见当年景德镇瓷在朝廷中的位置。与景德镇瓷业共铸辉煌的是一代又一代江右瓷帮的打拼与坚守,其中不乏瓷商巨子。《明世宗实录》记载,明正统元年(1436),浮梁县瓷商陆子顺,一次到北京就给朝廷瓷器 5 万余件,明英宗下令将瓷器转给光禄寺充用,并按价付了全部款项。明清时期,瓷器成为江右商人向外销售的主要商品之一。据乾隆《浮梁县志》记载,景德镇瓷器出窑后,都得

手工制瓷

进行分类挑拣,分为上色、二色、三色、脚货等,据此确定价格高低。所有三色、脚货,基本上在本地出售;而上色图器,上色、二色琢器,都用纸包装桶,以便远运;至于运到附近省份的日用瓷器,则用稻草包扎。在景德镇贩运瓷器的江右商人,又以饶州、南康、抚州、南昌、吉安为多。可以说,凡是有商业的地方,就有景德镇的瓷器;凡是有商人的队伍,就有江右瓷商的身影。万历年间在南海沉没的"南澳1号",装载了26000余件货物,其中大部分是瓷器。15世纪80年代,菲律宾是各国海上贸易集散地,银币成为世界贸易的硬通货。"马尼拉"大帆船将15吨西班牙银币运抵马尼拉,又载满中国瓷器和丝绸返航。当波兰国王奥古斯都二世陶醉于宫殿里收藏的35098件精美景德镇瓷器时,欧洲王宫贵族都已经感到"囊中羞涩",但为时已晚。世界上的白银大多被中国的瓷器换走了。美国学者艾维斯研究:从1503年至1790年间,中国从欧洲、日本获得白银达60000余吨,占当时世界白银拥有量的一半以上。

景德镇瓷业的发展，引得大量流民涌入，形成了"都帮""徽帮""杂帮"等不少行帮。至今，无论是考古发现，还是文史记载，在河西走廊商人的马队、驼群中，在郑和下西洋的船队里，都装有大量的景德镇瓷器，都闪耀着江右瓷商的智慧和汗水。

茶帮 《宋史·食货志》所载，江南产茶为十州五军，占全国第一。这十州五军中属于江西的有江州（今九江）、饶州（今鄱阳）、信州（今上饶）、洪州（今南昌）、抚州（今抚州市）、筠州（今高安）、袁州（今宜春）及临江、建昌、南康三军，共为 10 处，占 2/3。《宋会要辑稿·食货二九之二》更记载：绍兴三十二年（1162）诸路各州产茶数，江西产 463 万余斤，约占总数 1781 万余斤的 26%，雄居全国第一，其中以洪州最多，为281 万余斤。

明朝废除了宋元时期的茶叶官营制度，官茶、贡茶、商茶并行。江西茶在这个时期并不比唐宋时期有量的优势，但仍然是产茶主要省份。并且相对集中于南昌、九江、饶州、南康、吉安五府。至清末，江西茶叶生产进入鼎盛时期，茶园近百万亩，产量达 20 多万担，茶帮是紧随茶业发展的又一个重要的商帮群体。

茶道，是江右商帮踏出的重要商道。有学者认为：江右茶商自有茶叶交易即产生。1200 多年前，唐德宗开始征收茶税时，江西浮梁县已是商品茶叶大集散地。政府在此征得税额达 15 万贯以上，占全国总额的 3/8。到了明代，江西茶乡遍布，宁红、双井、婺绿、庐山云雾等名品饮誉中外。生产促进流通，江右茶商迅速发展。茶叶市场体系形成，茶商资本不断膨胀，江右茶帮迅速崛起。"南北茶道"见证了江右茶帮的曾经辉煌。江西茶叶从铅山河口镇集聚，经信江进入鄱阳湖，至长江溯汉水北上襄阳，由赊店改陆路，上太原、大同、张家口，穿越戈壁大漠，抵乌兰巴托，直达俄罗斯伊尔库茨克、莫斯科。这条北向的"万里茶道"，长达 5000 公里。张九龄奉诏开通大庾岭梅关古道后，江右茶商的货物，又从河口往西，折入赣江，南下大庾岭，过梅关进入广州，直达东南亚、

梅关古驿道

南亚、中东、欧洲。

茶叶这种商品,既适宜大商帮大批量规模销售,也适宜小商帮分散经营,既适宜坐商设茶庄、茶栈,也适宜行商市井叫卖。因而成为以小商小贩为主体的江西商人重要经营行业。清代铅山邹茂章早年就是靠肩挑茶叶走州过府,最后家业日兴,资产200万,成为全县首富。

药帮 自建安七年道教灵宝派祖师葛玄在樟树东南葛皂山采药行医、筑灶炼丹开始,开创了樟树药业先河,历经1800多年,长盛不衰。而且不同时代,有不同的名称:吴叫药摊,唐谓药墟,宋曰药市,明称码头。"药不过樟树不灵,药不到樟树不齐",世人认同。

从樟树镇的药材销售收入看,万历年间,上缴朝廷税银两千余两。推算其年药材交易额在六万两白银之上。到清乾隆时期,由于开通了广州作为对外通商口岸,赣江水道成为联系中原、沟通南北的重要枢纽,樟树滨湖临江,地理位置优越,其全国药材加工集散中心地位迅速形成。樟树药帮与京帮、川帮并驾齐驱,称为全国三大药帮之一。这种繁荣局面持续至清道光初年。"清末江西省各处市镇,除景德镇外,以

江右商帮与万寿宫文化

建昌药帮古街

该县所属之樟树镇为最盛……，其贸易以药材为主，岁额数十万元。"①

　　与樟树药帮齐名的还有建昌药帮，都是江右商帮中最有建树、最有影响的药帮。他们以各自专业技术特长称雄。建昌帮以中药饮片炮制和集散经营著称，而樟树帮以经营销售见长。有"樟树的路道，建昌的制炒"之说。除建昌帮、樟树帮外，还有各种坐商行商，不但经营着樟树镇，还把樟树的中药推销到全国城乡。同治《施南府志》卷十载："商多江西、湖南人。每岁将麻、药材诸山货负载闽粤各地，市花布而归。"嘉庆六年（1801），四川巴县 109 户牙行中，江右商人占有帖 40 张，以经营药材为主。在湖南常宁县城，几乎所有的药店都是江右商帮开的，这些店铺资金雄厚，场面阔绰，雇工都在 20 人以上，流动资金达万两银洋。这些零星片断的文字记录，足见当年江右药帮在全国各地经营的空前盛况。

---

①　傅春官：《江西农工商矿纪略·清江县商务》。

粮帮 江西是全国有名的粮食产地,种粮历史悠久。万年县仙人洞遗址发现了目前世上所知最早的稻谷遗迹,证明早在一万多年前江西人已经开始生产稻米。魏晋南北朝时期,江西水稻生产进一步发展,东晋在京城之外有三大粮仓,其中两大粮仓在江西,即豫章仓和钓矶仓。唐代"庐陵户余二万,有地三百余里,骈山贯江,扼岭之冲……土沃多稼,散粒荆、扬"。稻米能运销荆、扬等州,足见当地产量之多。吉州庐陵米商龙昌裔"有米数千斛粜,既而米价稍贱",其售米足以直接影响庐陵市场的米价,掌握了米市定价权,成为威慑一方的大粮贾。粮商往往于丰收之际收购粮食,"积米以待踊贵",从而影响当地的粮价;或者将粮食运往缺粮之地以获取利益。"江西诸郡,昔号富饶,庐陵小邦,尤称沃衍。一千里之壤地,粳稻连云;四十万之输,将舳蔽水。朝廷倚为根本,民物赖以繁昌。"(宋代)"惟本朝东南岁漕米六百万石,以此知本朝取米于东南者为多。然以今日计,诸路共六百万石,而江西居三之一,则江西所出为尤多。"

明清时期江西赋粮和漕粮的运输,一般都有江右商人承担。据《江西通史》记载,1393年,明朝夏秋赋粮2900万担,江西约占10%,达266万担,可见江右商人运送赋粮的数量是很大的。除了漕粮、赋粮,江西粮商把剩余粮食贩卖到全国各地。清朝乾隆五十年(1785)九月上谕说:"江西省商贩赴楚,已有(粮船)一千三百余只,米谷有四十万石。"粮食运销路径主要有以下几条:一是由长江而下,至江浙地区。江苏、浙江粮食市场稻米,主要来自江西,有南京"皆湖广、江西上游米粟所汇聚"之说。所谓"三日不见赣粮船,市上就要闹粮荒"。二是由长江出口,经江南转运,由海道至福建。雍正四年(1726)七月十八日谕旨"差将江西谷石,用大船由长江载至镇江,再到苏州一带,用海船载至福建之福(州)、兴(化)、泉(州)、漳(州)四府,秋间西北风起,半月可到"。三是顺章水南运到大庾岭,然后挑运到广东南雄;或由赣州溯贡水到会昌筠门岭、周田坡,然后转运到潮州。四是由九江向东沿昌江运往安徽,所谓"徽州府属山多田少,所出米谷,即丰年亦仅供数月民食,全赖江西、浙江等处贩运接济"。

江右粮帮的贡献,不仅是正常年景下保障市场供给,而且在遭遇自然灾害的情况下,用粮救灾救难,普济众生。康熙四十六年(1707),江苏南北旱灾,米价飞涨。清廷令漕运总督从江西分拨30万担漕米分拨江宁、苏州、松江、常州等六府救灾,并减价平粜。雍正元年(1723),山东旱灾饥荒,朝廷又令江西征20万担漕粮赈济。

木帮 江西植被覆盖率高,森林资源丰富,木竹销售同样历史悠久。"木帮"也是江右商帮中重要组成部分。早在唐代,各地高山之上有"木客"专门砍伐木材与人进行交易,他们"斫杉枋,聚于高峻之上,与人交市,以木易人刀斧"[1]。吉州也有木材商活动,有商人徐彦威在信州购买木材,再贩卖到苏州、淮南一带,往返一趟,能获钱数十万。明代吉安龙泉(今遂川县)商人所创的计算木材材积"龙泉木码法",后通行于全国,沿用至民国。

江右木帮不仅把江西木竹推销至省外,也出走边远西部,在云、贵、川经营木材交易。咸丰《兴义府志》载,黔东南清水江流域木材集散地锦屏,有三个外地来的商帮,江右

木材码头

---

① [宋]乐史:《太平寰宇记》,卷108。

商人为主,代办官木,并贩运至江南,"数年至巨富"。

清代,在乐安流坑一带,出现了专事经营林木的木帮组织"木纲会"。由"木纲会"垄断经营本地和来自上游招携、金竹一带的林木资源。对内,"木纲会"约定成员守则,就贸易、运输、主顾、撑手、排工等各个环节统一规范,违章即罚。外来木商,必须先经过"木纲会"同意,才能进山伐木、顺水放排。

矿业帮 矿冶业是明代社会重要加工制造业之一,江西采矿和冶铸生产鼎盛,各地开采的矿产种类丰富。饶州、信州、虔州等地的金矿,抚州、饶州、信州和虔州的银矿,信州、虔州和吉州的铜矿,虔州、饶州、信州、袁州、吉州、洪州的铁矿,虔州各地的锡矿,信州和虔州等地的铅矿。铜铁的高产量使得钱币铸造发达,有记载:还在北宋元丰时,饶州永平监岁铸 61.5 万贯,江州广宁监铸 34 万贯,两者共铸 95.5 万贯,占全国 506 万贯的 18.9%。明初,江右商人移民云、贵、川,进入采矿业,使明代在永乐、成化、万历年间分别出现三次挖矿高潮。有人甚至把宋应星的《天工开物》所以问世,也归咎于当时中国的矿业大部分操持于江右商帮之手。1923 年《读书杂志》发表《重印〈天工开物〉始末记》中载:"鄱阳之煤,景德之瓷,滇南、黔、湘冶金采矿之业,又皆操于先生乡人之手。《天工开物》之作,非偶然也。"

纸帮 宋代江西造纸业开始繁荣,其造纸材料除传统的麻、桑、藤、楮、苔、麦秸和稻秆外,增加了竹子。江西吉州、抚州、信州等地生产的滑薄纸、茶杉纸和牛舌纸,江州、南康军的布水纸、袁州的藤纸,吉州的竹纸等都成为贡品而闻名天下。到了明代,江西纸业作坊遍及各地,品种繁多,成为全国主产地。特别是铅山的造纸业处于鼎盛时期。特点是槽户多、规模大,民间经营、雇工生产。"楮之所用为构皮,为竹丝,为帘,为百结皮。其构皮出自湖广,竹丝产于福建,帘产于徽州、浙江。自昔皆属吉安、徽州二府商贩,装运本府地方货卖"。纸业发展,大大推动了纸品贸易和市场,也给政府监管提出了新要求。明朝不得不在南昌设立造纸局,后来干脆就把纸局设到了广信府。造纸业发达带动了印刷业的发展,抚州、饶州、吉州等地,都有一批刀法熟练的刻字工人,使江西成为宋代以降印刷业的中心。同时出现了一批专门从事书肆经营的商人,以抚州人为多。吴嵩梁《东乡风土记》说:东乡之民,谋生之方不一,书肆遍天下。金溪人杨随在四川泸州开设药铺,其从兄同在泸州经营书肆,常年亏折。杨随以自己的药铺让给从兄,而自己经营书肆,待年终结算,书肆盈利比药铺大得多。人们对此非常不解,杨随回答说:"书可资博览,且祖业也。"①乾隆三十四年(1769),山东书生李文藻谒选至京师,在北京等候了五个月,闲暇无事,每天逛琉璃厂,看书,消遣,饮酒,喝茶。终于有了重大发现:琉璃厂附近33家书肆和东打磨厂的书肆,除4家为苏州、湖州人开设外,其余全是江西金溪商人开设的。

上述商帮,仅仅是江右商帮中有一定代表性的行帮,此外还有与江西制造业发展相关的织布、造船,银钱业、盐帮等,在江右商帮的队伍中,都有举足轻重的地位,这里就不一一赘述。

受万寿宫文化影响,江右商帮把生意做到异国他乡

不畏艰险是万寿宫文化的重要体现。在这种精神的激励下,江右商帮不仅是较早驰骋国内各地的商帮之一,同时也是较早把生意做出国门的商帮之一。早在宋代,江西就有瓷器、茶叶、药材、纸张出口海外。元朝末期民间航海家汪大渊,今南昌市青云谱区施尧村人。既是著名的航海家,也是最早闯荡世界的江右商人。元至顺元年(1330),年仅20岁的汪大渊首次从泉州搭乘商船出海远航,历经海南岛、占城、马六甲、爪哇、苏门答腊、缅甸、印度、波斯、阿拉伯、埃及,横渡地中海到摩洛哥,再回到埃及,出红海到索马里、莫桑比克,横渡印度洋回到斯里兰卡、苏门答腊、爪哇,经澳洲到加里曼丹、菲律宾返回泉州,历时5年。

① 张海鹏、张海瀛主编:《中国十大商帮》,黄山书社,1993年版。

元至元三年(1337),汪大渊再次从泉州出海,历经南洋群岛、阿拉伯海、波斯湾、红海、地中海、非洲的莫桑比克海峡及澳大利亚各地,元至元五年(1339)返回泉州。显然,汪大渊敢于冒着葬身鱼腹的风险绝不是为了到国外游玩,而是"为了寻找更多的交易机会"。万历《南昌府志》卷三"风俗"中详细记载了当时中国商人在外国经商的情景:"南昌、丰城商贾工技之流,视他邑为多,无论秦、蜀、齐、楚、闽、粤,视若比邻;浮海居夷,流落忘归者十常四五。"

明朝初期,沿海倭寇横行,朝廷明令禁止海外贸易。即便如此,江右商人也没有停止过对外贸易。永乐年间,上饶商人程复,原本是景德镇瓷商,他把瓷器推销到琉球国,并在琉球定居,在当地名噪一时,深受当地民众拥戴,成为琉球国辅佐中山察度。后来他以琉球国中山王长使的身份,同明朝官府接触谈判,商量扩大贸易、增进商务文化交流。程复的后人程泰柞、程顺等,继承祖业,辅佐尚氏王朝,推广儒学,发展航运,支持商品贸易,使琉球成为北上日本、东通闽粤的东南亚海上贸易中心。庐陵商人欧阳云台是欧阳修的后裔,在日本东京经商,经过坚韧不拔的努力,成功地跻身日本富豪之列。明天启三年(1623),捐600平方米土地在长崎建兴福寺,设江浙苏会馆,后来扩大到东京、大阪、横滨以至马来西亚、新加坡等许多城镇。有进贤商帮往马来西亚经营木器家具,逐渐亲友相扶,兄弟互衬,一带二,二带四,几何式裂变扩张,引得大批进贤帮奔赴马来西亚,一支家具制造业"江西帮"在马来西亚脱颖而出,独占鳌头。

随着海禁政策开始松弛,中国与东南亚、中东、欧洲的商品贸易也由此重启。江右商帮也乘势借力,把生意做到海外,不断扩张。据史料记载,明嘉靖年间,官府曾命景德镇商人汪宏随外船出海,推销瓷器,采购香料。《江西省大志》载:"其(景德镇瓷器)自燕而北,南交趾(越南),东际海,西被蜀。无所不至。"南城商人肖明举,经商至满刺加(今马来西亚马六甲州),明朝正德年间还作为满刺加国的通事(使者)来到北京。肖明举在北京办事期间,仍然公私兼顾,采购了一船船的货物回去①。

明代中后期,朝廷关于开放海禁的呼声日益高涨,地方与宫中官员几成共识。崇祯时,朝廷给事傅元初请开海禁。认为:海禁一开,浙江和南直的丝客、江西的瓷商必然趋之若鹜,政府也可以从中得利。康熙二十四年,海禁大开,英国东印度公司获得在广东设商管的特权,派商船来粤,甚至宁波。清政府与英政府、俄政府签署互市条约,开放了部分沿海港口。王孝通的《中国商业史》载:"进口以鸦片、棉、丝、布类、象牙、羊毛等为大宗。出口则以丝、烟、绸缎、土布、砂糖、木棉为大宗。"

口岸开放,互换市场,给江右商帮带来了更多生意上的机遇。他们或游历海外推销,或在中国口岸成交。光绪十七年(1891),修水茶师罗坤化开设厚生隆茶庄,在汉口销售宁红茶,以每箱100两白银卖给俄商。游历来华的俄太子尼古拉·亚历山德维奇赠给厚生隆茶庄一块匾额,上书"茶盖中华,价高天下"。宁红太子茶由此得名。②

江右商帮对外贸易,从目前所掌握的史料来看,活动范围大致北至俄罗斯莫斯科,东至日本,南至马来西亚、越南、缅甸等国家。

受万寿宫文化熏陶,江右商帮涌现了一批精英巨贾

明清以来,随着江右商帮的不断壮大,他们中出现了一批商业巨子。成就这些商业巨子的,虽然有多种原因,但从文化层面来说,万寿宫文化起着重要作用。

由于中国封建社会奉行的是"士农工商"的价值体系,商人的地位极低,所以我们从现存的正传野史乃至"戏说"的文字掌故中,都很难找到中国商人完整的生平故事,很难看出他们跌宕起伏的别样人生。中国历史从司马迁开始,就对商人另眼相看。《史记》记载了上至上古传说中的黄帝时代,下至汉武帝太初四年间共3000多年的历史。《世家》《本纪》

---

① 杨涌泉:《中国十大商帮探秘》,企业管理出版社,2005年版。
② 吴东生:《万里茶道上的宁红茶》。

《列传》,洋洋洒洒,130篇,52万余字。只用《货殖列传》一篇文章,记述了3000年的商业活动,可谓惜墨如金。而他记叙的"货殖"人物,界定为:谋求"滋生资货财利"以致富。即利用货物的生产与交换,进行商业活动,从中生财求利。包括各种手工业,以及农、牧、渔、冶炼等行业的经营在内。或许正是这个原因,我们在寻觅历史长河中江右商帮的代表人物,常常有月明星稀的遗憾。这里只能把几位江右商帮的代表人物做些介绍,而且是零碎的、片断的、史实与传说相间的。

李宜民

李宜民 字丹臣,祖籍临川县温圳杨溪村(今属江西省进贤县温圳)。生于康熙四十三年(1704),少年丧父,生活窘迫,寄居在舅舅家。长大后即到湖北学习做生意。因小本经营,难以为继。后来跟随江右商帮进入广西、贵州、云南等边远省份从事贩运。李宜民"携笔一支、伞一柄"转道桂林,初以替人代写文字书信为生,凭着一笔工整娟秀的欧体字和精确无误的计算特长,逐渐赢得了客户好感和信赖,并因此结识了几位朋友。后稍有积蓄,即与朋友往来于桂南太平府(今崇左市)土司地区进行贩运。一次官军清剿贵州古州(今榕江)一带苗酋时,急需军饷,无法筹集。军情急迫,时不我待。有人找到了李宜民,请求帮助解决燃眉之急。李宜民二话不说,倾其所有,保障官军的后勤及军需供应,为官军及时完成清剿任务立下了汗马功劳。《临川县志》载:雍正年间,清政府在两广进行盐法改革,将食盐收归官营,各地设立崇运司。当地官员认为宜民办事老成练达,能与官府合作,委托他协助办理有关事宜。后来,桂林、柳州、浔州(今桂平)、太平、镇安诸府的官盐运销均由其主持。乾隆二十三年(1758),朝廷复议取消食盐官卖,招商运销,广西官府奏请将盐由官改商运。但商人心存疑虑,无人敢应。"粤商率其众,请于大府曰:非宜民不可。"于是李宜民精心筹划,审慎计算,兼顾官商民各方利益,制定出切实可行方案,组织百余艘船舶在江河海上运输,保证了食盐的供应。后来官府增加盐引课赋,很多商人因本高利薄,纷纷退缩。李宜民没有退缩,精打细算,独资运销经营,既完成了运输任务,又获得了巨额利润。由于李宜民长期与官府合作,赢得了官府的信任。乾隆年间,朝廷决定通过招商的办法对粮食、食盐进行经营。李宜民也由私商华丽转身成为官商。督理广西、云南盐业,由此成为广西首富。李宜民还一辈子乐善好施,捐出巨资为当地民众购置义田,修建学校和公共场所。乾隆五十五年(1790),捐千金重修被大水冲垮的雉山太平桥,并改名为"长宁桥"①。而自己却"刻苦如贫时",卒以俭淡生活终其一生。由于李宜民的事迹为后人所称赞,1997 年版的《桂林市志》为其立传。

周扶九

周扶九 字泽鹏（1831—1920）,江西吉安高塘乡人,近代中国最大盐商、近代中国金融家、上海滩地皮大王、上海滩黄金巨子、近代中国实业家,其资产超过 1000 万两白银。周扶九 4 岁丧父,读了几年私塾,16 岁往湖南湘潭一个同乡开的绸布店当学徒。这家绸布号生意涉及广东、安徽、浙江等省。周扶九帮店主联系业务、采购原料、催账收款。22岁时又被店主派往广州当庄客。太平天国运动爆发,太平军直逼广东、湖南等地。店主派周扶九收回货款,有钱收钱,无钱可用实物资产折抵。当时,食盐经营实行"票法",运销食盐均由官府发给税后盐票,盐商凭盐票运销食盐 800 至 2000 斤。盐商不仅可以凭票做食盐买卖,也可将盐票转卖他人经销食盐,手中盐票多就可发大财。因此,周扶九在收债款时,便收了 25 张盐票。岂料战乱,导致盐票身价一跌再跌,最后一文不值,成了

---

① 贺三宝:《赣商慈善特点与思想探究》,《社会工作》,2013 年第 2 期。

废纸。店主不认账,扣除他的薪水抵偿损失。周扶九怀揣已成废纸的25张盐票,回老家摆地摊,维持生计。1864年,太平天国运动失败后,清政府复行票法,一张盐票可兑换四五百两银子,而且一票难求。周扶九找出了那25张发黄盐票,重出江湖。从此便财运亨通,生意越做越大。掘得第一桶金后,周扶九在长沙、常德等地开设钱庄,不到20年时间,他的钱庄遍布长沙、常德、武汉、扬州、镇江、徐州、南昌、九江、赣州、吉安、上海、南京、芜湖、湘潭等地,汉口有一条街都是他的财产,称为"汉口一条街"。后来,周扶九举家迁往扬州,既经营钱庄,又新开盐号。经过一番打拼,成为扬州最大的盐商。他既经营盐的运销,又从事海盐生产。后因海势东迁,淮南盐业逐渐衰落。周扶九敦请南通张謇筹组草堰场大丰盐垦公司,入股53万两白银,占整个公司投资总额的1/4以上。1911年周扶九移家上海。用他自己的话说:"哪儿赚钱我就到哪里去。"后来的南京路、北京路,当年还是荒郊野外,地价很便宜。周扶九在这一带买入许多地产。等到南京路成为上海商业中心时,周扶九圈在手中的地产已经寸土寸金。在投资大量地产的同时,他又进入上海的黄金业,一时资产成倍扩张,成为上海滩黄金巨子。他还与清朝状元张謇合资创办了当时中国最大的南通纱厂。与张勋合作创办了江西首家"九江华丰纱厂",后改为"久兴纱厂"。甚至到了晚年,依然雄心勃勃,与民国初的江西省省长陶家瑶合股投资兴建南昌至九江的南浔铁路。

黄文植

黄文植 名贤彬(1879—1939),南昌县人,中国近代爱国实业家和金融家,近代江西商业巨子。他13岁由族兄携至湖北武穴镇曹裕隆钱庄学徒,因刻苦勤奋,经营有方,获老板赏识,提为经理。1912年,邀集同乡好友筹集资金开设义成钱庄。随着资本积累扩张,又合资开办同慎钱庄和聚昌钱庄、信成麻行和一家布店。随着实力和影响提升,他被公推为武穴镇商会会长。1920 年后,黄文植将商业重心由武穴镇转移到汉口。与汉口通益精盐公司订立协约,由他集资在汉口、九江两地设立精盐公司经销处,自任经理,负责经销湖北、江西两省的精盐业务。后又与久大精盐公司重组大同盐号,业务不断扩张。1927 年,湖北全省食盐供应极为紧张,而大同盐号却拥有大量食盐。这一年黄文植获利百万银元以上,仅九江经销处就获利 20 多万银元。随着资本不断扩张,经营业务持续拓展,黄文植先后在武汉开办德成银号和大孚银行,并任大孚银行董事长。1934 年,九江久兴纺织公司连年亏损,濒于倒闭。他出手相救,带头筹资,以承租方式接管,改名利中纱厂,并任董事长,重金礼聘原上海申新纺织厂邱光庭为厂长,纺织专家朱仙舫为总工程师。同时,严格企业规章制度,加强管理,增收节支,精打细算,一举扭亏为盈。1936 年获利 216 万余银元。商战屡屡获胜,声誉与日俱增,他三次当选汉口总商会会长,担任江西旅汉同乡会会长 12 年之久。应私立武昌中华大学校长陈时的聘请,兼任了该校的董事长。凭着自己的艰苦奋斗、娴熟的商业技艺和广泛的社交资源,成为 20 世纪二三十年代名满武汉商界的风云人物。

华联辉

华联辉 字柽坞(1833—1885)。始祖(江西临川人)康熙末年到贵州经商,后来定居遵义。华联辉 1862 年开设"永隆裕"盐号,成为贵州首屈一指的大盐商。1877 年受四川总督丁宝桢之命改革盐业,实行盐巴官运营销新法,获得成功,充分显示了他的治理才能。1854 年,贵州发生黄、白号武装起义的农民战争,延续十多年,战火遍及全省,茅台镇成为双方激烈争夺的战场,酒坊基本上被毁掉了,茅台酒生产也中断了七八年。战争结束后,他于同治元年在茅台镇最先恢复创办"成义烧房",并将酒名定为"回沙茅酒"。1915 年,华联辉和另一家王姓"荣和烧房"的茅酒合作,以"茅台酿酒公司"的名义,将酒送往美国旧金山参加巴拿马万国博览会,一举获得金奖,成为茅台酒的创始人之一,从此名声大震,家底也越来越丰厚。他富了不忘义举,投入百万两白银兴教办学,开办书局,扶困济民。华联辉去世后,1908 年,他的儿子华之鸿又创办了"贵阳文通书局",是中国近代七大书局之一。1914 年,华家又投资 60 万两白银,引进日本、美国等国的设备,创办了"永丰抄纸厂",是当时西南最大的印刷厂。同时他还参与创办贵州通省公立中学、优极师范选科学堂、宪群法政学堂、贵州公学分校、遵义中学堂等学校,为贵州的"文教实业"做出了重大贡献。

汤子敬

汤子敬
　　汤子敬　江西抚州人,生于 1860 年。因为家贫如洗,年少的他,夹着一把雨伞,穿着一双布鞋,告别父母,到了山城重庆,在老乡谢艺诚开的"谢亿泰布店"里做学徒,很快升任账房先生。谢艺诚见汤子敬人品忠厚,聪明伶俐,就把他招为女婿。1890 年,汤子敬参加了四川大足县反帝反清的起义斗争,用自己的钱财为起义军募集军饷。起义失败后,汤子敬只身返回重庆,再次投入商界。当时,川东起义不断,社会动乱不安,引起商人恐慌,纷纷将布匹等货物降价出售。汤子敬则估计这种动荡局势不会持续太久,于是他开始大量低价收购布匹等货物。果然没有多久,清政府采取铁腕政策恢复了社会秩序。汤子敬便将其囤积的货物高价抛出,获得了巨大收益。1896 年,他在重庆先后开设了"同生福钱庄"和"聚福商号"。三年后,又利用与岳父分开经营所获得的巨款,开设了"源长钱庄""正大昌钱庄""德大家钱庄""聚福厚布店""大昌祥盐号""聚福长山货号""协太原朱丹粉作坊"等十多家钱庄、商店和工厂,被誉为"汤十号""汤百万""汤财神"。由于实力雄厚,汤子敬又大量购买房地产,房产遍及重庆的大街小巷,故而又号称"汤半城"。据统计,汤子敬所拥有的个人财富占到整个重庆的1/3，创造了重庆商业史上的神话。

胡元海　江西吉安人。清朝嘉庆时期，胡元海随其父到四川自贡经营盐矿，不久便自己开设"元和"布店，赚了不少银钱。道光年间，胡元海从布店分出一部分资金，与人合资经营盐业运销，获得大利。接着他又购买了盐井边寨子岭的大片水田和坡地，一面将水田出租收取租金，一面在坡地上开凿出水火盐井，取得了很好的效益。道光十二年，其子胡承钧放弃科举，跟着经营盐井。他勤奋好学，刻苦钻研，不仅极力淘凿旧井、增加卤源，而且积极开凿新井，扩大瓦斯、卤水来源。同时广泛收集市场信息，扩大井盐销量。1866年，他创办"慎怡堂"。之后，胡承钧的儿子胡念祖继承父业，苦心经营，盐业生意做得风生水起，家业发展进入全盛时期，共有盐卤火井21眼，雇工1000多人，拥有推卤水牛600多头，骡马100多匹，庄佃户170多家，年收租谷7600余石，年销售盐收入30多万两白银。还在重庆、宜昌和沙市设立分号和堆栈，在成都开设典当行，资本规模达10万两白银，还在乐山开设白蜡行，由此成为自贡的首富。

萧云浦

陈筱梅

朱仙舫

除上述外，著名的江右商人还有泰和人萧云浦，他是和周扶九齐名的扬州大盐商，在南京、安庆、汉口等地设立钱庄，人称"萧百万"。有靖安县的陈梅生、陈筱梅父子，他们在南昌、武汉、上海、天津、北京、扬州等地经营钱庄、当铺和盐业，盛极一时，富甲一方。有被称为"纺织大王"的近代实业家朱仙舫,江西第一个纱厂"久兴纱厂"就是他创办的。有南丰县的大商人包竺峰,南昌的"包家花园"和"江西大旅社"就是他建造的。有萍乡的大商人文廷式,他开办了安源煤矿。有抚州的王华兹,他在台湾创办启顺华钢铁公司,被当地誉为"世界拆船大王"。

三、江右商帮对万寿宫文化的传承和发展

综观江右商帮和万寿宫文化的交集,我们发现两者存在这样一种相互关系:江右商帮大大加快了万寿宫文化传播速度和传播范围,大大地丰富了万寿宫文化内涵;而万寿宫文化,塑造了一代又一代江右商帮的精神世界,为他们闯荡商海,披荆斩棘,提供了思想和道德支撑。

江右商帮扩大和提升了万寿宫文化的影响力

由于江右商帮把万寿宫作为会馆,因而在自己不断向外拓展的脚步声中,一座座万寿宫也在各地拔地而起。这样,万寿宫文化也就以前所未有的速度传播,其影响力也就得到了空前的扩大和提升,由一种地域性文化逐渐走向了全国甚至海外。江右商帮给万寿宫文化创造了新的发展机遇。

一般来说,文化的传播主要有两种形式,即有形的宣传和无形的浸透。万寿宫文化的传播正是如此。在江右商帮出现之前,万寿宫仅仅是局促在南昌等一小块地方,在其他地方,很少有知道万寿宫的,至于万寿宫文化所蕴含的内容,那就更不为人所知。但从江右商帮在各地建造万寿宫之后,其名声迅速为各地民众所知,其影响范围也迅速扩大。特别是各地的万寿宫不论建筑形态和结构怎样有所不同,但有几点是坚持不变的。

一是山门。牌坊式的形状,"万寿宫"三个大字刻在高高大门的正上方,庄严而又醒目。二是马头墙。青砖黛瓦,典雅而又朴实。三是多重天井。井厅相连,层层递进,高深而又阔气。四是戏台。融赣地文化

和艺术于一体,乃万寿宫之标配。五是楹联题额。遒劲潇洒的字里行间,充溢着对故土的深情。建于清康熙十九年(1680)的贵阳万寿宫,里面柱子上刻着一副对联:"君自故乡来,画栋珠帘,可见阁中帝子? 我逢良宴会,赋诗作序,深惭江上才人。"重庆江津仁沱万寿宫正门两边的石刻楹联:"玉诏颁来万古长留忠孝;金册渡出一家都是神仙"和横批"江西荫福"。一副对联,就是一脉思念。嘉庆年间建造的思南县中街万寿宫,著名书法家王道行为其题"西江砥柱"四字匾额,[①]更是把万寿宫的伟岸形象表达得淋漓尽致。有些地方的万寿宫,还特意用上家乡的建筑材料。湖南永兴万寿宫,建筑所需的釉砖都是由江西商人不远千里从家乡运来,砖上全部印上各种字体的"寿"字。建于明嘉靖十七年的南京万寿宫,门头、屋顶、照壁等最能体现建筑风格的地方,全部是用景德镇瓷进行装饰的。所以,作为一种建筑,万寿宫本身就是一种凝固的文化,是其文化的一种物质表达,是特殊地域文化的一种表达。每当人们看到万寿宫,自然就会想起那一方人,那一方水土。这种有形的宣传,是最直观的宣传,力量往往非常强大,效果也快而好。

至于无形的浸透,则主要是通过江右商帮在万寿宫里举行的一系列活动,包括邀请当地人士参与其中,让人们逐渐了解许真君、了解万寿宫文化的内涵,发生潜移默化的影响。这样久而久之,人们对万寿宫文化,也就加深了理解,增进了认同。

总之,江右商帮把万寿宫建到哪里,万寿宫的影响就延续到哪里,万寿宫文化也就在哪里生根、发芽、开花、结果。

江右商帮拓展了万寿宫文化的内涵

人类社会在改造客观世界的过程中,会不断地扩大自己的视野,产生一些新的看法,形成一些新的观念。江右商帮在自己长期的商业实践中,一方面对万寿宫文化中的精华予以继承,一方面对万寿宫文化进

---

① 《(民国)思南县志稿》,卷二,《营建志·坛庙寺观》,民国九年刊本。

行改造,从而拓展了它的内涵,赋予了它新的内容。

第一,给万寿宫文化赋予了当地文化特色。随着江右商帮经商范围的不断扩大,万寿宫文化也由一种狭窄的地域性文化逐渐走出江西,走向海内外,不仅和当地文化融合在一起,而且还不断吸收了大量的当地文化。在这个过程中,当地民众还以自己的形式,把它与当地风俗、神话故事、民间传说、人文习惯结合起来,不断完善许真君形象,创造出具有当地特色、为当地民众接受的万寿宫文化。这样既大大拓展了万寿宫文化的内容,又使其成为一种带有开放性特征的文化。商业文化本身就具有开放型,万寿宫文化的这种开放性正好适应了商业文化的需要。

第二,把万寿宫文化的核心要义转化成了江右商帮的行为规范。万寿宫文化的核心内容是"八宝垂训"。这本来是净明道的教义,但江右商帮却根据经商做生意的需要,将它们"嫁接"和"移植"过来,或进行某些"包装"和改造,变成了经商做生意的规矩,让它们"为我所用",为自己经营服务。对万寿宫文化中的"忠孝",江右商帮将其转化成在商业活动中必须做到诚实守信,公正公平,言而有信,行而有果;同时要讲孝悌,富了不忘父母,不忘兄弟姐妹,不忘父老乡亲。对万寿宫文化中的"廉谨",江右商帮将其转化成在商业活动中必须做到踏踏实实,谨慎而为,不莽撞,不盲目,做生意时要精打细算,即使发财了,也要坚持勤俭节约,不可大手大脚。对万寿宫文化中的"宽裕",江右商帮将其转化成在商业活动中必须做到赚钱发财要适而有度,不要昧着良心发不义之财。对万寿宫文化中的"容忍",江右商帮将其转化成在商业活动中要做到宽宏大量,和气待人,不要意气用事,对客人不要耍态度。等等。由于万寿宫文化上至朝廷,下至百姓,都一致高度认同,有着广泛的社会基础,江右商帮把其变为商人的职业操守,容易被商人们接受,也容易推广施行。把教规变商规,这是江右商帮的一大创造,是江右商帮商业文化的一大特色,也体现了江右商帮的商业智慧。

第三,把万寿宫的神话式理想变成了实际行动。为民造福是万寿宫文化的核心内容之一,但许逊为民斩妖除怪、祛除瘟疫只是传说,事实上也不可能实现,只是人们的一种美好想象。江右商帮却通过自己的所作所为,扶危帮困,急人所难,助人所需,把为民造福变成了一种实实在在的行动。清朝嘉庆、道光时期的金溪商人陈文楷先后在四川和云南开采铁矿,赚取了丰厚的利润。他富了不忘民众,做了不少好事。同治《抚州府志》所载:嘉庆五年,创"与人社"。在重庆、汉口、吴城,拯溺掩骸,费金二千;嘉庆二十五年,运川米万余石平粜,救济江西饥荒,折亏六千金。对云贵当地的百姓,他还"夏施汤药,冬施棉花,访急难困苦者而援之。值岁余,袖白金分赊孤寡、炊烟不举者"。十年间,此类公益支出白银三万余两。陈文楷还专程前往西北地区推广自己创立的"接泉洒润法"。该法"以机斛水,力省功倍"。陈文楷还绘制图式散于各村。这或许是江右商帮最早的技术扶贫。清朝中期崇仁县商人谢廷恩,少时家贫,年轻时"负贩于蜀",后又"通货闽广",二十年中,累资巨万。他慷慨解囊,捐资四千,帮助乡人参加乡试和会试;建立仓库,储谷一万六千石,以救济缺粮之人;当地发大水时,出资购谷,每人三石;出二万金建社仓,贮谷万余担;捐资六万,重修被洪水冲垮的河桥;此外,他还捐资建义学等。所有这些,都是江右商帮从实践层面对万寿宫文化的最好诠释、发展和传扬。

第四,在万寿宫庙会文化中,大量地植入了商业娱乐交易文化。每年一次的万寿宫庙会,本是以祭祀为主要内容,只是顺便附带一些商业交易活动。但江右商帮却把在当地举行的万寿宫庙会,变成了一场商品贸易盛会。庙会期间,除了举行必要的祭祀仪式之外,更多的是看戏娱乐和商业展示及商业交易活动,借此扩大江右商帮的影响,结交更多的朋友,做成更多的生意。这不仅延伸了万寿宫文化的内容,而且赋予了万寿宫文化新的内涵。

江右商帮与万寿宫文化融合，孕育了江右商帮精神

融合是一种孕育，也是一种创新。一种文化与另一种文化的融合，必然会产生一种新的文化；一种精神与另一种精神的融合，必然会产生一种新的精神。传承千年的万寿宫文化，纵横中国商海的江右商帮，在历史的长河交汇，相互浸透，相互影响，实现了形与神的交合，从而产生了江右商帮精神，构成了中国商海、中国地域文化独特的现象。人们从江右商帮身上，看到了鲜明的万寿宫文化符号；而从万寿宫文化中，又窥见到了江右商帮的精神世界。

江右商帮精神，有着丰富的文化内涵，主要体现在六个方面。

不怕艰苦，勤勉务实

许逊擒妖捉怪，治水消灾，敢于与一切邪恶势力拼搏，同各种自然灾害作斗争，表现了一种大无畏精神。江右商帮把这种精神写在了自己的旗帜上，不畏艰险，脚踏实地，勤奋努力，拼搏创业。每一个卓有成就的江右商人，都有一部顽强拼搏的奋斗史，都有一段不堪回首的艰难历程。在"蜀道之难，难于上青天"的四川，在"高而为鸟，险而为猿"的横断山脉，在瘴疠遍布、疾病流行的少数民族地区，许多江右商人穿越千山万水，历尽千难万险，艰难地做着生意。他们跌倒了再爬起来，继续一路向前。江右商帮这种不畏艰险、不服命运的精神，在中国商海，有口皆碑。到别人不敢去的地方，做别人不想做的生意，这就是江右商人！乾隆年间，抚州商人李宜民，开始经商时就出师不利，连连亏损，把老本都搭了进去。但他没有气馁，前往云南太平土司一带从事贩运，风餐露宿，忍饥挨饿，艰难跋涉在深山老林中，从一个寨子到另一个寨子，从一户人家到另一户人家，把货物卖给当地人。一次贩运途中，穿行原始森林，遭遇林中瘴毒，同行五人皆因此或中毒，或暴病，先后而亡。李宜民死里逃生，躲过一劫。他又前往广西桂林，打入盐业经营领域。在

众多盐商因不满地方官府盘剥而纷纷退却时,李宜民迎难而上,薄利多销,规模经营。组织大批船只,往返于粤、桂之间,逐渐垄断了当地盐业经营权,成为广西的首富。金溪商人李懋英,外出经商多年杳无音信,在无法联络的情况下。他的儿子只好循着他的商道,四处寻找,走湖广,赴西安,越秦岭,吃尽千辛万苦,终于在四川华阳(今双流)相遇。父子相见,相拥而泣,感慨万千。还有东乡商人,"牵车者遍走通都大邑,远逾黔滇不惮",清江商人"徒步数千里,粤、吴、滇、黔无不至焉"。江右商帮就是凭着这种不怕艰苦、勤勉实干的精神,在极其恶劣的环境中,迎难而上,排险而进,闯出了一片自己的商业天地,奠定了他们在中国商业史上的崇高地位。

诚实守信，正直厚道

江右商帮把万寿宫文化"忠则不欺"的理念,贯彻到商业实践中,培育了江右商人"讲求诚信、童叟无欺"的商业道德,进而成为约束商人行为的重要规范。据《清江县志》载,樟树本地的药材资源并不丰富,主要来自湖广和四川及南直隶等地,但药材的加工都在樟树。因为坚持不掺杂使假,不偷工减料,不以次充好,保证了过硬质量,从而赢得了"药不过樟树不灵"的声誉。樟树的药材,随着药商足迹遍及全国甚至东南亚等国家,樟树也由此成为全国著名的"药码头"。万历年间,意大利传教士利玛窦被派往中国传教,他把自己在华传教的经历写了一本《杂记》,书中多处讲到江右商人重信誉、守信用的故事。临川人张世远、张世达兄弟在汉口做纸业生意,买主付款后就离开了。因为长期的信用关系,兄弟俩没有当面清点。回来的路上才发现主人多给了100两银子,兄弟俩认为"此非分之财,必还之"。二话不说,转道回程,找到买主,如数归还了多付银两。南昌商人雷可权,有个徽州商人将一千多两银子存放在他的商铺,不久徽州商人不幸去世。雷可权主动寻访到这个商人的后人,将银子全部归还。婺源人朱文炽是有名的茶商,每当茶叶过期后,他就在与别人交易的契约上注明"陈茶"字样,从不以旧当新蒙混和欺骗顾客。东乡商人陈登瀛,经商于汉口,以诚信著称,许多云贵、两广商人的货物都请他转运代销。由于坚持诚信经营,有些江右商人还被推举为商事的裁决人。金溪商人傅谦,长年在重庆经商,因为讲信用守承诺,在商界赢得了良好口碑,被八省的商侣推举为"客总","剖决是非曲直"。

长期的商业实践,江右商帮还总结出一系列诚信经营的生意经。湖南凤凰城"裴三星"老字号,要求店员学徒对顾客做到"四个一样":"生意大小一个样,男女老少一个样,苗汉土家一个样,亲疏城乡一个样。"出售商品要做到"三个一点":"尺足一点,油满一点,秤旺一点。"庐山胡鼎康商号编写出九十六个字的诚信生意《三字经》,要店员熟读死记,付诸实践。

崇孝重悌　尚俭戒奢

在万寿宫文化中,"孝"和"廉"具有重要地位,强调"孝则不悖,廉而罔贪",孝者,即孝悌;廉者,即清廉俭朴。这也是中华民族一直倡导的优良传统。江右商帮无论在哪里经商,都始终坚持重孝尚悌,崇俭戒奢。只要父母长辈和兄弟姐妹有需要,他们马上就会放下手中生意,回家履行孝悌之责。同治《金溪县志》记载:县人刘南友长年在外经商,在楚地听闻兄长因病去世,遂立即返家办理兄长的后事,此后在家侍奉母亲十余年。[1] 同治《庐陵县志》记载:县人萧邦贤在双亲过世后,将经商获得的利润,帮兄弟偿还债务,把分开各个兄弟的家又合起来,还帮侄子结婚成家。[2] 南昌商人胡民佑,因"母患目疾蔽明,胃气常痛,求神延医,几无虚日,后又值岁歉",家境非常困难。他于是远徙四川夔城做生意,将辛苦赚到的金钱按时寄回家里,给母亲治病。同时,许多江右商人还不忘"成

①　江西省工商业联合会等编:《赣商志》,江西人民出版社,2017 年版,第 264 页。
②　江西省工商业联合会等编:《赣商志》,江西人民出版社,2017 年版,第 219 页。

江右商帮与万寿宫文化

由勤俭败由奢"的道理,在赚钱致富之后能够自觉远离灯红酒绿,保持勤俭朴素的品格。清江县商人聂君文,经商之初,颠沛流离,省吃俭用,艰难度日。经过十多年的顽强打拼,家里终于富裕起来了。但聂君文还是和以前一样过着俭朴的生活。有人不理解,劝他好好享受荣华富贵。聂君文摇了摇头说:"富贵生活当然好。但是生意经营变幻不定,盈亏无常,我怎么能胡乱挥霍、追求奢侈呢?"丰城县商人杨嘉,"惟自奉綦约,食无兼馔,衣不重装,好劳而恶逸,日恒操持,不遑将息。"玉山县吴士发兄弟八人,商贾农艺各执一业,家道殷富,但"不趋游荡,凡声色狗马樗蒲之戏,从不入其门"。可以说,在崇孝悌和尚俭朴这两方面,江右商帮竖起了一座道德丰碑。

团结互助,宽容和气

宽容是万寿宫文化中的重要内容,强调"宽则得众""容则翕受"。在这种观念的影响下,江右商帮养成了一种相互帮助、宽容和气、有福同享、有难同当的精神。不仅对顾客、对客户如此,对帮内同行也是如此。江右商帮大多白手起家,资本金不足。这时,有经济实力的商人往往会伸出援助之手,帮助解决资金困难。道光年间丰城商人熊作宾,因经商有方,"累橐金盈亿",对同行扶持有加。一位刘姓商人向他借贷千金,因经营不善而亏本。熊作宾又继续借钱给他经营,刘姓商人最终获得三倍的利润。还有的江右商人在经营过程中发生意外,或者因自然灾害遭受重挫而经营不下去,江右商帮也会倾力相助,帮其渡过难关。黄庆仁栈是个合伙药店,一方老板去世后,因他的小孩还是幼儿,另一个老板便主动地承担起抚养其幼儿的责任,孩子长大后又让其一起经营药店。对伤害过自己的同行,江右商人也常常以德报怨,宽以待人,和谐相处。在遇到劫匪时,江右商人都会挺身而出,奋力相救。高安商人梁懋竹与两位同行押运一船货物经过洞庭湖时,因天色太晚在码头泊宿,不料有几个盗贼登船向他们索要财物,为保护两位同行,梁懋竹谎称他们是自己的兄弟,自己拿出钱财把盗贼打发走了。

同治《九江府志》三十八卷载:彭泽商人张宠遇,经商在江苏盐城,听说有同籍商人犯事拘牢狱,被狱卒折磨得死去活来。张宠遇千方百计营救,始终未能如愿。几经周折,打听到百里之外有一位彭泽籍的官员,于是,张宠遇跋山涉水,找到这位官员,并倾其所有,百般说情,救出了自己几位老乡,使他们幸免于难,而此时的张宠遇已经身无分文。

以义统利,义利兼顾

江右商帮传承了万寿宫文化以国家为重的观念,正确处理"义"和"利"的关系,坚持以义统利,义利兼顾。特别是在国家利益和自己的商业利益发生冲突的时候,毫不犹豫地把国家利益摆在第一位,在民族大义面前表现了一股凛然正气。马来西亚有个"客家帮",祖籍吉安,以采矿、种地、经营药材为业。1910 年 11 月孙中山、黄兴、赵声等革命党人在马来半岛的槟榔屿召开庇能会议,决定再次在广州发动武装起义。"客家帮"余东雄、罗仲霍积极参加革命党反抗清朝统治,并加入同盟会,参加广州起义。1911 年 4 月 27 日下午 5 时 30 分,黄兴率 130 余名敢死队员直扑两广总督署,发动了中国同盟会的第十次武装起义广州起义。敢死队突入总督署,总督张鸣岐逃走,起义军焚毁总督署后,在东辕门外与水师提督李准派来弹压起义的北洋军短兵相接。起义军浴血奋战,终因寡不敌众而不幸失败。余东雄、罗仲霍双双在战斗中牺牲,余东雄年仅 17 岁,罗仲霍时年 30 岁。

在社会遭受重大自然灾害、人民处于生死攸关的紧要时刻,江右商帮也是义无反顾、挺身而出,主动承担社会责任。1924 年,湖南衡阳境内发生历史罕见的洪灾,城内城外汪洋一片,灾情波及周边各县,四乡灾民涌入衡阳城等待救济。江右商人杨尔臣,花巨资就近从湘潭采购大米,平粜施放,差价由会馆筹募的基金补贴,使衡阳渡过了灾荒。

至于在日常商业经营活动坚持舍利取义、不取不义之财的例子就更不胜枚举,在客地有口皆碑。民国年间,江右商人李静山在南昌开绸布店,在钱庄融资一千元银元。钱庄掌柜不慎在洗衣服时,把借款凭证洗掉了,很是着急,"白纸黑字"没有了,如果借款人不认账,这一千银元就打水漂了。他立马找到李静山,说明情况。李静山安慰钱庄掌柜,请他放心,时间一到,如数还款。新城县(今黎川)商人吴大栋,父母去世后,留下债务没有偿还。吴大栋赴广东经商,10年后稍有余积,就带着银子来找债主。这时,债主已经去世,也没有借据,其家人也不知此事。吴大栋反复说明原委,归还了这笔欠债。

乐善好施,回报乡里

为民造福是许逊的毕生追求,也是万寿宫文化最耀眼的亮点。江右商帮传承万寿宫文化精髓,积极推崇和实践乐善好施、回报乡里的商业理念。许多江右商人只要取得一点成就,都会自觉把一部分钱财用于社会公益事业,用于家乡建设。或修桥修路,或建渡置船,或兴建书院,或扶贫济困,或救灾赈灾,或修谱建祠,用实际行动演绎了乐善好施、回报乡里的风范。南昌商人黄文植经商成为巨富后,博施济众,救灾赈荒,助民解困。鄂、陕发生严重水旱灾害时,他不仅捐献财物,还在汉口、南京设立两所孤儿院,将灾区大批孤儿接来抚养教育。他捐资在家乡南昌县修建万舍桥,设置义渡,施粮济贫,给贫病者免费送药施诊;

闽赣古道重镇黎川古城

闽赣古道黎川新丰桥

出资20万银元,维修加固赣江西河堤、广福圩堤,使附近48个村庄、5万余亩农田得以受益;出资10万银元创办南昌县私立文植小学,接收农家子弟免费入学。还有些江右商人取得成就之后,免除借贷给乡邻们的债务。临川商人李春华在贵州经商几十年,告老还乡之前,他招来欠款人,将一万多两银子的债券当面全部烧毁。金溪商人刘光昌长期在外做典当生意,晚年回家重操旧业。有些乡民用衣被典贷粮食,因灾歉收而无法赎回,随着天气渐冷,刘光昌将这些乡民招来,让他们将衣被全部取回,所贷粮食均不必归还。有人不解,刘光昌说:"天气凛冽,族邻号寒,吾忍厚绵独拥乎?"据对明清时期建昌府、南昌府69名商人的统计,他们用商业利润兴义学、置义田、救灾荒、修桥铺路等社会性投资84项,占77%。

万寿宫文化孕育的江右商帮精神,是中国商业精神耀眼的一抹彩虹。

第四章

江右商帮与万寿宫文化的历史贡献

作为中国较早出现的商帮,江右商帮纵横商海,历经风雨,顽强拼搏,不懈奋斗,为明清时期经济社会发展做出了不可磨灭的贡献,彪炳中华民族史册。与此同时,万寿宫文化也在时代潮流的激荡砥砺中,不断扬弃创新,实现了由道教文化向商业文化转型。

回望江西的历史,从公元 718 年张九龄开通大庾岭驿道,到 1840 年鸦片战争,在千年的历史长河中,江西在中国经济、文化版图上,曾经持续辉煌,走在前列。特别是在唐宋以后,全国经济重心南移,南宋建都临安,江西以地理优势,成为全国经济文化发展的高地,其人口之众,物产之富,居全国各路之首。鼎盛时期,江西人口占全国23%。区位优势、环境优势、资源优势和经济优势,为江右商人事业成功,奠定了坚实基础。及至明清,江右商帮凭借这些优势,在中国经济的大版图上,纵横驰骋,大显身手,谱写了一篇篇精彩动人的华章。

一、为推动明清时期经济发展做出了重大贡献

生产、交换和消费,是推动经济发展的三大杠杆。交换作为中间环节,一头连着生产,一头连着消费。如果没有交换,产品不能流通,不仅影响消费,生产也不能发展。从这个意义上讲,交换对生产和消费有时也起着决定性的作用。作为专业从事商品贸易的江右商帮,在全国商

业活动中,主动担当,全力而为,扮演了重要角色,发挥了重要作用,成为推动市场流通和全国经济发展的重要力量。

激活商品市场,促进经济繁荣

市场活跃的程度,直接决定经济繁荣的程度。古时一个最大的难题,就是因为交通不便和落后,使得货物流通不畅,影响经济的发展,而这往往又关系到社会的稳定和国家的安危。江右商帮的最大贡献,就是以"货畅其流"不断满足各地市场的需要,促进全国经济的发展。

第一,促进了一批专业市场形成。明清时期,江西凭借丰富的物产及其加工能力,凭借纵横交错的水网和陆路,与周边省份乃至全国的商贸联系日益密切,在省内外培育了一批专业市场。主要有粮食市场、茶业市场、瓷业市场、纸业市场、药业市场、布业市场、木材市场等。这些专业市场对调剂货物余缺、保证市场供应起到了十分重要的作用。如在粮食方面,据道光时晏斯盛所说,江南省城(指南京)人户稠密,需用粮食甚多,历来都靠外地运来接济,只要三五天内米商不到,米市价格即涨。"故岁岁载米依期而至"①。又如药业,江右药商的足迹遍及川、黔、鄂、湘、桂诸省,甚者远涉海外,在各地形成了一批"药市""药街"。重庆、湘潭、梧州,更是江西药材的重要集散地。仅湘潭一处,维持到清末的樟树药铺仍有 200 多家,年经营额在 800 万元以上。再如木业,乾隆《赣州府志》记载,赣州商人主要靠杉木运销外省致富。仅九江沽塘关统计,江西每年外销的木材为 1600 万立方尺。至于瓷业、茶叶和纸业的市场交易,那就更加庞大和活跃了。可以说,在全国各地尤其是江南地区,到处都能见到江右商帮培育的各类市场。《古今图书集成》记载:汉口"五方杂处,商贾辐辏,俱以贸易为业",盐、当、米、木材、药材、布匹六大行业,都有江右商人经营,尤其是汉口的药材业,几乎被

---

① [清]贺长龄辑,魏源编:《皇朝经世文编》卷四四,道光七年。

江右商人所垄断。通过这些市场，江右商帮一方面使自己的经济实力逐步得到了壮大，同时也大大地促进了货物在各地的流通。

第二，促进了手工业和加工业的发展。进入明代中期，随着社会政治稳定，农业基础地位逐渐巩固，手工制造业蓬勃发展。全国形成了五大手工业制造中心：景德镇制瓷、铅山造纸、苏杭丝制、松江棉织、芜湖浆染。在"五大中心"中，江西就占了两个，除了制瓷、造纸这两大制造中心外①，江西夏布制造业发展也很迅速，明清时期达到鼎盛。《植物名实图考》说，江西抚州、建昌、广信、赣州、南安、袁州，农户种麻织丝，如同嘉兴、湖广农户养蚕治丝，熟练农妇一天可织丝三四两，然后请织匠织成布。清代赣州石城县每年生产夏布几十万匹，多销往外省，宁都州每年夏布产量也达数十万匹。清代万载县从事夏布生产的作坊有上千家。据彭泽益先生《中国近代手工业史资料》记载，从 1912 年至 1930 年，仅从九江关输出的江西夏布即达 35 万担，其中近半数输往国外，占全国夏布输出的三分之一强。从明中叶开始，江西还是全国重要的棉产区，清江、九江、南昌、吉安等地大量出产棉布。清时，全省有印

---

① 林芸、严琦：《江右商帮茶叶老字号的品牌调查》，《天津市经理学院学报》，2011 年第 5 期。

染工匠近1000人,而最大的染坊在吉安,工匠100余人。于是江西商人开始夏布、棉布兼营。除了在本省销售,吉安商人还将当地的棉布销往广东、福建、四川等地。江西的造船业也很发达。早在汉代,浔阳、鄱阳就开始造船。朱元璋、陈友谅鏖战鄱阳湖3000多艘战船都是在南昌、九江、鄱阳建造的。明朝永乐年间,江西成为朝廷指定的重要造船基地,每年运送漕粮的漕船达3000余艘,其中不少是江西所造。天顺年间"定船万一千七百七十"①。此外,刻书业和矿冶业等也是江西手工业工场的重要组成部分,还有茶油、桐油、藤椿、烟叶等加工业发展也很快,这些产品经江右商转手贩运,畅销大江南北。道光《瑞金县志》记载:"(农民)卖烟得钱,即可易米,而锉烟之人,即生财之众,非游手冗食者也。地方繁富,则商贾群集,又何忧其坐耗易尽之谷乎!"这些手工制造业和农产品加工业的发展,极大地活跃和丰富了明清时期我国的商业市场。

第三,促进了农村集市和贸易繁荣。江右商帮贩运农产品,直接推动了农村集市的兴旺。明清时期江西区域商品交易场所,按层次划分,可分为集市、城镇、都市三个层级。这三个层级市场构成整个区域市场,成为国内市场的重要组成部分。农村集市,大多称"墟",也称"市"或"集",也有少数地方称"亥"。集市作为初级市场,一般坐落在城市与乡村的结合部、村落与村落的结合部,或者就在城郊、村边,它属于农村市场。位于城乡接合部特别是城郊的农村集市,对人们的生活影响极大,是获得日常生活必需品、农产品、手工业品的重要场所。明代江西农村集市平均每县已超过10个,如新昌县农村集市在明代已达15个②。而到清代中后期则平均每县超过20个。同时,江右商帮还在全国各地促成了一批贸易集市。贵州的永兴场贸易集市的兴起,就是因为江右商人的进入。永兴场,原名两流泉。因发现和开采水银,成为江

---

① 《明史》卷七十九《食货志》三。
② 施由明:《论清代江西农村市场的发展》,《江西社会科学》,2002年第9期。

右商人的贸易货物地。《开阳县志稿》记载："康熙中,州官杨文铎正月到省,为上宪拜年,路经今之双流镇,闻鞭炮声彻夜不辍,叩其故。团甲为言,系江西商人来此贩卖水银,生意甚大。文铎曰:'只愿此永远兴旺。'遂更名永兴场。"此外还记载"汞商则十几之七八皆江西两湖人也""永兴场,即两流泉,当时产量极盛,盐、布、水银在此集散,江西商人运棉花、布匹至此售卖,购买水银至汉口,每多水银出口,平均在五百担以上。"足见此时永兴场贸易规模之大。清朝中期,不少江右商人来到四川蓬安周子镇,在此建房开店,将粮食、棉花、食盐、布匹、煤炭、竹木、茶叶等各种货物汇集此地贸易、储存、转运,从而形成了一个贸易中心。这些贸易集市的形成,对活跃和丰富全国市场发挥了重要作用。

第四,促进了种植业发展。农产品买卖特别是大宗农产品的经营和加工,使得农产品市场需求扩大,大大刺激了粮食、茶叶等作物的种植,特别是粮食种植面积大幅度增加。从明朝弘治、万历朝夏秋赋粮统计可以间接得到证明:弘治十五年(1502),征收赋粮26792260担,其中江西2615906担;万历六年,征收赋粮26638414担,其中江西2616342担。分别占全国粮赋总量的11.41%、11.47%,位居全国第一位。从清代漕粮征收也能看出江西粮食在全国的地位:乾隆十八年(1753),江西征收漕粮数额为76万担,约占朝廷征收漕粮总额的80%。嘉庆、道光,每年在江西征收的漕粮都保持在70万担的水平。由于粮食产量的增加,江西缴纳税粮在明弘治至万历年间,居全国首位。茶叶种植也不断扩大。明初全国茶叶产区分布在浙江、四川、江西、福建等13个布政司,江西的茶叶产量占全国的23%,茶叶产量包括贡茶、官茶、私茶。我们从种茶户数也可以看出明朝江西茶叶生产的发展轨迹。有资料统计,明初江西种茶3600户,明中期18000户,明晚期90000户。①

第五,促进了中国资本主义萌芽。有学者认为,中国资本主义萌

---

① 谢冉:《明代茶叶产区、产量及品名研究》,安徽农业大学硕士论文,2020年6月。

芽,最初出现于明代中后期经济最发达的江南地区,主要标志是:在纺织业中,织机和织工的数量有了明显增加,工场手工业已经形成,"机户出资,机工出力"的资本主义雇佣关系已经出现;在矿业方面,官营矿业在嘉靖、万历年间急剧衰弱,民营矿业迅速发展,出现了一些规模较大、雇佣矿工较多的私营矿场;在农村,商品性农业比重扩大,有些地区专门为手工业提供原料,生产的目的完全是为了交换,具有近现代城市性质的新型工商业市镇大量出现。按照这些标准来衡量,江西一些行业也出现了资本主义萌芽。最典型的是景德镇的制瓷业。唐英在《陶冶图说》中说:雍正、乾隆时期,景德镇"商贩毕集,民窑二三百区,终岁烟火相望,工匠人夫不下数十余万"。生产窑有烧柴窑、烧槎窑、包青窑、大器窑、小器窑等。窑户有烧窑户、搭坯窑户、柴窑户、烧图窑户、槎窑户五种类型。各窑内又根据工序分为 23 个工种,各户间又根据所作之器分为 18 作;此外各附属专业户又共有 16 个户种。可见分工之细密。正如《天工开物》作者宋应星所言:"共计一坯工力,过手七十二,方克成器。"为了多生产,有些制瓷大户,还雇请了上百号工匠,形成了一定的雇佣关系。特别是所有民窑生产的瓷器,几乎全部进入市场,用于赚取利润。明人王士性在《广志绎》中说:"遍中国以至海外夷方,凡舟车所到,无非饶器也。"王宗沐在《江西大志》中说:"其所被自燕云而北,南交阯,东际海,西被蜀,无所不至,皆取于景德镇,而商贾往往以是牟大利。"所以,无论从哪个方面来看,景德镇的制瓷工场已产生了某些资本主义萌芽。再就是樟树镇的制药业,乾隆年间,大的店铺、药行,雇佣员工六七十人,从药材采购、加工、蒸煮炮制,饮片加工,再到批发和零售,一条龙作业。店主和员工的关系,体现了某种原始的资本主义雇佣生产关系。还有,江右商帮在云南经营的铜矿不仅规模大,而且矿工多,而这些矿工绝大多数都是靠出卖劳动力的雇佣者;不仅如此,铜矿内部还有明确的分工协作,可以认为已经具有资本主义手工工场的性质。但这种资本主义的萌芽,最终因封建生产关系过于强大而被扼杀。

开辟和拓展了水陆商道

江西处于长江与南北大通道的黄金十字架上,在区位上占据着优势。江右商帮充分利用这得天独厚的交通优势,向东南西北各个方向拓展自己的商业空间。正如万历《南昌府志》卷三《风俗》说:"商贾工技之流,视他邑为多,无论秦、蜀、齐、楚、闽、粤,视若比邻;浮海居夷,流落忘归者十常四五。"从目前掌握的资料来看,江右商帮用自己的脚印,朝西、南、东、北方向,闯出或拓展了几条重要商路,为明清时期中国商品生产与流通发展,立下了汗马功劳。

西南商路(湖广、云贵、川藏):这是江右商帮最为活跃的商路。分水陆两路。陆路由吉安进入湖南醴陵、郴州、衡阳,或由萍乡进入湖南株洲,再由湖南进入贵州和广西。水路则沿长江进入湖北再进入四川、贵州和云南,或由长江进入洞庭湖沿湘江进入湖南中部或沿沅水进入湖南西部凤凰等地,再进入贵州和云南。这条商路主要是沿着人口西迁路线而成型发展起来的,不仅覆盖了云贵川,这里略述江右商帮几条主要商路:

而且还远至西藏和境外东南亚。在"江西填湖广""湖广填四川"的人口大迁移中,江右商帮紧随迁徙移民,做起了买卖生意。光绪湘潭县志记载,湘潭"明代流寇迄三藩之乱,县当兵冲,逃死殆尽,⋯⋯及复业,城中土著无几,豫章之商十室而九,⋯⋯康熙初土广人稀,⋯⋯东界

古商道

最近江西,商贾至者,有吉安、临江、抚州三大帮"[1]。云贵川是江右商人活动的又一重要区域。据《黔南职方纪略》载:贵阳一带,"江、广、楚、蜀贸易客民,毂击肩摩"。《皇明条法事类纂》说,明成化时,仅云南姚安军民府(今云南楚雄州)西部就有江西安福县、浙江龙游县商人三五万人;临安府今云南红河州及通海、华宁、新平、峨山等县也有许多江西商贾。王士性在《广志绎》说:"滇云地旷人稀,非江右商贾侨居之,则不成其地",由荆湖溯江而上,重庆、叙州、龙泉驿、夔州、梓潼、松潘等地,甚至在西藏高原,也活跃着江右商帮的身影。还有一部分江右商帮沿长江进入汉江,再溯江而上到达陕南汉中一带,在那里经营生意,以至安家落户。陕南土著居民不到十分之一二,其余的皆来自湖广、广东、安徽、江西。而江西流民则多从事工商业活动。

南部商路(两广地区):唐代开凿大庾岭驿道以来,江右商人利用赣江水运和大庾岭驿道,向南发展,通过珠江水系,到达广东、广西,进而出海。在广州、佛山聚集着大量江右商人。潮州、惠州等地棉纺业所需棉花,有一半左右靠江右商帮供应。吉安布商有在广州、佛山等地设立

---

① 《光绪湘潭县志》,卷十一《货殖》,第437页。

"粤庄"。江右钱商在广东一带也很活跃,连州、高州等地则有很多关于江右商人施放子母钱的记载。"坐放钱债,利上坐利,收债米谷,贱买贵卖。"他们生意收放自如,风生水起。广西桂林、柳州、得州、太平、镇安等地,来自江西的盐商、茶商、木材商、药材商也很活跃。尤其是梧州,地处左、右江会合要津,百货往来,帆樯林立,其繁荣程度在清前期几乎与汉口、湘潭比肩,江右商帮在这里开设的商号有百十家。还有一部分江右商人通过贡江进入闽西和粤东,把江西的粮食、瓷器和农产品运往闽西和粤东销售,再把沿海的食盐等产品运回江西等地销售。

东南商路(福建):主要有两条,一条是由鄱阳湖进入信江,再由铅山进入福建沿海。这是江西粮食陆路入闽、福建食盐入赣的必经之地。康熙十七年,广信府知府曹鼎望即称铅山"固昔年万家之邑也,江浙之土产,由此入闽;海滨之天产,由此而达越。推挽之用,负担之举,裹粮之里,日夜行不休"①。另一条是由鄱阳湖进入抚河,再由抚河从新城县(今黎川)进入福建。因新城地处赣闽边界,每天都有大量的商人在此经商做生意。江闽孔道,其仕宦商贾,舟车负担之往来,昼夜无停晷。

东部商路(江苏、安徽、浙江):东部沿海地区,是中国商品经济最为发达的地区。江右商帮经赣江、过九江往东,或经玉山抵浙江,频繁往来于江、浙、皖。主要是贩卖江西出产的稻米、大豆、瓷器、夏布、纸张、木材、烟叶、桐油、茶油、靛青等。同时将三省盛产的食盐、丝和棉织品销往江西。《太平广记》说,江西盛产木材,江苏的南京、扬州、苏州、松江及浙江的杭、衢、婺、处诸府,均有江西木材商人列铺坐卖,或辗转贩运。清末扬州有八大盐商,江右商就占据了三席,几乎撑起了扬州城的半边天。

北部商路(中原、京师、山西、陕西、北部极边):主要有两条,一条由

---

① [清]孙世昌纂修:《广信郡志》,清康熙二十二年刻本,卷十七,第862页。

徽饶古道

长江至武汉再进入河南、山西、甘肃等地。清人衷幹的《茶市杂咏》记述："清初茶叶……均系西客经营,由江西转河南运销关外。"一条经长江和大运河进入华北和东北地区。江右商帮以小本经营为主,上京城发展,只能依靠自己的一技之长。所谓"百工技艺",就是一些有手艺的小商小贩,诸如做糖人、补瓷器、冶铁铸器之类。除清皇室建筑样式掌案的"样式雷"外,较上档次的是一些瓷器商、茶商、纸商和书商。极边地区,如甘肃、内蒙古、东北乃至外域,江西商人也贩货往返。浙江诸暨人王冕《船上歌》云,"君不见江西年少习商贾,能道国朝蒙古语。黄金散尽博大官,骑马归来傲乡故"。

助推了一批商业重镇的繁荣和崛起

江右商帮的商业活动,推动了省内外一批商业重镇的繁荣或崛起。这批商业重镇,反过来又成了江右商帮的生意大舞台。

从本省而言,这些城镇主要分布在四条线上,形成了四条城镇密集带。第一条城镇带是从九江至赣南大余梅关这条南北通道上,从北至南,排列着一座省城、七座府城、十五座县城;第二条城镇带是信江流域,分布着一座府城、八个县城;第三条城镇带是抚河流域,分布着两座府城、八个县城;第四条城镇带是饶河流域,分布着一座府城,六个县城。同时全省还兴起了一大批小市镇。这四条城镇带的繁荣,固然与它们都是当时的省、府、县治所在地有关,但江右商帮亦起着关键性的作用。可以说,没有江右商帮从事的大量经贸活动,这些城镇就不可能繁荣或崛起。在这些城镇中,最有影响的有下列几座:

南昌 明清时期,南昌作为省、府、县三级行政中心和区域市场中心,吸引了为数众多的不同阶层人口,商品市场也日渐繁盛,无论是手工业、商业,还是港口运输,都非常繁荣。清初,南昌的手工业主要有刻书业和土布生产。顺治年间,官刻书业发展快,刻印了《本草纲目》《滕王阁集》及《重编滕王阁诗文汇集》等。康熙年间,民间刻书业也有了一定的发展。康熙二十六年,新建人陈玫刊刻了《陈士业先生全集》。

老南昌街景

清初的南昌,还是全省土产、百货的集散和转运中心,形成了几大贸易区。进贤门一带,为官商经陆路往来南昌的重要通道,是当时的闹市区。随着南昌商业的发展,以行帮和牙行为代表的商业组织也相应发展起来。大量南来北往的客商,按各自地域组成行帮组织,如广东帮、河南帮、山陕帮,洞庭帮、徽帮、山东帮等。其中徽帮在南昌的势力最大,各行各业都有大户。如绸布业的新盛、大隆,杂货业的信茂、怡大兴,钱庄业元升恒、盐业朱家,等等。除了外省行帮外,江西省内也有靖安、吉安、建昌等各地行帮聚集于南昌。这些来自省内外的行帮都在南昌设有联系乡谊、交流商情的会馆。城内的牙行主要分布在沿江路、水果街、米市街、棉花街、油行街、猪市街一带。有蔬菜、生猪、耕牛、禽蛋、水产、水果、米谷、棉花、纱布、食油、茅竹、木材、煤炭、柴炭等 14 个行业①。

九江 明清时期九江均为府城,地处长江中下游,位于长江南岸。上通川楚下至江浙,又是鄱阳湖和赣江水系的交汇点,居长江与南北大通道的十字架上,被誉为"七省通衢"。九江茶市形成于唐贞观年间,那时就有长达二里的茶街,米市鼎盛于清道光年间。有江南"三大茶市、四大米市"之称。《元史·食货志》载:元世祖至元年间"置榷茶都转运司于江州,总江淮、荆湖、福广之税",江州茶税由唐初的三万四千锭白银,猛增到二十八万九千锭,成为元朝重要财政来源。明清时期,九江茶市进一步繁荣。第二次鸦片战争之后,九江茶市成为中国重要的茶叶集散、加工、转口贸易基地。俄商、英商、日商在九江茶市收购茶叶,开办茶厂。据《九江县志》记载,光绪七年(1881),九江有茶行 252 家,1882 年增至 344 家;光绪末年,九江茶出口洋行 28 家,在九江开设茶栈的上海商 18 家,广帮 20 余家,徽帮 50 家,本地帮百余家。同时,江西、广东的粮食经九江入长江运往江、浙、楚等省,云、贵、川、湘所产木材顺

① 张芳霖:《九江开埠与江西区域中心市场的形成》,《南昌大学学报(人文社会科学版)》,2006 年第 3 期。

九江港旧照

长江下至九江,赣南山区的竹木也经赣江、鄱阳湖到九江入长江东下,转销江南及华北平原。淮盐经九江销往湖广等地。此外,江浙绸缎布、广东杂货及本省所产瓷器、纸张、夏布、药材等均需经九江转输中原各省或重庆、汉口等东西南北市场,九江成为长江沿岸最为重要的商品流通枢纽之一。

赣州 赣州是江西南部重镇,古称虔州。章、贡二水交汇合流为赣江,由南向北纵贯江西全境,流入鄱阳湖。唐宋时期,赣州就是大庾岭商道上重要的转运枢纽。明朝廷在赣州设立税关,征收过往的茶叶、生丝、蔗糖、果品税,进口洋货税,本地桐油、茶油、瓷器、木材、烟草、纸张、夏布等税。明代赣关"每年盐税、杂税共银三万两"。乾隆二十二年清廷实行一口通商,至道光二十年被迫开放五口,其间每年征税银 8 万～10 万两,最高曾达 12 万两①。货物转运的繁荣也带来了赣州府城商业的繁荣,在府城沿江一带,有瓷器街、米市街、棉布街等,商贾辐辏,船舶往来,"或桌载之出入,或钱贝之纷驰,从朝至暮攘攘熙熙"②。

---

① 许檀:《明清时期江西的商业城镇》,《中国经济史研究》,1998 年第 3 期。
② [清]朱宸等修,林有席纂:乾隆《赣州府志》卷十六《濂溪书院赋》,乾隆四十七年刻本。

景德镇 浮梁瓷器在唐代就有"假玉器"之称。宋代,景德镇瓷业已具相当规模。到了明代,景德镇瓷业超过全国其他的产瓷地区,成为制瓷业中心,为"天下瓷器所聚"。到清代达到鼎盛,烟火不断,商业繁荣。《陶录》引黄墨舫《杂志》云"昌江之南,有镇曰陶阳,距城二十里,而俗与邑乡异。列市受廛,延袤十三里许,烟火逾十万家。陶户与市肆当十之七八;土著居民,十之二三。凡食货之所需求,无不便。五方借陶以利者甚众"①。清初人沈怀清云:"昌南镇(景德镇)陶器行于九域,施及外洋。事陶之人,动以数万计。海樽山俎,咸萃于斯。盖以山国之险,兼都会之雄也。"②当时的景德镇,城市人口已在 10 万以上,四方民众杂居其间,有"十八码头"之称,全国 18 省、68 个县在景德镇设有 30 多个会馆,100 余个公所。与朱仙镇、汉口镇、佛山镇并称中国四大名镇。景德镇瓷器不仅闻名国内,还远销东南亚、西亚、欧洲各国。

---

① 〔清〕蓝浦著,欧阳琛、周秋生等校点:《景德镇陶录校注》,卷八《陶说杂编上》,江西人民出版社,1996 年版,第 97 页。

② 〔清〕蓝浦著,欧阳琛、周秋生等校点:《景德镇陶录校注》,卷八《陶说杂编上》,江西人民出版社,1996 年版,第 97 页。

樟树镇　明代江西四大工商市镇之一。宣德四年（1429），樟树镇被朝廷列入全国33个重要课税城镇之一。从康熙后期直到清五口通商以前，樟树镇逐渐发展形成了较大规模的药材市场。明人王士性记有"樟树镇在丰城、清江之间，烟火数万家，江广百货往来，与南北药材所聚，足称雄镇"①。乾隆后期，樟树药业"为南北川广药物所总汇"②。在清代最强盛的时候，药材行号、店铺多达200余家，有"四十八家药材行，还有三家卖硫磺"之说。清乾隆年间，樟树镇的人口80%以药为业。每年春季农历四月二十八日，为纪念唐代医药学家孙思邈的生日，樟树举行药材庙会，全国各路药业商贾，都来参加药材交流，樟树成了名副其实的"中国药都"。同时，樟树镇还是赣江中游的货物集散中心，

樟树药码头

中药铺

炮制中药

①　［明］王士性：《广志绎》卷四。
②　江右集团、南昌大学编：《江右商帮》，宁波出版社，2013年版，第165页。

省内外许多货物在此汇集后又沿江转运到其他地方。

河口镇　这是一座因纸、茶转运贸易而兴盛起来的城镇。其繁荣程度，从乾隆《铅山县志》中可见一斑："迄今升平日久，生齿渐繁，山川虽故，风景较新，货聚八闽川广，语杂两浙淮扬，舟楫夜泊，绕岸尽是灯辉。"①此时的河口镇，商贾如云，百货如雨，既是闽、浙、赣、皖、湘、鄂、苏、粤等地百货集散地，更是全国纸、茶的重要集散地，有"八省码头"之称。极盛时，河口镇共有商铺2000多家。据光绪《江西农工商矿纪略》载，清中期河口镇有大小纸店100多家，纸张出售四五十万两白银。同治《铅山县志》对该地所产纸张做了详细的介绍：上等细白纸有连四、毛边、贵川、京川、上关等，普通白纸有毛六、毛八、大则、中则、里尖；上等黄纸有厂黄、南宫，普通黄纸有黄尖、黄表。其他粗纸有大售、放西、放廉、九连、帽殼等，统称毛纸。同时河口镇有茶庄48家，每年这里加工的茶叶，经由信江、鄱阳湖、长江、汉江等水运，往北一直到达蒙古、俄罗

铅山河口古镇

①　[清]阳浩然：乾隆《铅山县志》卷一《疆域》，乾隆四十九年刻本。

斯,称为"万里茶道"的起点。光绪《铅山乡土志》所载,每年经由河口运往广州、上海等口岸的茶叶达 10 万箱,流转的红茶在千万斤以上,贸易额不下白银百万两。一些外商甚至认为这里是中国最大的红茶贸易市场。到民国时期,河口茶业已极度衰落,但年产仍然在 50 万斤上下。除了纸张、茶叶外,河口还是粮食、丝及丝织品、棉花、棉布、杂货等商品的重要集散地。由于商业发达,外籍的山陕、徽州、福建、浙江、广东及抚州商人等都在河口建会馆,设钱庄。"金利合"是河口镇现存最为完好的一间老店铺,是当时丰城人何柱成开的一家药号,据说当年这里与全国 500 多家药号有业务往来。清《续文献通考》记载乾隆年间的河口镇:"估舶自所聚,商务勃兴,人口五万。"①为加强河口镇的管理,乾隆年间还在河口设置了巡检司管理地方治安。

吴城镇 吴城镇地理位置特殊,处在赣江、修河、鄱阳湖交汇之处,上水至南昌、下水至九江,不过百里之遥,是中国千年古镇之一。东汉末年,孙坚的老子孙钟(今浙江富阳人),雇人在此地种瓜收籽。吴城镇始自秦汉,兴于南北朝,鼎盛于明清,常住人口达 7 万多人,至今有 2200多年的历史。吴城不仅是军事重镇,更是商业高地。在江西和中国商业版图中有相当的地位,是长江、运河货物流向大余梅岭古道和经武夷山进入福建泉州出口东南亚的必经之路,是仅次于九江的重要商品集散地,也是一条人员流动的重要驿道。自唐宋以来,南下北上的官员商贾、文人骚客,在这里来往穿梭。王勃、苏轼、文天祥、孙中山等都曾途经于此,写下了大量赞颂吴城的诗词歌赋。由于赣江与修河汇合于此,它成为赣西北山区农副产品和手工制品输出的唯一通道。明弘治时,官府在吴城设置兑粮水次,专仓储运宁州、武宁、奉新、安义、靖安等地漕粮。作为一个商品集散地,吴城流转的货物大部分是木竹、粮食、茶叶、纸张、瓷器、夏布等。尤以木材、茶叶为大宗。江西鄱阳湖边至山区

① 施由民:《清代及近代河口镇的茶叶贸易》,《农业考古》,1993 年第 7 期。

永修吴城古镇

腹地,大多把外运木材存放在吴城,在此归集编扎成排,运抵全国性木材集散地——常州。来自宁州、信州等地的茶叶、纸张也从这里转运至汉口、上海,或运抵镇江溯运河北上,抵达天津。史载,1860年前后,吴城镇内仅纸行就达60多家。物流剧增,人口积聚,流动人口两万多。城镇形成了"六坊、八码头,九垄十八巷"。各地商人摩肩接踵,纷纷涌入,镇上货栈票号、酒肆茶馆、旅店牌楼、会馆庙寺,一应俱全。庙、寺、庵、阁,多达40多座,会馆48所。

江右商帮的兴盛还带动了外省城镇的发展。湖北的汉口、武穴、沙市,湖南的长沙、湘潭和凤凰古城,重庆等市镇的繁荣,特别是云、贵、川等西南地区商业城镇的发展,江右商帮都起了重要作用,做出了突出贡献。

在大西南开发中发挥了巨大作用

中国是一个多民族的国家,特别是清朝的疆域达1300万平方公里,因此,边疆的开发与稳定是朝廷时刻关注的大事。随着江西大移民,大批江右商人迁徙云、贵、川,在那里经商做生意,其中许多商人还在当地安家落户。这对加快边疆开发,促进商品流通,团结少数民族,建设大统一的多民族国家起了十分重要的作用。

促进了西南地区人口增长 这是江西移民和江右商人进入西南最直接的结果,为人烟稀少的边远地区增加了人气。乾隆年间窦启瑛在《四川通志·序》中说:"其民则鲜土著,率多湖广、陕西、江西、广东等处迁居之人,以及四方之商贾,俗尚不同,情性亦异。"①嘉庆年间,有一首竹枝词描绘成都人口时说:"大姨嫁陕二姨苏,大嫂江西二嫂湖。戚友初逢问原籍,现无十世老成都。"四川全省外籍移民约占总人口的70%,其中江西移民占比不小。据道光年间四川巴县的江西万寿宫会首尹特贤的一个诉状,其中有这样的一段话:"道光二年,职等江西永新县莲花厅人民买朝天坊房屋一向,招悃获租,作每年追荐亡魂中元会用。……原为追荐亡魂三千余人而设……"②巴县即今天重庆的巴南区,说明至道光时期,在重庆死去的江西人就已经达到了数千人之多,而活着的人应该不下数万人,江西移民已成为四川人口增长中重要的因素。云贵两省一半以上的人口,也来自江西。

推动了少数民族地区发展 西南几省山区,自古以来就是少数民族居住地,由于地理条件的限制,少数民族特别是苗族、白族、布依族、仡佬族等住在深山老林,与外界联系困难,经济文化发展缓慢。江西先民很早就开始进入西南地区,与西南地区各少数民族和睦相处,共同开发祖国边陲。在大规模的移民过程中,江西商人与移民在居住地建造万寿宫,修卫所,开辟街区,修筑城墙,发展商业贸易,推广先进的农耕技术,传授手工工艺,把先进的中原文化和生产技术传授给他们。万历贵州《铜仁府志·风俗》中曰:"铜仁县与五司(长官司)同。汉人皆中州人,或以仕宦,或以商贾,流寓附籍,江西最众,蜀次之,楚又次之。"由此可见,江西人对铜仁的开发和商业的繁荣贡献甚大。民国《兴义县志》中还记载,黔西南的兴义府(今安龙县):"全境之民,多明初平黔将卒之后,来自江南……商

---

① 嘉庆《四川通志》。
② 四川大学历史系、四川省档案馆编:《清代乾嘉道巴县档案选编》,四川大学出版社,1989年版,第24—25页。

多江右、楚、闽、蜀之人。"江右商帮的活动加强了西南地区与外界的联系,使汉族与少数民族地区相互学习,取长补短,共同发展,增强了民族团结的内在动力。正如贵州省原省长王朝文先生在一篇文章中所讲的:"我的先祖是明代初期来到贵州的。当时,黔东南广大苗族山区,很多地方还处于刀耕火种的生存状态。有的地方虽然种了水稻,但耕种技术和使用的农具极为落后。先祖到黄平王家牌后,开作坊铸造铧口出售,深得当地苗族百姓的欢迎和赞扬。"江右商帮还在长期的商业经营活动中,逐步融入少数民族的生活习惯、地方风俗、文化价值。不少与当地民族结亲通婚,繁衍后代,一代接着一代,为西南的少数民族发展贡献聪明才智。

推动了边陲经济转型　西南地区与江南比较,农业生产技术非常落后,经济发展水平甚至处于原始状态。江西移民到来和江右商帮加入,带来了新型的生产和商业经营方式,大大推动了西南边陲原始经济向封建经济转型。江右商人把江西相对先进的农业耕作技术、手工业水平,带到流入地,对促进当地经济发展,起到了引领、示范效应。吉安手工业历史悠久,造纸、陶瓷、造船、纺织、印染技术,早在唐宋就是朝廷贡品。随着明清大移民,江右商帮把这些技术带到西南各地,极大地促进了当地手工业生产的发展。黔西南兴义县有个白碗窑镇,就是江西陶瓷工匠到来后,在这里制造瓷器并向当地传授技艺发展起来的。民国时期的政要、中国著名学者朱启钤先生是贵州开阳人,他的祖先是清康熙年间从江西新喻县(今新余市)擢秀乡到贵州经商时迁居该地的。著名天体物理学家、首位首席科学家欧阳自远,他的祖籍也是江西吉安。他们祖先的到来,不仅给当地的民众带来江西的产品,而且带来了江西的文化和办学方式,促进了当地经济和文化的发展。江西移民和江右商帮还把番薯种植技术引入贵州、四川和云南等地。原来不适于种植粮食的丘陵山地得到了充分利用,从而增加了粮食的供给,腾出了许多良田,使更多的人可以从事烟草、苎麻和油桐等经济作物的种植,为农产品加工业的进一步发展创造了有利条件。现今土家族人仍然保留着代代相传的"深栽洋芋浅栽秧,红苕

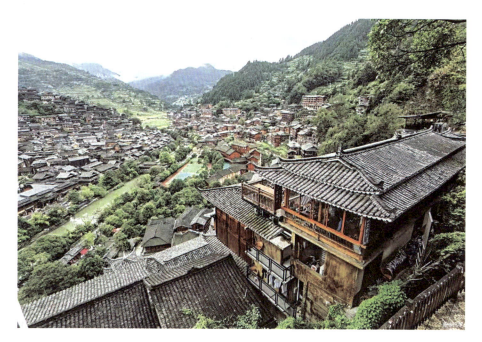

西南苗寨

栽到皮皮上"民谚,与江西民谚非常相似。1958 年,在云南楚雄地区发现彝族民间史诗《梅葛》,其中第二部《造物》中唱到蚕丝的来源:"江西挑担人,来到桑树下,看见了蚕屎,找到了蚕种。"同书第三部《婚事和蛮歌》里唱道:"江西货郎哥,挑担到你家,你家小姑娘,爱针又爱线……"①

　　江右商帮崛起与万寿宫文化兴盛,为中国明清时期的经济和文化建设,增添了发展活力,受到全国各地瞩目。

二、为中国商业文化发展做出了重大贡献

　　江右商帮与万寿宫文化的融合,形成了一种新的商业精神。这种精神同其他商帮精神一样,既具有自己的鲜明特色,又反映了中国商业精神的共同价值,是江右商帮对中国商业文化的一种历史贡献。

---

① 四川大学历史系、四川省档案馆编:《清代乾嘉道巴县档案选编》,四川大学出版社,1989 年版,第 24—25 页。

江右商帮推动了万寿宫文化向商业文化的转型

江右商帮尊崇万寿宫为精神殿堂,把它作为商帮会馆,继承和嫁接万寿宫文化中的积极内容,作为商业伦理和商业行为规范,实现了万寿宫由道教文化向商业文化转型。

首先,这种转型体现在万寿宫由道教场所向商业场所的转变。本义上的万寿宫,是专门祭祀许逊的,其活动充满着浓厚的宗教氛围。人们来到万寿宫,焚香朝拜,跪地作揖,目的是祈求许逊福佑,以实现自己的某种愿望。而江右商帮建在各地的万寿宫,除了保留这种祭祀功能外,主要是作为商帮活动场所。商人们在这里见面交流,在这里会客交友,在这里饮食娱乐,在这里商量生意场上的事情,在这里解决生意场上的一些难题,在这里联络生意场上有关人事,在这里打通生意场上的关节。这时的万寿宫,已经变成了实实在在的商业场所了。如果说得更高一点,万寿宫已是江右商帮"总部"所在地,是日常活动地和对外联络站。场所功能的转型,所体现的也是一种文化的转型。

其次,这种转型体现在由道教文化向商业文化内在价值的转型。原本的万寿宫文化,是一种纯粹的道教伦理文化,与商业文化毫不相干。但江右商帮主动吸取万寿宫文化中的积极因素,并将其转变为江右商帮的商业理念,使万寿宫文化在很大程度上体现了一种商业价值,具有浓烈的商业色彩。特别是万寿宫更有着一层神圣神秘的光环,有着一种特别的威慑力和震撼力,商人们更是敬畏有加,不敢心怀二意,这样就使这些理念和价值不仅能够付诸实践,而且成为评判江右商帮商业行为的重要标准。南丰商人赵希,在云南经商数十年,因为深受万寿宫文化影响,把万寿宫的价值理念贯穿在自己的商业活动中,做生意时做到公道、正派、讲信义,因而为商人们所敬重。每当商人之间遇有纠纷,都找他评判和解决。

再次,这种转型体现在祭祀规则向商人之间的行为规则转型。在万寿宫举行祭祀仪式,有一套清规戒律,必须做到尊卑有序,长幼有别,且有一套严格的程序,道教内部也有一套非常严密的组织规定。受此启发,江右商帮在外经商,为师出有名,进退有范,防止各行其是,无序竞争,也制定了一套严格的规矩。不仅师傅收徒有一套严密烦琐的仪式,平时师傅有师傅的威严,徒弟有徒弟的样子。而且木帮有木帮的规矩,纸帮有纸帮的纪律,瓷帮有瓷帮的准则。每个帮内部,甚至每个工序,都有行为规范。湖南衡阳的江右商帮,除了商会的规范外,还有行业的纪律,分别对老板、伙计、店员的行为准则有明确要求。违规将受到不同形式的处罚。建昌药帮为了保持饮片加工炮制的技术优势,对师傅带徒弟有严格的规定:只能带南城籍的徒弟,如有违背,群起攻之,直至违者陷入"买不到药,卖不出药"的境地。

江右商帮精神成为中国古代商业精神的重要组成部分

德国著名社会科学家马克斯·韦伯20世纪初写了一本书,叫《新教伦理和资本主义精神》。他认为,商人应当有一种独特的商业精神:商人以增加自己的资本为职业责任,而且注重依靠勤俭和诚信的职业伦理。获利的欲望、对金钱、盈利的追求不是商业精神,那是存在于一切人身上的本性。商业精神是个时空概念,不同的商业精神会打上时代的烙印。作为封建时代的商业精神,它蕴含了民族自强爱国、勤劳刻苦、奋发进取、俭约朴实、诚笃不欺、和谐为贵、出奇制胜、精究本行等方面的内容。这些既与伦理道德有关,也与经营思想和管理方法有关。江右商帮无论是商业道德还是在经商技巧上,都丰富了我国古代的商业精神。

第一,丰富了中国商人的家国精神。江西是"文章节义之邦",儒家和净明道的"忠诚"观念根深蒂固。生长在这块土地上的江右商人无不受到这种思想的熏陶。其中许多商人虽然身在商海,但修身齐家治国平天下的理想之火始终在他们心中燃烧。特别是一大批有德、有才、有抱负、有理想的商业巨子和领军人物以身示范,走在前列,成为这方面的楷模。他们忠于国家,忠于民族,在国家和民族需要的时候,挺身而出,大义凛然,哪怕钱财散尽也在所不惜。据史料记载,民国初期,袁世凯逆历史潮流而动,复辟帝制,遭到全国人民的声讨和抵制。时任江西都督的李烈钧高举讨袁护国的大旗,发动湖口起义。这时,云贵两省的江右商帮纷纷解囊相助,送他八万元作为费用。湖口起义失败后,李烈钧转道日本,乃至后来发动护法运动、率军驻守贵州镇远,江右商帮先后为其筹资三十多万元。1937年,江右商人黄文植全力支持冯玉祥在武汉从事抗日活动,创办《抗战到底》《抗日画报》,收容流亡武汉的进步人士,劝募救国公债千万元之巨,以支援全国人民的抗日战争。在国家与民族处于危亡关头的时刻,像这样挺身而出、义无反顾、倾其所有,全力支持的江右商人,可以说比比皆是。

第二,丰富了中国商人的"抱团"精神。商业活动同其他经济活动一样,需要"抱团"。商帮的"帮",本身就有"抱团"的意思。所以,"抱团"是中国商帮共有的精神现象。晋商"抱团",一般是以富商巨贾为中心的;徽商的"抱团",一般是以家族为中心的;潮商的"抱团",一般是以领头人为中心的。而江右商帮的"抱团"则表现在一个地方众多小商人组合在一起,"抱团取暖","抱团发展"。江西商人大多都是个体小本经营,在交通、信息和交易手段极其落后的历史条件下,个体小本经营常常会遇到许多不便和困难,更经不起大风大浪的冲击,还不时会遇到当地官府和棍徒的盘剥和掠夺。因而江右商帮就以同乡或同业为纽带,组成区域性商贩群体,也称为"客帮"。他们聚集而居,抱成一团,"以众帮众",共谋发展。在云南和贵州等省,不少地方有"江西街""江西路""江西市""江西巷""江西坡""江西村""江西镇"等,就是江右商帮抱团发展的最好见证。正如明代名儒顾炎武曾指出的,江右商人出外,"遇乡里之讼,不啻身尝之,醵金出死力,则又以众帮众,无非亦为己身地也。"当然,江右商帮的这种"抱团发展",主要表现在对外上,在内部则往往不够团结,甚至因小利而相互算计。

第三,丰富了中国商人的冒险精神。商业活动是风险活动,不冒风险坐收渔利只是不切实际的幻想。所以,敢于冒险,是所有商人必备的素质。而这种素质在不同的商帮身上的表现又是不同的。晋商冒的是蒙古高原风沙滚滚、天寒地冻的艰险。粤商和闽商冒的是大海茫茫、狂风恶浪的艰险。而江右商帮所冒的艰险,是大西南地区的莽莽高山、深深峡谷、汹涌河流、原始森林、高寒缺氧,还有各种野兽的袭击、瘴疠等疾病的侵袭。不要说要肩挑货物做生意,就是徒手走路也非常艰难,而且随时都有丧命的危险。比起其他方面的艰险,江右商帮经历的这种艰险,难度要大得多,程度要深得多,频率要高得多,往往要超过人的精神和体力极限。这是江右商帮最可宝贵的精神,也是中国商人最可宝贵的精神。

第四,丰富了中国商人的孝悌精神。在万寿宫文化中,"孝悌"占有重要地位。这也是儒家的传统观念。正是深受这种观念的影响,江右商帮极少像商界流行的那样"商人重利轻离别",而是对父母长辈孝顺敬重有加,对兄弟姐妹和睦友善有加。他们不管生意做得多大,不管路途走得多远,都把父母长辈和兄弟姐妹放在心上,只要他们有需要,就想尽一切办法予以满足。由于恪守忠孝礼节,许多江右商人每至岁末,"必束装归养"。但凡遇上父母丧、病凶耗等,江右商人总是星夜赴丧,而置利润得失于不顾,甚至中断或放弃自己的生意。清代南昌县磻溪人李云岚,因家道中落而弃儒经商,在上海等地做茶叶生意,不到十年就使家中摆脱困境。就在他准备乘着生意蒸蒸日上、大干一场的时候,家中的两位兄长不幸相继去世,他毅然放弃多年打拼的事业,回到乡里悉心照顾双亲。清代黎川县人鲁时化,在福建、广东等地经商,获利巨大就回了家乡,知道母亲担心其他兄弟处境艰难,把钱拿出来分给兄弟四人,自己则拿最少的。同治《临川县志》记载,该县商人常冕在云南经商十二年,返乡后"发囊中金分奉两兄,不私赢一钱"。同治《临川县志》记载:县人李拱极往返于云南、四川、两广等地经商,积累了大批财富,后因父亲去世而回家奔丧,在此期间出资为兄弟建造房屋,让兄弟四人都居住在一起,还在家乡发生灾荒时出粟赈贷。[1] 类似的孝行在江西地方志中屡有记载。可以说,较之其他商帮,江右商帮的孝悌观念是最浓的,堪称中国商帮的典范。

第五,丰富了中国商人的俭朴精神。一般来说,商人经商致富后,都会摆排场,比阔气,花天酒地,贪图享受。有些商人因此生意每况愈下,最终走向没落。所谓"富不过三代"。但江右商帮却始终保持了一种勤俭朴素的传统,一些已经成为巨富的商人,平日依然粗茶淡饭,甚至过着苦行僧似的生活。大盐商周扶九,虽然腰缠万贯,但他日常生活却勤俭简朴。从不穿绫罗绸缎,不食山珍海味,以吝啬闻名乡里。他居住扬州时,每天吃菜仅买一个铜板的盐豆,买遍了扬州全城小店的盐豆,看哪一家分量多,质量好,最后,就定点在这家店买盐豆。扬州流传一句歇后语:"周扶九赚钱——不用"。巨富是这样,一般的商人也是这样。清朝清江商人杨福圆,经商多年后,"良田畦畦,夏屋渠渠,而臧获之备,指使者甚众"。但他的妻子张氏却仍是裙布钗荆,操作犹昔。瑞昌县商人蔡锡畴,以监生身份经商,"起巨万,虽丰于财,犹节俭自处"。在湖南凤凰的江右商人,每年要在万寿宫举办"盂兰会""厘金会""许仙寿诞会",参加的商人有几十桌之多。对吃剩下的饭菜,厨房人员将其混在一起加热煮沸,再盛入大缸内,然后分给参加活动的人,每人一份带回家,绝不浪费一饭一菜。

第六,丰富了中国商人的行业语言。在长期的实践中,江右商帮在各个行业中创造了一些独特的语言,进行联系和沟通。买卖双方,不用数字,而用行话,利于保护商业秘密。1—10 的阿拉伯数字,在不同行业有不同的替代文字。在旧货市场用"文、失、余、辰、人、代、进、仲、杨、齐"。而在鱼贩子嘴里,变成了"文、田、石、取、点、大、草、血、阳、文"。

① 江西省工商业联合会等编:《赣商志》,江西人民出版社,2017 年版,第247 页。

不同地域的商帮也有不同的密码。上饶帮把1—10的阿拉伯数字变成了"田、苗、塘、水、丁、木、才、古、松、林"。这些特殊的商业语言,对中国商业文化,是一种创新,也是一大贡献。

当然,江右商帮对中国商业文化的丰富和发展,远远不止上述几个方面,这主要是就其与其他商帮不同的特征而言的。

江右商帮的"义贾"形象在中国商海享有盛誉

讲究忠义,以义为先,是万寿宫文化的重要体现。江右商帮始终坚守这一要义,没有像晋商那样打出"货通天下"的旗帜,而是叫响了"义行天下"的口号。他们在金钱与道义面前,以义为先,以义为重,"宁可黄了生意,不可毁了道义","宁可赔了本钱,不可毁了人格",在中国商帮中树立了"义贾"形象,获得了全国商界的广泛赞誉。这也是江右商帮对中国商业精神最大的丰富和发扬。

江右商帮的"义贾"形象,首先表现在"取财有道"上。作为商人,当然要最大限度获取钱财。不想赚钱的商人不是真正的商人,赚不了大钱的商人不是优秀的商人。但江右商人在赚钱的途径上,取舍有度,把道义放在第一位,符合道义的就做,不符合道义的就不做。明万历四十年(1612),乐平人蒋寿到楚地经商,有一次做完生意准备回去时,捡到一只皮夹,里面装有一百多两银子。他便在原地等失主回来。三天后,失主来了,他当即把钱还了回去。失主要分一半给予酬谢,蒋寿怎么也不接受。江右商人黄某,长期在湘西洪江一个桐油号家里做经理,油号老板去世了,其儿子接任,由于没有经验,在某一件事情上与黄某发生分歧,少老板竟动手打了黄某一个耳光,黄某一气之下,不去店铺了。这件事情很快在洪江的江右商人中传开,大家批评少老板没有尊重长者,是不孝的行为。不少油号纷纷来请黄某去他们的油号工作,黄某不肯去,当然也没有把这个油号的商业秘密传出去,更没有把客户带走。最后年轻的老板登门赔礼道歉,再次请他。黄某认为:"少老板不对,但要对得起老东家,所以,我不会做对不起东家的事情;但也不能再去店铺工作,因为我毕竟是他的长辈。"可见,万寿宫的"义"文化,已经贯穿到江右商人的日常生活中。

在垄断性行业中,以同乡或同宗为纽带的地域性商帮,垄断一地、一行的商品市场、原料市场的情况也常常出现。清中期,樟树中药行业有店号数百家,其著名者如大源行、金义生行等,还在外地设有分号。清后期,樟树在外地的药号大体按区域分为"西北号"和"广浙号",西北号专营川、陕、冀、豫等地所产的药材,广浙号专营两广、闽浙等沿海省份药材,相互之间互不侵犯。这种分工,在一定意义上说是为避免樟树药商的内部争夺而瓜分药材原料市场,与外地药商进行竞争,同时也是药帮内部以义行事的一种表现。

江右商帮的"义贾"形象,其次表现在与客为善的情义上。"只要情义在,就有元宝攒。"南昌人胡哲启,在湖广一带经商,有一批价值白银千两的货物存放在宝应一家商行,被行户盗卖。"客伴怂恿控官,不听,垂囊而归。"其目的就是维护彼此之间的情义,以便今后继续合作做生意。余干商人胡钟,有乡人向其借贷而无法偿还,只得把自己的房契抵债,而迁往他乡居住。胡钟知道原委后,连夜派人追回,将房契归还原主,将借据烧掉。弋阳县庠生毛宇文,秉承父亲的意愿经商做生意,始终像父亲一样友善地对待客商。有向他借贷者从不主动追要索还。有个徽商欠他两百两银子,到期因没钱偿还,准备卖掉妻子。毛宇文知道后,马上予以制止,并当场把这个徽商的借据烧掉了。

江右商帮的"义贾"形象,再次表现在为他人谋福祉上。各行各业的江右商人,无论是富商巨贾,还是小有成就的商人,都把为民众做好事和为乡里行义举,作为自己的价值准则。陈筱梅就是一位乐善好施的商界巨子。他原本是朝廷二品官员,曾任民国时期江西财政部部长、军政两署高等顾问。后辞官经商,在南昌创办了"乾大信""德大信"两个钱庄和多家工业企业,并任江西慈善总会会长。他捐资开办靖安贫民工艺厂,以工代赈,以纾民困;又捐资在北京、南昌购置房产,设立靖安会馆,供赴省、进京的同乡膳宿;捐款购买机动轮船数艘,来往于赣江之上,受惠者每日万千。为使义渡能长久坚持,他又捐资设义渡局理事;捐资修筑了新建县长达 10 公里的花岗石路面,且沿途建有凉亭;在南昌施粥、施药、赠寒衣、捐棺木等,救济贫苦家庭,1921 年民国大总统题赠"造福粉榆"的匾额给陈筱梅[①]。他还特别重视品牌的塑造,请来自己亲家、京师大学堂总监督朱益藩先生,为其各大总店题写招牌匾额,使其拥有响当当的金字招牌。"厚德载物物始昌"成为他的座右铭。至于江右商人在家乡和经商地架"义渡",修"义路",兴"义学",甚至置"义冢"的,就更不计其数了。

三、为推动江西地域文化走向全国做出了重大贡献

文化的传播离不开载体,这个载体可以是物质的,也可以是非物质的,但主体是掌握文化的人。万寿宫文化的传播有两大载体,一是万寿宫建筑,一个是江右商帮。如果说江右商帮是活化了的万寿宫文化,那么,万寿宫就是物化了的文化结晶。正是这两方面的相互结合,使万寿宫文化得以传播,并从江西走向全国乃至海外,成为中华文化历史长河中一颗耀眼的明珠。

万寿宫成了江西在全国乃至海外的地标性建筑

建筑,是凝固的文化,是物化的文明。罗马建筑记忆着 10 世纪的欧洲文明,而哥特式建筑则承载了欧洲文艺复兴成果。无论是苏美尔文明、古埃及文明、古巴比伦文明还是华夏文明,都有存留的建筑作为标志。埃及的金字塔、中国的万里长城、法国的卢浮宫、英国的威斯敏斯特教堂,都烙印着那个时代的文化密码,都是文化传承的重要标志。

万寿宫,作为镌刻赣鄱文明的建筑,在中国古代建筑史上具有重要地位,在中国建筑文化宝库中具有独创性的艺术价值。其外观造型与

[①] 毛祖棠、谢忠宝:《江右商人》,光明日报出版社,2012 年版。

内部功能安排,具有独特性、唯一性。虽然在长期的历史传承中,因为功能的差异,不同时代、不同地域它会有所区别,但总体是一致的。除南昌西山玉隆万寿宫形成庞大建筑群外,其他万寿宫建筑基本上都是以院落和天井为中心组成的建筑,呈现出沿轴线布局、以院落和天井来组织空间、营造序列与高差等共性特征。

轴线 遵循中国传统建筑布局的特点,万寿宫的建筑布局也有着明显的轴线和序列特征。一般分为沿一条轴线和沿多条轴线布局两种形式。一条轴线布局往往沿中轴线对称布置,包括山门、戏台、正殿等主要建筑,厢房、廊道等其他建筑对称分布在轴线两侧。有时因所处环境或地形地貌所限,或因风水影响,采用多条轴线布局,山门或部分建筑偏离主轴线布局。

序列与高差 万寿宫建设讲究营造空间序列,给人丰富的空间感受。通常在建筑纵向(建筑流线)上营造建筑空间变化,其中重要手法就是建筑空间开合和建筑高差营造。当人们经过高高的台阶,看到标

抚州玉隆万寿宫

志性的、华丽的山门，在进入之前就感受到建筑气势厚重。再进入建筑内部，通过层层台阶进入院落及主要建筑。主殿处在建筑群的最高处，建筑空间也由开放到私密、由疏到密逐渐过渡，借此区分空间以及产生建筑空间序列感，使人们浏览时体会不同的空间感受。这种高差区别处理手法，也是为了使建筑更好地适应

抚州玉隆万寿宫内景

地形环境。由于西南地区地形起伏较大，这种高差处理就更为明显。如贵州思南万寿宫，依山而建，沿大门前的几十级台阶层层而上，穿过山门，经过戏台下部再次拾级而上进入院落空间，再经过台阶才逐渐进入过殿和正殿。

以院落和天井组织空间　注重通过院落来组织建筑和空间，是万寿宫营造的一大特色。一般用三种形式设计院落和天井：一是由围墙或辅助建筑，围成标志性山门入口，开放式院落；二是由戏台和过殿围合而成的观演院落，可容纳大量人群和举办相关活动；三是过殿与正殿、正殿与后殿围成的小院落。这三种院落沿着建筑中轴线从外到内布局，建筑空间由开放到私密，院落由大到小，与之相对应的功能相适应。标志性的万寿宫山门位于院落内部，并不直接面向街道，增加了入口前的过渡空间，加强了空间营造的序列感和仪式感。

根据内部功能考虑平面布局　对于祭祀性万寿宫来说，祭祀是最主要功能，建筑平面也以祭祀许逊的殿堂为核心。而会馆万寿宫建筑，是以"联乡谊"和"祭乡神"两者为主的功能性建筑，其实用功能与宗教功能缺一不可。对应在建筑平面上的代表性建筑就是戏台和正殿。戏台与正殿相对，一般处在主轴线的最前端。唱戏是人们文娱活动的重

宁都小布镇万寿宫

要形式,也是联络乡民情感和祭祀乡神的重要手段。

入口空间 最能成为标志性、最能吸引人的就是建筑入口空间的营造。万寿宫的入口,类似于人的脸面。主入口空间位于主轴线的前端,人们拾级而上,到达建筑入口大门,高大、华丽山门也位于此。戏楼与标志性山门相结合,人们通过戏楼下部较为低矮空间,才能到达宽敞的院落空间,形成空间欲扬先抑的效果,加深人们的入口空间感受。大多数万寿宫的主入口处于主轴线上,然而由于多种因素的影响,在入口空间的营造上,少数万寿宫也有一些差别。

观演空间 戏曲表演是庙宇、会馆建筑中"酬神娱人"的重要方式,是建筑中承载娱乐功能的主要空间。因此,戏台以及观赏空间、准备空间都是建筑中极为重要的部分。万寿宫建筑中的戏台一般位于主轴线的最前端,也是展示建造者审美和财力的重要建筑部分。戏台一般做抬高处理,底层为入口空间或是其他,设置台阶进入二层的戏曲表演空间和准备空间,表演空间面向正殿方向,设背景墙,左右设置"出将"和"入相"门,供上场下场使用。表演空间背后或是两端有戏曲表演的准备空间,与"出将"和"入相"门相连。

祭祀空间 万寿宫另外一个主要功能就是祭拜乡神,作为祭祀乡神许逊的正殿,其地位不言而喻。正殿一般处于整个建筑群中心位置,经过观戏庭院然后进入正殿,或是在正殿前再设过殿或过厅等,中间为较为狭小的天井或院落,然后进入到空间比较开阔的正殿,打造出一种欲扬先抑的空间效果。过殿空间是庭院观演空间的衍生,是祭祀与观演之前的过渡。同时,正殿室内空间较前面的过殿来说比较昏暗,营造出庄严肃穆的空间氛围,让人感受乡神祭祀的庄重神圣。

其他辅助空间 所谓辅助空间,就是相关人员办公、同乡聚会和住宿等附属功能空间。其服务对象主要是建筑管理人员、会馆工作人员、往来商人等。由于辅助空间的建筑等级较低,一般空间较主要建筑狭小,建筑形式也较为简单,处在较为隐蔽的位置。

综上所述,万寿宫建筑在向人们传递着一种特殊的建筑文化。一是沿用传统的建筑思想,在建筑风格上体现了"天人相应"的观念;二是采用中轴建筑布局手法,表现出追求庄重、平稳、安静的审美心理;三是以民间通用的院落建筑形式,以庭院为单位组成各种形式的建筑群;四是构造用木建筑结构,以木架为骨干,以马头封火墙和青砖黛瓦组合,创造整体风格相似与个性特点不同的建筑文化特色。既体现了宫廷建筑的气派,又体现了赣派建筑的风格,可谓样式独具,匠心独运,丰富了中国建筑文化的

台北万寿宫

宝库,成为江西在海内外的标志性建筑。

万寿宫建筑的代表性作品

江右商帮在全国各地建造万寿宫,因为地域环境或具体条件的不同,虽然在整体上保留着原有的建筑风格,但也呈现出一些不同的特点,其中不少还在建造过程中糅合了当地的一些建筑特色,以至成为中国建筑史上的经典。这里着重介绍几座代表性的万寿宫建筑。

南昌铁柱万寿宫 净明道祖庭,位于南昌市内广润门左侧,东晋时人们为纪念许逊镇蛟之功而建。相传许逊当年斩蛟治水,在这里铸了一口铁柱井,称"铁柱锁蛟"井,井下安置了8根铁链,锁住蛟龙,以镇地脉,并留记:"铁柱镇洪州,万年永不休!八索钩地脉,一泓通江流。天下大乱,此地无忧。天下大旱,此地薄收。"一千多年来,铁柱万寿宫多次毁建,但原址未变。其中万历二十八年(1600)、雍正二年(1724)、同治十年(1871)三次重建,均留有记文和画图,具有较大的参考价值。1915年重建后的万寿宫规模达到了历史顶峰。铁柱万寿宫建筑占地十余亩,宫内前后殿为七列五进架梁式建筑,错落有致。正大殿、夫人殿、谌母殿、三元殿等金碧辉煌,雄伟壮观。大殿前面有栅门和牌楼,上面镌有"忠孝神仙"四字。大殿高达15米,榫卯衔接,八卦悬顶。中轴为阴阳太极图,四角为四象。主殿屋顶,琉璃黄瓦,明亮耀眼,风吹铃响,清脆悦耳。大殿正中,福主雕像端坐在砖阶龙首木椅上。香案后有铁柱环形油灯百盏,烘托出大殿庄严的气氛。殿前左右,分立吴猛、郭璞雕像。正殿两侧,十二真人分坐在各自神龛中,后为韦驮圣像。殿前外面,有一高达3米的铁柱香炉。大殿西边有夫人殿,殿中福主夫妇并坐神龛之中。再西还有其他附属建筑物。大殿内外四周的柱、桁、梁、门、窗、壁,无一处没有雕刻。平雕、镂空、立体雕,应有尽有。内容主要是《西游记》《三国演义》《水浒传》《封神榜》以及"八仙过海""二十四孝"中的故事。这是一座独具江西传统民族艺术风格的宫殿。道光十八年(1838),熊境心撰《重修铁柱宫记》,评价铁柱万寿宫时说:"庶乎!

铁柱神宫,永为神仙会同之地,与各省镇市会馆共赋翠飞,同瞻鹤仪。仙府宗盟,端在是矣。"

南昌西山万寿宫 也是净明道祖庭,坐落于距南昌市西南30公里的西山逍遥山下,是目前国内保留最大、最完整的万寿宫,占地面积近3万平方米。现在的西山万寿宫虽然多次修缮,但基本维持了清代同治六年(1867)重修时的状态。这是一组宫殿式的庞大建筑群。前面是高大华丽的山门,里面有高明殿、关帝殿、谌母殿、三官殿、三清殿、夫人殿、玉皇殿、财神殿等八大殿,高明殿正中悬挂着"忠孝神仙"大匾。殿内主供许真君坐像,两侧分立吴猛、郭璞雕像,东、西龛内有弟子群像。还有玉皇阁、玉册阁、三官阁、紫微阁、敕书阁和冲天阁,以及十二小殿、七楼、三廊、七门、三十六堂和大戏台,宫外还有太虚观、接仙台、云会堂等建筑。宫内还保存了许逊亲手栽种的瘗剑柏、乾隆古碑和八角井等古迹。整个宫殿,红墙绿瓦,层楼叠阁,金碧辉煌,气势恢宏,犹如天上宫阙。

贵州镇远万寿宫 建于清朝雍正乾隆年间,为一组封闭式的高封火墙四合院群建筑。最前面是一座高约12米的山门牌坊,正中上方有石刻竖额楷书"万寿宫"三个大字,两边是马头八字墙。穿过山门,登上宽幅8.5米的14级台阶,进入前院,南面是戏楼,单檐歇山顶穿斗式结

贵州镇远万寿宫

构。北面是杨泗将军殿。两侧为厢房,再往前为中院客堂,有一大厅。后院正殿为许真君殿,宽 12 米,进深 10 米。明次三间,前后两进。正殿后面是一座小型四合院客房,后面有一座园林式小庭院,东侧建有文天祥祠。整个建筑规模宏大,院落幽深,廊柱飞檐,气派堂皇,是不可多得的建筑精品。

贵州石阡万寿宫　位于石阡县汤山镇城北万寿路,始建于明万历初年,每 50 年左右重修一次。建筑依地势而建,由西向东渐次升高,占地面积为 3800 平方米。整座万寿宫打破了传统的单轴布局方式,由东西两大部分组成,均为二进院落,高风火墙四合院式。西边部分为戏楼、大院、长廊及厢房,青石天井,院中为水池。东边部分则由紫云宫、正殿、圣帝宫三列建筑组成,一字排开,沿石阶由过厅、院落至各殿。两侧有钟楼和鼓楼,外部有山墙环绕,形成院中带

贵州石阡万寿宫

院、宫中套宫、墙内有墙的独特结构。这座万寿宫是当地最大,也是最精美的商帮会馆,系国家级文物保护单位。

云南会泽万寿宫　坐落于会泽县城江西街中段,是云南规模最大、

云南会泽万寿宫

保存最完整的古建筑群。始建于清康熙五十年（1711），总占地面积为7545.92平方米，建筑面积为2874平方米，共有44间。建筑群为三进院落布局，沿中轴线依次排列。第一进院落为门楼通道，第二进院落为真君殿，第三进院落为观音殿。第二院落中殿和第三院落后殿两边另辟有东西跨院。会泽万寿宫建筑体现了儒道佛三教合一的风貌，集建筑、木雕、石雕、砖雕精华于一体，以雄、奇、秀、美而著称，被誉为云南古建筑之最，已收录《中华瑰宝》，被列为国家级文物保护单位。

四川洛带万寿宫　清乾隆十八年（1753）兴建。位于成都市洛带镇中街，建筑面积2200平方米。坐北朝南，主体建筑由大戏台、民居府、牌坊、前殿、中殿、后殿及一个小戏台组成，复四合院式，构思独特，布局小巧玲珑，整个建筑雕梁画栋，让人叹为观止，具有很高的建筑美学价值，是国家级文物保护单位，也是四川保存最好的万寿宫。

除了江右商帮建造的万寿宫外，分布在全国各地的还有其他款式万寿宫：

四川洛带万寿宫

遗迹款 一般是许逊曾经活动过的地方兴建起来的,也是最早出现的万寿宫。早在晋代就在江西本地出现,南北朝开始向南昌以外地区扩散。大量兴建万寿宫的时间是在明代后期邓志谟的《许旌阳得道擒蛟全传》刊刻之后,凡是有许真君传说的地方,就有万寿宫存在。省外如湖南、湖北、福建也有一部分。据文献记载,江西境内晋代建立的道教祠观有 51 处,其中奉祀许逊的有 17 处,这 17 处都与许逊活动有关。

移民款 系全国各地的江西移民所建。带有宗庙性质,宣示我是谁,我来自哪里。当地人每年在农历七月底至八月中旬举行庙会。明代万历后期开始,福建、广东的客家人大量涌入赣南,乃至江西其他山区。这些新客家人为了说明自己也是江西人,因此也兴建万寿宫。如萍乡市区万寿宫是由粤东客家人兴建的,上栗县东源乡银子窝万寿宫系道光庚戌年(1850)粤移民所建,萍乡南坑万寿宫系由当地 64 户捐集而成。他们以万寿宫为纽带,联结成了一个跨村落、跨宗族的客家人团体,与土著人抗衡。至清代康熙中期,江西人口暴增,于是江西人与福建人、广东人一起向大西南地区移民。在湖南、贵州、云南和四川的府、县志上能够查到 700 多处关于万寿宫的记载,这些万寿宫建立的时间,绝大部分是在清康熙元年(1662)以后,至今仍有一些地方保留了完整的万寿宫建筑,更多的是万寿宫遗址,几乎在每一个传统水陆码头,都会发现有万寿宫遗迹或江西移民后裔,一个万寿宫就是一个江西移民点①。

江右商帮与万寿宫文化走向海外,扩大了赣鄱文化的影响

在江右商帮中,有一支队伍令人难忘,他们冒着惊涛骇浪,漂洋过海,把生意做到了海外,在江西乃至中华民族的商业史上写下了辉煌的一页。1911 年,丰城石滩荐楼村裁缝杨永清,在上海随荷兰籍"万福士号"东渡日本,又从日本前往新加坡,继续缝纫业。在他的带领下,一批又一批石滩人漂洋过海,到新加坡、马来西亚和印尼,由缝纫业至家具业,由家具业至橡胶业,成为当地著名的华人商业团体,1935 年 10 月,设立星洲江西同乡会,并筹建万寿宫会馆。仅第一批入会的丰城籍创业者就达 121 人。新加坡两万多江西华侨,丰城籍就占了四分之一。

正是全国各地和海外江右商人修建的万寿宫,让赣鄱文化走向了海内外,扩大了江西的影响力。

第一,增进了海内外对江西历史文明的了解。江西在中华文明的历史上有着显赫的地位,尤其宋代以来,在科举、仕宦、辞章、学术、科技、艺术等各个方面都具有首要的贡献。程朱理学、陆王心学,都是中国思想哲学史上划时代的事件,乃至"家孔孟而人阳明",江西卒成儒教首善之区。江西自古以来就是宗教圣地。东汉张道陵、东晋葛洪淬土炼丹、许逊民间传道到陆修静庐山修书以迄于今;慧远创新佛教"阿弥陀佛"四字真经,唐代禅宗遍布江右,天下释子,往来于江湖之间,赣地

① 张圣才、陈立立等主编:《万寿宫文化发展报告 2018》,社会科学文献出版社,2019 年版。

尤胜,开悟智慧,启发吾心。江西书院的建立在中国文化教育史上尤为罕见,整个古代中国莫出其右。有人统计,宋代江西书院229所,占全国总数37%;明代287所,占全国20%。实际上远非此数,以刘锡涛先生的估计,宋代江西书院在264所以上,最为著名的有白鹿洞书院、鹅湖书院、象山书院、白鹭洲书院等。书院之兴极大地促进了江西的科举和人文传播,正是"家家生计只琴书,一郡清风似鲁儒"。据彭适凡《江西通史·先秦卷》所列统计资料,自隋唐至清代科举废除,江西共出进士10506人,占全国进士98689人的10.7%,其中宋代5145人,居全国第二;明代3114名,为全国第三。江西文学更是莫与比肩,文士云兴,辞章霞蔚,大家辈出,陶渊明立中国田园诗派,唐宋八大家江西有三席,在中华传统文化的历史长河中,出自江西的文化巨匠灿若繁星。这种文化高地的气势,除其本身具备强大的影响力之外,与海内外的江右商帮的传播是密不可分的。特别是经过历代一些具有儒学背景江右商人的传播,江西辉煌灿烂的历史文明不断为海内外人们所知晓。

第二,增进了海内外对江西人的了解。江右商帮在海内外经商的过程,也是一个展现江西人性格和面貌的过程。从某种角度来说,矗立在海内外的万寿宫,本身就是一种江西形象的传播。通过许逊忠义孝悌、救民疾苦、乐善好施、扶危济困、见义勇为的形象,当地人们得以窥见和了解江西人的信仰、精神和为人行事的风格。有些人说江西人"一会养猪,二会读书"。这是典型的江西人耕读传家的传统。养猪是为了挣钱,是生产和家用的重要补充。读书,说明江西教育文化气氛浓厚,坚信"书中自有黄金屋,书中自有颜如玉",坚信"学而优则仕"。这些都在无形中加强了对赣文化的传播。与此同时,江右商帮通过频繁的商贸活动,给当地民众输入了商品,带来了商品经济意识和商业行为冲动。每一件商品都是生产技术、技能与文化的物化,是文化启蒙与教化的开端。此外,江右商帮带去的生活习俗、交往方式、耕作习惯、居家礼仪、婚丧嫁娶等风俗民情,也对当地产生着或多或少的影响。通过这些传播,让海内外增进了对江西人的了解,对江西风土人情的了解。

第三,增进了海内外对江西戏剧文化的了解。每年农历八月初一至十五庙会,江右商帮都要在当地万寿宫举行重要的祭祀活动,同时也要举行演戏等娱乐文化活动。他们请来江右老家及各地的戏班子来到万寿宫,演出许多与许逊有关的剧目和其他经典传统剧目,同时也邀请当地的文化活动项目参与。明代万历年间,著名戏剧家汤显祖就带着宜黄戏班到南京等地演出《牡丹亭》等戏剧。江右商们在万寿宫内宴集、看戏,酬神唱和、娱乐休闲,

新加坡江西会馆

有时长达一个月之久。当地的老百姓纷纷前来观看。郴州市桂阳县万寿宫,馆内建有戏台,龙凤花鸟,雕刻精致,油漆彩绘,富丽堂皇,戏台有"风歌雅韵"匾额。民国年间,曾一度被辟为戏园,售票演出。江西旅益同乡会在益阳头堡建成的万寿宫,有六进九个戏台,雄冠益阳其他建筑。常德石门县磨市万寿宫,其戏楼有对联曰"乐管弦,十二律,歌打鼓唱,束带整冠,俨然君臣父子;合上下,千百年,会意传神,停声乐止,谁是儿女夫妻"[1]。江西的弋阳腔等地方戏种还与各区域本土文化相结合,形成新的艺术形式。明末江西弋阳曾氏兄弟弃官避乱于湘西泸溪县浦市,在浦市万寿宫办有授徒传艺之所,教唱弋阳高腔,为浦市各地培养了不少表演人才。这些人学成之后回当地教戏,浦市的道教与佛

---

① 李渔村、李仕铭:《湖南古村镇》,中南大学出版社,2009年版,第344页。

江西戏剧

教中的道士和法士因此而受启发,创造了辰河戏流派。乾隆时江西籍维西通判曾守维、同治后期江西人刘绩超的影响下,吸收弋阳腔特点逐渐演变成新的戏曲流派大慈戏。① 在民间文艺层面,云南永胜民歌的小调很多,流传至今的有 100 多首,其中也保留了不少湖广、江西等内地的民间曲调。随着江右商帮在当地扎根,江西戏曲文化的传播出现了一个新的局面,并与其他地方戏剧一道,汇成中国戏剧文化的滚滚洪流,奔腾在广袤的神州大地上。

当然,对赣鄱文化的传播,江西移民也起着巨大的作用。他们所到之处,必建万寿宫。即便是移民他乡,仍力图保持故土的风俗人情、文化信仰等。如乾隆十八年(1753)新津县令江西人黄汝亮所撰《重修万

① 云南省文化厅编:《云南省志》卷七十三《文化艺术志》,云南人民出版社,2002 年版,第 272 页。

寿宫记》言："吾乡人之入川也,涉长江,历鄱阳、洞庭、三峡之险,舟行几八千里,波涛浩渺,怵目骇心,而往来坦然,忘其修阻者,金以为神之佑。故无论通都大邑,皆立专庙,虽十室镇集,亦必建祠祀焉。"①特别是西南地区的江西移民,他们促进了少数民族对国家的认同,形成了政治共识与价值、文化共识的基础,有利于民族团结与融合,这不仅在当时有效地增强了中华民族的凝聚力、向心力,还流韵传承,造福后世。如近代的护国运动,就发生在西南的几省。抗战时,西南作为祖国大后方,做出了巨大的贡献和牺牲。大西南人民近现代以来的忠诚护国,殊死抗战,都能从江西移民早年开发的实践中,找到清晰的烙印。

---

① [清]黄汝亮撰:《重修万寿宫记》,载龙显昭、黄海德编:《巴蜀道教碑文集成》,四川大学出版社,1997 年版,第 38 页。

第五章

江右商帮的衰退与万寿宫文化的局限

生发、成长、昌盛、衰微、消亡，是生命现象的普遍规律。社会、经济、文化组织也一样，在社会生产力与生产关系发生根本性变革之后，如果不能够与时俱进，不再造自身机能与治理结构，不对老版本进行升级换代，被时代所抛弃就不可避免。

从经济角度考察江右商帮，它是封建经济关系的产物。与之相适应的是手工式、作坊式、农耕式的生产经营方式，它与社会化、机械化条件下的商品生产相距遥远。所以，当资本主义商业经济从西方涌进中国的时候，江右商帮走向式微也就不可避免。特别是19世纪末期至20世纪初期，江右商帮的衰弱出现明显加速的迹象。

衰退不可怕，忘记历史，模糊和罔顾衰退的原因及历史教训却是可怕的。我们今天总结江右商帮与万寿宫文化的兴盛与衰落，分析透视其原因和背景，是要从中悟出些什么？借鉴些什么？得到些什么？以便在螺旋式上升的历史周期中不至重蹈历史覆辙。

一、清末民初千年未有之变局，江右商帮和万寿宫文化遭遇巨大冲击

唐宋以后，江西社会政治、经济发展一直较为稳定。其中重要原因是战乱影响较小。从全国范围看，大规模的战乱包括：两宋之际的宋金

战争,南宋末年的宋元战争,元明之际红巾军大起义,明清之际农民起义,清军入主中原及平定南方的战争,清初"三藩之乱"等。中原乃至江南许多地区,都一次或数次卷入战祸,经济社会人口均受到极大的破坏。而江西由于在全国政治斗争大局中的位置及其特殊地理环境,相对受害较小,经济发展和社会财富没有遭受太大破坏,长期保持了繁荣态势。正因为如此,大量人口集聚江西。[①] 明代由于人口过剩、耕地不足等问题日益加剧,再加上繁重而不均的赋役,以及洪武时政府强制性大移民,江西省内大量农民脱籍外流。其中,相当多的人改而从事农产品贩运贸易活动,逐渐形成了遍布各省闻名遐迩的江右商帮,为古代江西经济社会发展谱写了一段独特精彩的乐章。可惜,这一乐章演奏到清代晚期至民国初期,声音就慢慢衰弱了。

战乱打断了江右商帮的经营秩序,万寿宫遭到严重破坏

1840 年,第一次鸦片战争爆发,西方的坚船利炮打开了中国的国门,中国开始进入千年未有之大变局。从此,中国一步步沦为半殖民地半封建社会。西方列强凭借《南京条约》等一系列不平等条约,从政治、经济、文化上全面入侵中国。清政府为了支付高达 2800 万元的战争赔款和赎城费,弥补由于鸦片大量输入而造成的财政亏空,加紧横征暴敛,增加税收一至三倍以上。加上外国工业品大量倾销,使农民和手工业者纷纷破产。地主阶级乘机兼并土地,加重剥削。民族矛盾加剧,激发了国内阶级矛盾。农民饥寒交迫,纷纷揭竿而起,鸦片战争后十年间,民间自发的反清起义达 100 多次。江西相对稳定的政治社会局面发生重大改变,先后遭受了多次战乱破坏。这些战乱不同程度地造成商业贸易经营活动受阻,社会物质生产不断衰退。在历次战乱中,江西人口损失惨重,严重地影响了江右商帮的生存和发展。

---

① 方志远、孙莉莉:《地域文化与江西传统商业盛衰论》,《江西师范大学学报(哲学社会科学版)》,2007 年第 1 期。

1851 年,洪秀全在广西金田起义,太平天国很快从广西横扫湖南,挺进江西,赣地继而成为太平军抗击清军的主战场之一。太平军从1853 年正月占领九江府,至同治四年(1865)退败广东,在这长达十余年的时间里,先后五次迁回江西各地,占领过 12 府州 60 余县。地处长江沿岸的九江府府城,最早被太平军攻陷。地处赣东北饶州府辖区内的经济重镇——景德镇和河口镇,也遭受了极为惨重的破坏。太平天国战争对江西经济社会影响是全局性的,仅人口就锐减 1172 万人,下降比例为 48.35%。① 到 1910 年,江西人口虽然已经缓慢增长到 1400多万,但远未达到太平天国战争前的最高水平,即清道光三十年的 2450万人。②

由于太平军与清军在江西长达十余年的激烈厮杀,江西成为这一时期全国受战争破坏最严重的省份之一,在人口急剧减少的同时,经济遭到毁灭性的破坏。江右商帮无法开展正常的商业活动,元气大伤。另一方面,即便是在战争期间,清政府依然以捐税、厘金和筹措军饷为名,对江西社会和民众进行严苛搜刮。江西省除需交纳本省的粮捐外,还需负担浙江、湖南、安徽、陕西、甘肃、云南、贵州等七省的捐粮。曾国藩统率湘军着力经略江西,将其作为军费和军粮主要筹集地。为筹措军费,清政府在江西设卡抽厘,杀鸡取卵,竭泽而渔,雁过拔毛,首当其冲的是江右商帮,普遍遭受严重盘剥和打击,对全省经济破坏极为严重。仅从咸丰十年(1860)至同治三年(1864)五年时间,湘军便通过厘金及其他方式,在江西征得白银近千万两,占湘军全部军费的一半以上。③ 嘉庆年间,清政府为镇压白莲教起义,在两淮盐商中征取"捐输报效银",当时的金额与湘军在江西征得的军费总额差不多。这个庞大

① 曹树基:《中国人口史》(第五卷　清时期),复旦大学出版社,2001 年版,第 535 页。

② 曹树基:《中国人口史》(第五卷　清时期),复旦大学出版社,2001 年版,第 815 页;方志远等:《地域文化与江西传统商业盛衰论》,《江西师范大学学报(哲学社会科学版)》,2007 年第 1 期。

③ 方志远等:《地域文化与江西传统商业盛衰论》,《江西师范大学学报(哲学社会科学版)》,2007 年第 1 期。

的筹款数额对当时富甲天下的两淮盐商尚且难以承受,何况是以小本经营居多的江右商人。故后来有学者评论,清政府镇压太平天国运动,是"湖南人出兵,江西人出钱"①。太平天国战争期间,清政府在江西推行厘金制度,设立众多厘卡,使江西营商环境极为险恶,大批茶商、瓷商歇业观望,裹足不前。厘金成为江西商人长期的沉重负担,加重了江西商品转运外省的运输成本,大大地削弱了江西商品在市场的竞争力。

　　清廷在江西收取巨额厘金,却没有一文用在本省的经济建设上。江西向朝廷缴纳的厘金,每年平均100万两,用于军费的占30多万两,上交中央户部等款占35万两左右,其他费用占30多万两,用于本省的包括行政费用在内不到1%②。即使到同治四年(1865),江西境内太平军势力基本肃清后,清廷仍然谕令江西等省协济西北军饷,江西沉重的军费负担,并没有因战争结束而减轻,仅仅是将军费改为协济他省,甚至还时而加征。同治五年(1866),江西巡抚刘坤一直言不讳地说,江西省用兵十数年,经费久匮,民力亦疲,却仍需设法劝捐抽厘,催征银米,岁集巨饷,以供各军于物料短绌之日。在太平天国战争后的数年间,江西几乎每个月都要承担几万两白银协济外省军饷,有时候甚至月达10万两,年达100万两数额③。光绪三十年(1904),江西厘金(包括大宗货物统税)的征收数,竟高达210余万两④。泰山压顶似的捐税负担,抽空了江西经济的血脉,迫切需要的社会重建和生产投入资金却无法筹集,大大延缓了商品生产和贸易流通的正常恢复,并使江右商帮经营资本捉襟见肘,在近代工业时代来临的当口,囊中羞涩,一筹莫展。

　　太平天国战争对万寿宫和万寿宫文化,也造成了极大冲击。太平

---

① 邵鸿、江冰:《赣人·赣土·赣魂——赣文化溯源与展望》,南昌大学赣文化研究所编:《赣文化研究》(1),1994年印(内部交流),第85页。

② 万振凡:《论近代江西农业经济转型的制约因素》,《中国社会经济史研究》2004年第4期。

③ 黄志繁、杨金鹏:《太平天国战争后地方社会重建困境与近代江西经济衰落——以人口、捐输与厘金为中心》,《江西社会科学》,2016年第6期。

④ 华桐等主编:《江西省财政志》(《江西省志丛书》),江西人民出版社,1999年版,第155页。

天国在宗教文化上受基督教影响,加上军事作战的需要,过兵之处,往往捣毁所有寺观偶像,甚至"遇庙则烧",许多凝聚江右商帮精神和文化的万寿宫燃于战火,摧毁了江右商帮在各地得以繁衍的聚集场所,也同时摧毁了他们的精神寄托。在太平军入赣作战中,很多名震一时的万寿宫建筑毁于战火。同治《赣州府志》记载,赣郡会昌码头真君庙尽毁于咸丰六年(1856)。同治《于都县志》记载,许真人庙毁于咸丰七年(1857)。1861年,忠王李秀成率军进入江西,号称万寿宫祖庭的南昌西山万寿宫,被焚为灰烬。此外,遍布省外的许多万寿宫,也未能幸免于难。南京复成桥附近建于明代的万寿宫,毁于太平天国时期,后于同治十年(1871)重建;浙江仙游的万寿宫,据其县志记载"毁于太平天国战争"。战争期间,一些万寿宫被临时占用于军事指挥机关,也有的被改变用途。太平天国东王杨秀清率军攻占汉口后,就把万寿街江西会馆作为自己的官邸,住进了万寿宫,洪秀全住关帝庙。[1]

战火兵燹中的吴城

①　皮明庥:《武汉革命史迹要览》,湖北人民出版社,1981年版,第18页。

由于太平天国战争蔓延南北各省,阻断各大商路。晋商、徽商等各大商帮在此期间都遭受了沉重打击。江右商帮更是遭受了前所未有的重创,赖以生息的家园成为战争废墟,延续数百年的商业根基被战火摧毁,正常的商业贸易活动受到严重冲击,日常的物质生产受到严重破坏,大多数江右商人陷入了生产停滞、货流不畅、资本减损、元气大伤、艰难挣扎的境地,许多行业急剧衰退。景德镇瓷器国内市场份额每况愈下,清同治三年(1864)从九江输出的瓷器尚有 66000 余担,但至光绪五年(1879)则降为 5046 担,只有之前的零头[①];19 世纪末,江西茶业也开始衰败。九江、河口等地的茶庄销售困难,利润微薄,纷纷倒闭,行业危机愈发显著。只是在一些太平天国战火没有烧到的地方,江右商帮的经营活动没有受到什么影响。例如在湖南湘潭,光绪年间共有会馆 29 所,江右商人所建的会馆就占了 13 所,他们经营商品的领域相当广泛,而且在当地具有极强的垄断性。光绪《湘潭县志》称,江西商人中"临江擅药材,岁可八百万。建昌专锡箔,吉安多钱店。其余曰油、广、杂,曰铜、铅、蜡、丝,曰引盐,皆恃行帖擅利,他方人亦莫能挽也"。在通商大埠上海,江右商帮也名列大帮之一,占有一席之地。光绪末年,日本在上海的东亚同文书院调查发现,当时在上海的商帮共有宁波帮、绍兴帮、钱江帮、金华帮、广东帮、山西帮、徽宁帮、福建帮、江西帮、四川帮、无锡常熟帮等 11 个大帮,以及江北帮、镇江帮、苏州帮、通州帮、山东帮、天津帮、湖北帮等小帮,江西商帮位居大帮之一。[②] 1910 年出版的《中国商业地理》一书,将当时上海的客籍商人列为 13 帮,即宁波商、绍兴商、广东商、杭州商及金华商、苏州商及锡金商、江西商、安徽商、镇江商扬子商及南京商、湖北商及湖南商、天津商、山东商、山西商、四川

---

① 陈文华、陈荣华主编:《江西通史》,江西人民出版社,1999 年版,第 88 页。
② 东亚同文会编纂局:《支那经济全书》第七辑,东亚同文会发行,明治四十一年(1908),第 158—167 页。

商,江西商帮名列其中,仍有相当声望。① 直至民国初年,在日本东亚同文会所编的《支那省别全志》中,江右商帮仍为上海21个商帮之一。② 尽管如此,江右商帮的势力,已经是强弩之末,优势不再,几乎就要黯然退场了。

从民国初期军阀混战,到20世纪二三十年代,江右商帮又一次次遭遇战争影响。1931年"九一八事变",原本是发生在北方的局部战争,对江右商帮造成的打击,也非同小可。因为清末以来,北方是江西商帮开辟的重要市场之一,其中尤以纸业最为显著。南方产纸省份对北方纸业市场的依赖,其原因,一方面是以京津、山东等为中心的北方地区,近代以来在文化事业上发展较快,因而对纸的需求日增;另一方面,随着清末纸业的兴盛和各省竞相举办实业,南方产纸省份相互之间市场争夺变得十分激烈,在南北交通因为海运和铁道得到改善的背景下,纷纷把制纸业尚不发达的北方作为市场开发的重要目标。正因如此,王峥嵘、钱子荣在《江西纸业之调查》中指出:清末以来,"江西纸张之销路,以华北为主,长江下流次之,上流及两湖一带,亦以小量之销售。而输出国境者,殊为微末,故江西纸类贸易几限于国内市场。日本商务以华北为中心,故华北市场之纸业为其垄断,江西纸之销路亦以华北为主,受此挫创,影响颇大"。上海是江西等省纸业通往北方市场的转销中心,在日本纸业扩张势头碾压之下,其造纸工业同样遭受重创。华北各省本为上海纸类销售区域,自"九一八"事变发生以来,华北销路几乎停滞,上海纸业大受打击。东北之营口、大连、安东等地,每年购买上海出产的纸类,数量本来很可观。但事变以来,日本人为倾销其纸类,指使伪满洲国增加关税,致使上海所产纸类,因税率过高不能与日货抗衡。近代以来的历次战争中,尤其是国民党军队对革命根据地长达数年的军事"围剿"和经济封锁,使江西多数行业陷入停产、破产状

① 李哲溶、景学铃:《中国商业地理》,上海商务印书馆,1910年版。
② [日]东亚同文会编纂:《支那省别全志》第十五卷,大正七年(1918),第1035页。

态，江右商帮几乎陷入彻底的"退市"危机。江西社会经济呈现严重衰退的趋势，人口数量也因此而锐减。根据国民党内政部的统计，1919年江西人口为2500余万人，而到1933年，只有1165万人，减少了一半以上。当时江西农村经济日形衰落，商业萧条更呈不可支之状。抗日战争期间，江西人民直接死亡30余万人，人口减少近240万人，江西社会经济沉沦至全面破产的边缘。

交通优势丧失与经济版图重构，严重削弱了江右商帮发展的支撑

宋代迄至明清，由京杭大运河—长江—赣江—北江构成的京广水道，与沿途各省陆路商道和沿海海运线相联结，逐渐成为沟通南北贸易的主要通道，使江右商人在内外贸易中，占据极为有利的交通优势，数百年间，这是一条赐福江西的黄金水道。

1759年，清乾隆时期，发生了一起"洋人告御状"案。在广州经商的英国商人洪任辉，坐着一艘三尾小洋船直奔天津，在海关道衙门投下御状。他控告的是广东海关官员勒索和广大洋行垄断贸易，并罗列了广东海关七大罪状，并要求清政府将他的贸易活动改至宁波海关。乾隆皇帝知道此事后十分震惊，指派总督李侍尧查办此案。但查处的结果是广东海关与洪任辉各五十大板：广东海关监督李永标革职，洪任辉因"违例别通海口罪"被送澳门圈禁三年，并在期满后驱逐回国。洪任辉改往宁波海关进行贸易的目的不但没达到，相反引起了乾隆皇帝关于海疆安全的忧虑。他当即下令关闭了闽、江、浙三大海关，全国对外通商口岸只留下一个广东海关，并规定全国货物只能从长江进入鄱阳湖入赣江，翻越大庾岭进入珠江，从广州出关。这就是历史上所说的"一口通商"。

乾隆皇帝的闭关政策，确实帮了江右商帮的忙。广州获得海上对外贸易的独占性特权后，江浙地区原可从宁波出口的丝绸棉布，只能转由京广水道南下广州，福建所产红茶也需转道广州交易。位于粤赣交

界处的大庾岭商道,成为各省向广州输送货物的交通要道。江西境内的千里商道再次迎来了商船穿梭,一派忙碌繁荣。可见,"一口通商"政策虽对江浙闽等省海外贸易打击极大,但江西却是受益地区之一。

鸦片战争后,清政府被迫开放通商口岸,"一口通商"变为"五口通商"。由此,中国的贸易乃至经济格局发生改变,广州的贸易地位逐渐下降,上海成为中国最重要的贸易口岸。原先以南北纵向的京广水道为主贸易路线,变为以长江流域为主的东西横向贸易路线。原先广州一地垄断对外贸易,变为广州、厦门、宁波、福州都可以直接对外贸易。贯通粤赣两省的大庾岭商道,昔日商贾云聚,物流滚滚。到道光末年,已经变得坑坑洼洼,泥泞荒芜。虽然几经修缮,依然车马稀疏,渐渐趋于沉寂和没落。尤其是九江正式开埠通商后,江西大部分地区商贸物流,自然被纳入到长江体系,原先南下走大庾岭的货物,纷纷改道经赣江直趋九江,再转上海或汉口。随着货物流向的变化,江西境内主要的进出货物运输线路,虽然仍要依靠赣江水系,但却渐以九江为中枢,形成赣州—吉安—樟树—南昌—吴城—九江的主干商路。大庾岭商道的

九江沽塘海关

衰落,不仅影响江西商人的对外贸易,也减少了江西财政收入。清末江西巡抚刘坤一给清廷的奏折写道:由于商贾贸易的变迁,商人不肯舍近图远再出广东,以致赣关绝无大宗货物经过,所收税课均属小贩零星,纵使竭力招徕,总不能照前畅旺,实为时势使然,莫可强求。据统计,从清朝初年至五口通商以前,赣关平均每年收税 97782.641 两;五口通商以后,从同治年间到清末,赣关平均每年收税只有 22295.748 两,仅为五口通商以前的 22.8%。[①]

由于商道变迁,原由长江入赣,沿赣江往大庾进入广东的商品,掉头由赣江流域奔长江直达上海口岸。与大庾岭商道冷落形成鲜明对照的是九江沽塘海关的繁荣,"帆樯蔽江,人货辐辏,日夜不绝","日有千人作揖,夜有万盏明灯"。沽塘海关每年征收税银六七十万两,居全国关税之首。

开埠通商也便利了外国商品输入江西。"洋货"与"土货"的竞争逐渐白热化,对江西商帮造成严重冲击。一些江西传统优势产品,也逐渐丧失了国际市场份额,萎缩了国内市场。1801 年,英国东印度公司完全停止从中国进口瓷器,使中国瓷先后失去了美洲、东南亚市场。随着西方制瓷技术快速发展,1872 年,中国开始进口外国瓷器,到 1918 年,中国进口瓷器金额总量达 120 万两白银。

国门洞开,各地商埠疯涨,外国资本和工业品长驱直入,从沿海到内地,抑制了国内商品生产和市场发展,同时又刺激通商城市兴起实业热潮。江西除了少数手工业产品仍有一定市场外,多数传统的手工业品已无市场优势可言。如吉安县出产棉布,销售甚广,清末时因洋布盛行,土布滞销;景德镇瓷业也在清末陷入困境,从有窑三千余座、从业人员数十万的盛况,衰败至有窑不足两百座,工人不足五千人。在洋货竞争之下,江西逐渐成为洋货的倾销市场,进口贸易在江西渐有超越出口

① 廖声丰:《清代赣关税收的变化与大庾岭商路的商品流通》,《历史档案》2001 年第 4 期。

贸易之势。

近代兴起的铁路建设，对商道变迁的影响也十分关键。1897年4月，中国第一条南北走向的铁路京广线开工了。有关这条铁路的取径设计，是湖南还是江西，曾有过漫长而激烈的争论。因变法维新深得光绪信任的谭嗣同给皇上奏了一本《论湘粤铁路之益》，力陈道江西六不利，道湖南则利铁路者九，利湖南者十。由于谭嗣同等湘籍官员的力争，而当年江西官员麻木不仁，尤其在朝中缺乏重臣，没有能在光绪皇帝面前说得上话的人，这条铁路也就途经湖南了。然而，正是这条铁路的走向，使江西彻底丧失了交通优势，成为近百年江西人心头永远的痛。

机遇就是一趟时代的列车，没赶上趟的，统统逾时不候。由于京广铁路不经江西，使江右商帮没能赶上这趟时代列车。随着京广、京浦、沪宁等铁路修建并相继通车，水运逐步让位于陆运，铁路沿线的冀、豫及两湖地区，成为交通繁忙之地和商品物流中心，而江西却成为陆运和

铁路运输的兴起

海运的盲区。由此,江西从一个交通通衢和经济中心区域,迅速演变为封闭阻塞的内陆省份。在商道变迁的背景下,江西重要的商业市镇也都随之进入急剧衰落过程。饶州(今鄱阳)作为景德镇瓷器、浮梁茶叶和赣东北木竹等贸易的集散地,曾是明清时期江西主要的河运码头,有"十里长街,烟火万家""千帆安泊,百货归墟"之说。但随着南北要道的转轨和铁路、公路的开通,饶州港口日渐萧条,河面上渔船多于货船。鼎盛于明清的江西"四大名镇"中,据傅春官《江西农工商矿纪略》记载,樟树镇和吴城镇原来"凡本省及汴鄂各省,贩卖洋货,均仰给于广东,其输出输入之道,多取径江西,故内销之货,以樟树为中心点,外销之货以吴城为极点。自江轮通行,洋货由粤入江,由江复出口者,悉由上海径运内地,江省输出输入之货剧减,樟树、吴城最盛之埠,商业亦十减八九"。同治《赣州府志》也记载,大庾岭商道上的商业重镇赣州,由昔日繁华的"日市辐辏之地"变成了"里巷萧条,商贩断绝"的寥落之所。

交通和经济优势的丧失,使江西在接受现代化生产方式和新文化

脚夫

观念等方面,远不及沿海乃至邻近省份,工商业发展尤其落后。从"一口通商"转为"五口通商"后,江西的经济命脉如海关、航运,以及后来修建的铁路,大都掌握在外国人或其代理人之手,越来越多的"洋货"倾销江西。江西原本占有贸易优势的传统商品,如苎麻、夏布、蓝靛、纸张、蔗糖等,在滚滚而来的"洋货"面前渐呈颓势,大批手工业者和人力挑夫、脚夫因而失业。江西传统的经济结构逐渐解体,新经济转型却不见端倪,社会矛盾趋于激化。

洋务运动的缺位,使江右商帮丧失了转型发展的机会

当明王朝严丝合缝地关上了与国外交往大门的时候,欧洲却开启了一场为时两个多世纪的文艺复兴运动,彻底清算了中世纪神学对人们思想控制,倡导人文主义精神,肯定人的价值和尊严,倡导个性解放,反对愚昧迷信的神学思想,还原人是现实生活创造者的本来面目。文艺复兴运动,不仅仅是产生了但丁、乔万尼·薄伽丘、达·芬奇等一大批最负盛名的美术家、雕塑家、建筑家、地理学家、工程师、科学巨匠、文艺理论家、大哲学家、诗人、音乐家、发明家,创作了《神曲》《蒙娜丽莎》《大卫》《哈姆雷特》《罗密欧与朱丽叶》等一大批名垂千古的文学艺术作品,建设了一大批诸如圣彼得大教堂、巴黎圣母院等流芳百世的经典建筑。更主要的是,它把人的思想从神的控制中解放出来,极大地促进了生产力的发展,直接引发了第一次工业革命,资产阶级开始走上了社会政治经济生活的舞台。从瓦特的蒸汽机到爱迪生的电灯发明,电气化、机械化取代了手工式、作坊式生产。商品极大地丰富起来,寻找新生市场、占领新兴市场成为欧洲人新的兴奋点。1840 年,西方列强撬开了中国的大门。

经历了两次鸦片战争、甲午海战、义和团运动的失败,精英在探索,国人在觉醒,清王朝摇摇欲坠。特别是在资本主义生产方式冲击下,封建生产方式变得七零八落,毫无招架之功。机械、电气在生产流通领域

的广泛采用,火车、汽车、轮船,汇兑、银票、电报作为要素加入商品流通环节,引发商业投资、经营方式、盈利模式的彻底革命。面对汹涌而来的外国商品和外国资本,清政府中的有识之士,提出了"以夷制夷",洋务运动乘势兴起。一是发展军工企业,以"自强"为旗号,引进西方先进生产技术,创办新式军事工业,训练新式海陆军,建成北洋水师等近代海军。其中规模最大的近代军工企业是在上海创办的江南制造总局,除此以外,还有福州船政局、汉阳兵工厂、天津机械制造厂等一系列军用工业生产厂。二是以"求富"为旗号,兴办轮船、铁路、电报、邮政、采矿、纺织等各种新式民用工业。上海、福建、广东、湖北、浙江等地,出现了一大批新兴企业,如上海轮船招商局、上海机器织布局、福州船政局、广州机器局、汉阳钢铁厂、浙江机器局等。特别是一批官僚资本和买办资本,利用自己手中掌握的资源垄断优势,以"官督商办"的形式,组建股份公司,兴办各种企业,成了中国第一批"发洋财"的人。三是创办新式学校,选送留学生出国深造,培养翻译人才、军事人才和科技人才。1862年在北京设立的京师同文馆,是中国最早的官办新式学校,尔后又创办了京师大学堂。上海有广方言馆、爱国学社。广东有广州同文馆、万木草堂,湖北有自强学堂,湖南有时务学堂,浙江有大通师范学堂。据梁启超在《戊戌政变记》中的不完全统计,维新运动时期各省设立的学堂达19所。

由于重农耕、轻工商等保守落后的思想传统长期占据主流地位,江西在这场"洋务"运动中几乎被抛在一边,严重缺位。在思想方面,江西士子泥古不化,对西方传入的先进文化缺乏兴趣。一些江西籍的知识分子,在本省往往不得其志。如深通西学、有"洋务英才"之誉的黄懋材,在当时的江西默默无闻、无人理睬;维新思潮的先驱者陈炽,其博采西方文化、探求富强要义的著作在省内罕见刊印。[①] 在整个洋务维新期间,江西境内既无传播维新思想的报刊,也无介绍和研究西学、新学的

---

① 赵树贵、汪叔子:《近代江西经济落后的历史反思》,《江西社会科学》,1988年第6期。

九江兴中纱厂

书籍。赣人陈炽所著《庸书》《续富国策》,在外省反响巨大,多次重版,在本省却不能出版。① 对传统保守思想的固执与对现代文化的排斥,在近代江西社会形成了鲜明的对比。在新式教育方面,洋务期间江西竟然没有创办一所新式学校。直到 1902 年,江西在"清末新政"的压力下,开始设立新学堂。江西不仅开办新学堂较晚,派遣留学生也比不上邻省,直到 1903 年,才勉强派出 10 名留学生赴日留学。可见,江西在新式教育上严重边缘化。与此相反,即使在科举制度被正式废除以后,数以万计的江西士子却情愿花费巨资捐取功名。有报刊评论说"江西物产虽富,风气未开"。这种社会文化环境,严重阻碍着新式人才的培养和新式教育的发展。在兴办新式企业方面,湖南、湖北、浙江、福建、广东等邻近省份趁洋务运动之际,不断创办新型企业,而江西的官员却忙于镇压太平军等反清势力,本地士绅又重功名、轻实业,面对洋务运动畏首畏尾,裹足不前。在全省范围,尽管从 1903 年至 1908 年也新设立了江西瓷器公司、赣州铜矿局、余干煤矿、开明电灯公司等 13 家资本

---

① 温锐:《背离与错位——近代江西衰落原因的再认识》,《江西师范大学学报(哲学社会科学版)》,2000 年第 4 期。

在万元以上新型企业,但与当时全国新型企业相比,都不过小资本、小规模、小经营,除了萍乡煤矿,竟然找不到第二家在洋务运动中叫得响的新型企业。就是萍乡煤矿创办人之一的文廷式,打算在原籍萍乡集股合资,拟用新式机器开煤炼焦"以广利源",未料遭到全县士绅群起攻讦。他们主张"撤散煤务,驱民为农",遂使这位维新派重要人物的现代化尝试胎死腹中。

面对洋务运动的冲击,江右商帮由于自身素质和实力薄弱等原因,没有能够迎难而上,知难而进。相反,有不少人选择退却,退商返农。他们把经商赢得的利润,用于购买土地,捐官建庙,或醉心于子孙后代的应试教育。江西无论在思想还是文化上,都未能给江右商帮的现代转型,创造良好的环境和条件。而在江西之外,江右商帮既面临着沿海新兴商帮越来越强势的挑战,更不可避免地遭受西方现代企业和"洋货"的颠覆性冲击,其生存空间被一次次地挤压。万寿宫文化过去在文化习俗、商业伦理等方面的助力,此时对处于生存危机中的江右商帮来说,已经显得越来越微不足道,甚至不起作用了。

西方科学技术对中国的冲击,使江右商帮丧失了核心竞争力

从蒸汽机问世,到 1840 年第一次鸦片战争前夕,西方国家经过工业革命洗礼,半个多世纪的发展,生产力水平大幅度提高,社会商品极大丰富。机械、电气在商品生产中的运用,其成本、质量、产品性能的优势得到充分展示,科技含量成为商品的核心竞争力。经历两次鸦片战争,"五口通商"实施,中国国门洞开,洋货长驱直入。西方资本势力侵入江西,在九江开埠,划定租界,派驻领事,控制海关,开设洋行工厂,倾销洋货,掠夺资源和原材料,极大挤压了江右商帮的生存空间,也强烈地冲击了江西的自然经济。西方列强的货物,以其设计考究、成本低廉、制造精美、运输便捷的优势,迅速瓜分了江右商帮的市场。棉布、棉纱、煤油、火柴、钢铁、玻璃等生活、生产资料用品,大肆倾销中国城乡,

洋货长驱直入

打碎了江右商帮的饭碗。同治十三年前,中国无棉纱输入。至1914年,输入棉纱已达235000担。输入棉布达40万担。仅次于棉纱、棉布输入的是"洋油""洋火"。1875年,九江海关从英、美、俄、苏门答腊进口煤油7180加仑,而同期全国进口2000万加仑。1867年,全国进口火柴79236罗,到1880年,进口火柴达1419540罗。[①]西方国家凭借两次工业革命快速提高的生产力水平,一方面大量工业制成品倾销中国,另一方面是大量采购中国资源商品。"同治三年,出口2446万两;同治十年进口839.8万两;光绪六年进口140.9万两,光绪十六年进口8994.9万两。"[②]对外贸易的这种巨大逆差,充分说明中国殖民地、半殖民地经济格局已经形成。

　　知识储备不足,对新生事物反应迟钝,缺乏文化科技与智力支持,牵制着江西经济和江右商帮的转型步伐。以江西乃至全国引以为傲的

---

①　钟起煌主编:《江西通史·晚清卷》,江西人民出版社,2008年。

②　白寿彝主编:《中国通史》,第11卷,近代前编,上海人民出版社、江西教育出版社,1998年。

瓷业为例。衍至清末民国,景德镇瓷业亦如清王朝一样,出现了重重危机。然这种危机并非表现为瓷器质量的下降,而是生产成本的高昂。在很长时期内,以御窑为金字塔顶端的生产体制,其特点是不计成本地制作精品瓷器,往往烧成一件瓷器,即意味着成百上千件废品的损失。在这种非常严苛却不考虑能耗的理念指导之下,景德镇瓷器的质量即便是在民国时期,在业界仍有口皆碑,但却因价格昂贵很少有人问津。清末民初,江西瓷业公司曾在北京设立瓷器销售门店,虽然产品之精美"冠绝此行",但其售价之昂则"令人咋舌"。同样,在中外瓷器荟萃的汉口,由江西自运的瓷器也因品质精良,而为其他商帮所不及。然而论及成本,景瓷制作工本已很高昂,又须辗转运至汉口,沿途在江西、湖北各完税一次,综计运费及厘税,由出产地至销售地,每石竟增加约半数成本。当时的九江,是景德镇瓷器外销的省内枢纽,据该地瓷业者估计,景德镇瓷器的制作成本,较之日本同样的瓷器,大约高出60% ~ 70% 。因此,尽管景德镇瓷器的工艺精巧程度并不输于"洋瓷",但在价格上却高出许多。这使景德镇瓷器在市场竞争中处于劣势。

瓷器成本高昂,其原因盖出于生产科技含量不高,机械化、标准化生产水平低下。降低瓷器生产成本的关键,莫过于采用机器和改良技术。在这种时势之下,为了振兴景德镇瓷业,新成立的江西瓷业公司和陶业学堂,一方面继承传统制瓷工艺,一方面大胆吸纳借鉴现代制瓷工艺和机制体制,着手对景德镇的瓷业进行改良。如发明贴花工艺,制作石膏模型以铸坯,采用吹雾器吹釉,建筑炭窑,改进燃料等。在尝试以新法制瓷的同时,一改往昔坐等瓷商上门采购的营销方式,在全国几大销场设立分店,并在报刊上刊登广告,招徕顾客,尝试建立以集产、销于一体的近代陶瓷商业组织。但因为没有对传统的生产组织模式进行变革,因而难以大幅度降低生产成本,也就难以顺利推动传统瓷业现代化转型。

为什么明明知道机器生产会大幅提高制瓷的效率和效益,而大多数的景德镇制瓷者却拒绝使用机器生产?这与传统的制瓷生产组织模

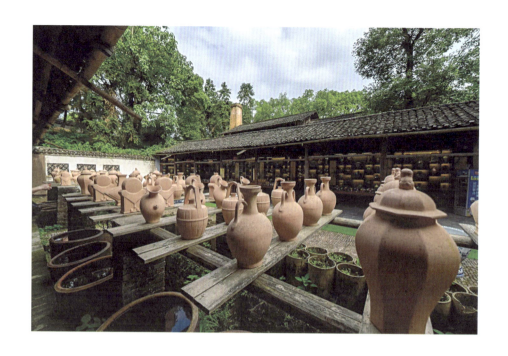

式和资本实力有关。一方面,因为购买机器设备的成本太高,私营制瓷厂家负担不起。购置和维护制瓷机器的成本,不但数额巨大,而且风险极高。这对景德镇任何一家瓷器生产单位而言,都有可能难堪重负,有的在尝试新机器、新模式的过程中,甚至滑向了破产的边缘。景德镇在长达千年的制瓷史上,依赖各业细密的分工合作,是当地瓷业成功的路径依赖之一。在此基础上形成的"十帮九会"式的制瓷组织模式,使景德镇瓷业难以摆脱行业分割局面,不能形成庞大的资本积累。清末以来,制瓷者在兴盛时期虽有数千户,而其资本额大多只有两三千元,甚至常要等待瓷商预付款项或钱庄借贷现金,才能维持正常生产。1940年的一项统计表明,景德镇总计 1400 多制瓷户,资本总额仅 150 多万元,还不及欧洲一个大型工厂的资本规模。另一方面,由于传统工艺落后和材质的昂贵,尤其是工艺人才的高昂薪酬,也使景德镇制瓷业每况愈下。在一些诸如彩绘、颜料、式样、贴花等方面,从成本和时尚等方面考虑,则更容易接受外来的技艺和风格。光绪末年,外人销颜料于景德镇,又传授洋彩画法,嗣后洋料、洋彩等迅速盛行。如绘画原料,过去纯为国产,渐被洋料替代;再如描金,往昔多用金粉,渐被外国水金替代。表面上看,这些"舶来品"的售价往往高于本国产品,但若与传统工艺的低效产出相比,其生产成本至为低廉。因此,粉彩颜料虽然价廉耐用,却难免被洋彩排挤乃至替代。制瓷机器难获采用的另一个原因,是手工制瓷的成本低于机器制瓷的成本。因为普通工人的工价低廉,所以许多厂家愿意采用原有的手工制瓷技术。这导致了一种反现代化的异常现象:即利用手工制瓷反而更能维持既有生产格局。在民国中后期,为了进一步降低成本,许多瓷店甚至大量使用兼业女工,她们的工作大半是按固定花样画粗件,如普通的红花菜碗、蝴蝶花碗之类,每日酬劳不过一角左右。特别是景德镇有一批技术高超的工人。许多画工不但作画迅速,并且能够一手执瓷器,一手执笔,悬空描画;许多捏坯工人,技巧精湛,不用模型,笑谈间,徒手即能捏成惟妙惟肖的人物与动物造型。

正是依赖上述历经千年的独特工艺的传承,景德镇瓷业在"洋瓷"吞噬瓷业市场、竞争激烈的环境下,仍能维持一定规模的生产与销售数量。在国人皆曰景德镇瓷器"衰落"的民国时期,景德镇依然保持着全国瓷业中心的地位。以 1930 年为例,全国瓷器出口,仍以九江数量最多,其次才是上海和汕头。但是,这种仅仅依赖手工业性质的生产方式,终究比不过机械化、大批量生产所形成带来的规模效益,难逃被迅速淘汰出局的厄运。

再看江右商帮在纸业市场的窘态。江西与福建、浙江、湖南、四川等省,均为中国传统的手工纸的重要产区。江西奠定全国制纸中心的行业地位,始于明代永乐年间,官府在江西西山设官局造纸。倚官纸局督造之重,江西纸蜚声全国。明清时期江西纸业的总体产量,现在已难考证。但生产繁荣、购销两旺的状况,在此时的诸多史料中时有所见。尤其晚清开埠以来,市场对纸张的需求旺盛,尤其是北方纸业市场的兴起,推动了江西半数以上县域纸业发展。江西纸业生产,除了满足长江中下游市场需求外,还经江浙两省的市场网发售至北方各省。

铅山连四纸手工工艺及成品

至 19 世纪 90 年代末期,经营赣纸生意仍然是江右商帮赢利状况较佳的一个行业。科举制下的乡试时间,是影响纸张价格的重要因素。1901 年的一则工商信息反映,江西所产各色纸张自去岁以来,价格日涨一日,较之往年已涨半倍,原因即在于乡试将近,各处纷纷往购,后来又忽然谣传乡试延期举行,各帮遂相率停止,各行货如山积,都愿抛盘求售,故而价格松动,不至再有提涨之势。1905 年科举制被正式废除后,传统的手工纸不再作为印刷考试用书的必备之物,江西商人随之开始丧失这一市场。春季原本是纸张销售的旺季,但 1905 年上海《申报》的一则消息显示:赣纸自上年滞销后,至今竟无人过问。江西著名商埠河口镇所产的连四纸洁白光滑,在科举未停以前,为印书最上之品,因而所有石印之缩本书籍,皆悉取材于此,行销颇广,从事连四纸贩运的商贩无不获利。随着科举的停废,应试书籍不再畅销。新出的学堂课本等书,又都改用洋纸,导致连四纸逐渐出现销滞行情。纸张销售行情低落,纸业经营者无不亏折,而纸槽也停歇不少。此后,尽管新式教育所培养的知识分子数量,远远超过之前的士绅阶层,中国社会对于报刊书籍等新式媒介的需求,也远远超过之前对科举考试用书的需求,社会对手工纸张的需求,却再也难以恢复到往日的水平。

江右商帮经营纸业生意的最大危机,与瓷业一样来源于机器生产,实质上是传统的生产方式在工业化纸业面前的败退。近代以来，文化用纸市场增长速度最快，但由于手工纸难以适应机械印刷对于纸张的要求，因此江右商帮的传统手工制纸者，面对机制纸不断挤占市场，只有无奈与叹息。有识者指出，连四纸和毛边纸的上等品，虽细嫩洁白，但过于柔软，不适宜机械上印刷。在用纸需求巨大的近代印刷业中，手工纸基本上没有市场地位。除少数珍贵书籍，仍用连四纸及毛边纸外，大部分印刷品都被洋纸替代，就算是日常包裹所用的表芯纸，老百姓也逐渐改用"舶来"的牛皮纸。牛皮纸在包装用纸市场对传统纸业的冲击，在清光绪时已显露端倪。至此，江右商帮只能在传统市场领域，惨淡经营着一块"小众市场"。如在传统文化和毛笔书写习惯仍有重要影响的社会文化领域，如绘画、对联、账簿、民间仪式用纸等市场领域，勉强维持其市场地位。还有那些仅供本地迷信活动用纸，因为现代制纸企业不屑生产的产品，还保持着原有的市场份额。但总体上看，手工纸在机制纸的冲击下，已经在市场无足轻重了。

机制纸与手工纸的此涨彼消过程，是工业化浪潮中，手工式、作坊式生产方式的衰退过程，是商品生产中知识与技术逐步走向核心竞争力的过程，它预示着封建生产力衰竭与资本主义生产力勃兴的大趋势，也为江右商帮式微敲响了警钟。

二、万寿宫文化的局限，使江右商帮背上了沉重的精神包袱

世界上任何一种文化，对人的影响都是全面的、持久的、潜移默化的。它作用于人的认识活动、思维习惯、交往方式、实践行为。它是无形的，又是有形的；是约束的，又是自觉的；既有正面影响，也有负面影响。万寿宫文化对江右商帮也是这样。就总体而言，万寿宫文化在很多方面体现了中国的优良传统文化，江右商帮引进商业元素对其进行改造，对规范商人的道德行为发挥了积极的、有益的作用。但随着时代的发展，经济社会文化生活的进步，万寿宫文化中的消极因素也日益凸

显,影响着江右商帮的发展,甚至成为他们沉重的精神负担,导致他们一步步走向了衰弱。

万寿宫文化中的地域特征与家族观念结合产生的排他性,限制了江右商帮的发展壮大

作为一种地域文化,万寿宫文化在本地的民众中,具有高度的认同性,而江右商帮又是在这块土地上成长起来的,地缘、文缘、人缘上的高度重叠,使江右商帮和万寿宫文化具有天然的相容性。这种相容性的最大好处,就是会转化为一种巨大的凝聚力,促进江右商帮的壮大。但负面效应是,因其具有强烈的地域性,无形中又会对其他文化有所抵牾和排斥。如果处置不当,就会适得其反,严重阻碍江右商帮的发展。

明代前中期,江右人在外经商已经蔚然成帮。例如在湖南省,江西商人数量众多,称雄商界,所建江西会馆遍及湘沅,故在当地多被称为"西帮"或"江西帮",也有不少被称为"江右帮"。万寿宫作为江西商人敦睦乡谊、联络感情的会馆场所,对江西商人抱团发展起到了重要作用。但值得注意的是,万寿宫文化这种地域文化,与家族、行业等观念相结合,又会产生很强的排他性。如在湖南省,"西帮""江西帮"或"江右帮"作为对江西商人的统称,实际上反映了湖南人对江西商人排他性、封闭性的一种认知。这种排他性的文化认同,会导致江右商帮在积极融入当地社会的过程中,遭遇不小的社会阻力,也就难以持续扩大经商规模或拓展商业空间。

另一方面,这种排他性在江右商帮内部也常常造成内耗丛生。明清时期,在"西帮""江西帮"等统称的背后,江西商人实际上难以聚成合力,而是在内部分为若干派别。例如,"西帮"在长沙分为吉安帮、抚州帮、临江帮、丰城帮等帮别;在湘乡则分为南昌、抚州、瑞州、临江、吉安五帮。江西各府县商人在湖南的众多经商者,除合建省馆外,还分别建有各自的会馆,形成各府县会馆并立的状态。在江西省内,本省商人

往往更是"帮中有行,行中有帮"。如在南昌地区,江西商帮可细分为奉靖帮、抚建帮、吉安帮、清江帮、丰城帮、樟树帮、南昌帮等;在景德镇地区,围绕瓷业生产形成的各种行帮约400多个,其中的省内商帮以都昌帮势力最大,此外还有抚州、丰城、新建、南昌、吉安、靖安等地商帮构成的"杂帮"。直至近代,江右商帮这种内斗分割现象仍在继续。1898年,安源煤矿设立,株萍铁路全线贯通,各地商帮纷纷涌入萍乡,垄断了各个行业。临江帮垄断了药业,丰城帮垄断了金银首饰业,吉安帮垄断了南货、糕点、冬酒、酱油,湘乡帮垄断了陶瓷业,南昌帮垄断了钟表、制帽业。

总之,江西商人对外被统称为"江右商帮",但实际上内部细分为许多地域性质的小商帮,可谓帮派林立。这种分散型的商业组织状况,离心力是显而易见的。导致江西商人整体上难以形成利益共同体,实现真正意义上的抱团发展。尤其在面对他省商帮合围竞争或外地势力欺凌之际,江西商人往往不能对外发出一致的声音,由此不免陷入相对弱势的境地。

万寿宫文化中"裕"蕴含的小富即安、
知足常乐观念,消弭了江右商帮做大做强的冲动

"裕然有余"是万寿宫文化的内容之一。这实质上是一种"知足常乐、小富即安"的思想。由于江西商帮大多出身贫寒,其主体是离开土地的流民,大多以借贷经商而致富。在商业上缺乏大格局、大视野、大抱负。不少商人在稍致盈余、略有成功之后,往往"小富即安,不思发展",不愿再冒风险去拓展经营行业和范围。这种思维方式,严重影响了江右商帮的发展。

南昌县人刘善萃尝贾汉口,"家计饶裕"后,"不复出门"。金溪的徐延辉17岁赴滇经商,积赀"稍裕,遂绝意远贾"。抚州的赵雪涛贾滇黔"多技能",但其习惯则是"计所谋足一日之费,即闭门赋诗书"。鄱

阳的吴士孔也是"治产不求盈余"。宜黄县的商贾"囊橐稍裕,不贪利离乡,必归故土"。由此不难看出,小富即安、自给自足的小农意识,在江西商人的头脑中是根深蒂固的。

在儒家思想的熏陶下,江右商人信奉"以商补农,以末养本"的经营观念。在赢得利润后,不愿意去增加新商业资本。众多小商人采取个体经营方式,"男人外出,妻子持家;父兄外出,老弱务农",甚至有许多亦农亦商的季节性商人。这种停留在农耕社会的经商意识,使江西商人难以将商业上的成功视为人生目标,更不愿汇聚家庭所有资源,冒险扩大商业经营。一些江右商人在经商营利后,甚至弃商返农,重操旧业。由于传统观念的束缚,不少江西商人一旦能够满足全家的口腹之需,往往也就意味着其商业活动的终结。"农本商末""以商补农,以末养本"等价值取向,严重地阻碍着江西商人把主营业务做大做强。

明代嘉靖年间,内阁首辅严嵩的儿子严世藩曾与他人屈指天下富豪,将资产百万以上的列为第一等,全国共 17 家,却未见江右商人。[1]

万寿宫文化中的官本位意识,使江右商帮轻视商业热衷仕途

唐宋以来科举文化的鼎盛,曾给江西带来数个世纪的骄傲,但也使江西人重功名、轻工商的观念根深蒂固。赣人大都秉持"农耕致富、诗书传家"的古训,因而重读书致仕,而轻从商获利。这就使得江右商帮把经商看作是不得已的选择,把入仕当作崇高的追求,因而"轻商尊士,崇尚仕途",也就成为江右商人极为普遍的价值取向。小有积累的江右商人一旦摆脱贫困,稍有余裕,便喜欢将资金投放在举业上,希望自己或子孙步入仕途,光耀门楣。临川人李诞辰,靠经营盐业成为商界富翁,后入仕为官,最后做到两江盐督。南昌县三江镇人蔡星翘因家境窘迫而抛书就商,与兄弟合伙在省城南昌开设金银店,多次在经商期间参

---

[1] 参见谢力军、张鲁萍:《浅析江右商帮的没落》,《江西社会科学》,2002 年第 2 期。

南昌东湖状元桥

加科考,终于在光绪己丑年(1889)得中秀才,实现了自己的心愿。丰城人李钟喆,渴望科举功名,但却屡试不第,而家道又日渐衰弱,于是让两个儿子到湖北做生意。等儿子赚了不少钱后,他便用钱买了个文林郎的官,又让孙子读书中了进士,这才圆了毕生的心愿。明朝丰城商人郭俊,"尝行吴越间,至饶裕",儿子郭锦随其从商,郭俊要其"改往业儒",但"就试有司",连续多次没有考取。于是郭俊要其孙子郭希颜继续攻读科举,终于进士及第,入翰林为庶吉士。明清两朝的江右商帮中,这种为官而商,先商后官,把经商当作一种权宜之计和社会阶层突破的敲门砖,以实现"曲线科举入仕"的人,几乎随处可见。特别在清朝,由于"捐纳"盛行,商民向朝廷报效银两即可获得功名或官职,许多江西商人都愿意花数百上千两银子,为自己或子弟捐个空头官衔,借以改变家族地位。前述在四川自贡经营盐业的江右商人胡元海家族,发展到第三代胡念祖时,耗费巨资为家族成员捐官,仅为其一个侄子捐个中书员外郎就花去银子7000两。为了攀龙附凤,谋个一官半职,他的侄子胡孝先等三人在京城三年不归,光请客送礼就耗去银子10万辆。截至太平天国起义之前的清代,资本并不雄厚的江西以捐钱为手段而获得的国子监监生名额,竟居全国首位。

与此相反,也有一部分江右商人不是由商而官,而是弃儒从商。这一方面是家境所迫,另一方面是因为相对于从商,仕途实在太难,"士成功十之一,贾而成功十之九"。巨大的反差使部分人放弃学业功名而走上经商之路。新城县(今黎川)人陈以沔,"困诸生三十年,贫甚",终命其子陈世爵经商,"贸迁于吴、楚、闽、越、燕、齐、赵、魏间,积赀巨万,成当地首富"。清江县人聂如高,少时跟随老师学习,非常刻苦,每天鸡叫就起床读书,本想通过科举登第入仕。但因家庭困难,只好外出经商,先后辗转于萍乡、湖北等地从事药材贸易,创建"万泰"商号。"不数年,利赀颇厚",成了著名药商。吉水县人周松冈,年轻时父亲去世,剩下母亲和兄弟姐妹,生活难以为继,于是中断学业,独身前往湖北汉川从事借贷经营,获利丰厚并将之寄回家,支持兄弟完成学业,以及作为弟妹的婚嫁资财等。也有科场失败转而从商的。南城人孔昭文,年少时跟着父亲读书,"长游于太学",但因屡考不第,便羞于回到家乡,转而赴燕、楚、吴、越等地经商。上述这些人士,看起来走的是一条与科举仕途相反的路子。其实,这些人最初都是儒子,本意也是想通过科举获取功名。只是因为生活所迫才不得不转向经商做生意。在他们内心深处,还是被"官本位"思想占据着。所以,由商入宦与弃儒从商,这是一个问题的两面,本质上没有什么不同。

据有关资料,在江西商人中,由商入宦和弃学从商的,占了20%左右。虽然其中有一部分人是属于不得已而为之,不管是哪种情况,这些人头脑中"士农工商"的意识是根深蒂固的。因此,虽为商贾,却缺乏健全的商业人格意识,自己看不起自己,因而也就很难把生意做大。

万寿官文化中的孝悌观念，禁锢了江右商帮扩张的脚步

中国孝文化源远流长。许逊以"忠孝神仙"流传于世，忠孝节义是万寿官文化的重要元素。江右商人受此文化的影响，多数尊奉孝悌观念。这种观念一方面使江右商人具有较高的道德水准，但另一方面，也使他们在外出经商的过程中牵挂甚多，难以全身心地投入商业经营活动，由此阻碍了其事业发展的步伐。

《论语·里仁》曰："父母在，不远游，游必有方。"这种"父母在，不远游"的孝亲观念，对江右商人外出经商的行为，无疑会产生一定的束缚。洪武、永乐年间的泰和县文人王直，在一篇文章中谈道：泰和商人"不忌远游""小民或转货于江湖，留鬻于市区，营什一之利，以养父母育妻孥"。新城县(今黎川县)，从明朝后期开始，商业已经较为发达，江西的大米、福建的私盐，多经此地中转贸易，然而当地仍有许多商人不愿远行。清朝鲁仕骥认为其中的一个重要原因便是"惮于弃父母妻子"。① 武宁县商人柯性刚精于医术，兼营药材，有人劝其走川下广，他却拒绝说"吾舍母，吾早以技致富矣"，卒不往，以清贫终。广丰县人吕以坰负贩在家，有人劝其远出，可获重货，但他笑曰"母心所乐，不在厚利也"，终至家事平平。② 玉山县商人王长发经商数年，略有积蓄。但因母亲年事已高，便弃商回家，终日陪伴照顾，"念母老，不复出，朝夕视善，母子甚慰"。这些都是江右商帮"父母在，不远游"的典型例子。

清人王骥记载，会昌县一位小商人在眷念父母与外出谋生之间的两难心态。这个会昌人名叫曾汉茂，兄弟六人，汉茂居长，初以农作为业，旋因人口增多，家庭生活窘迫，故欲外出经商谋生，又恐母老无侍，终日以家事为忧，难以抉择。后托"神告"，"信神明之示以生路"，"爰向邻人借贷钱本，做豆生意，朝夕往来村圩间，得时与母相见，而仰事之

---

① 江右集团、南昌大学编：《江右商帮》，宁波出版社，2013 年版，第 120 页。
② 江西省工商业联合会等编：《赣商志》，江西人民出版社，2017 年版，第 341 页。

白鹭洲书院　　　　　　　　　　　　（肖骥楠供图）

资更充然有余。越数年，家业渐起"①。其实，曾汉茂还算幸运的。有些江右商人却为此付出了沉重的代价。吉水县的一位刘姓商人，远贾汉口、九江间，"闻母丧，弃赀而奔"，其后家益贫；丰城徐文豹，父早殁，家无恒产，母命贩湘楚间，后母病故，亦千里弃资而归。② 这些江右商人想要打破传统观念的束缚，非但要有赴外闯荡的胆识和勇气，还要承担良心上或社会上的道德压力。这种符合儒家礼法、但却违背商业常理的从商行为，无疑成为明清时期江右商帮规模难以不断扩大的重要阻碍，也是近代以后江右商帮趋于衰落的原因之一。

　　不仅如此，孝悌观念还影响着江右商人的投资理念。由于江右商人的资本来源主要是乡邻、族人的借贷和家庭成员的资助。在"尊祖敬宗""报本追远"等忠孝观念影响下，许多江右商人经商一旦稍有余资，首先不是将其用于扩大再投资，而是主要用于回报家族亲友，赡养家庭。如果盈余较丰，则会更多地投入于地方上的家族公益事业。明末南丰县人胡福昌，因贫与弟弟往湖北、福建、广东等地经商，日渐富裕，兄弟每次商议时都说：安家之后不能忘记贫穷卑微的那些人，应当毫无保留地将资产拿出来修祖祠，扩大祭产，帮人收敛暴露无遗的尸骸，修桥梁、道路、堤防。清嘉庆年间的广昌县人邱显宗，家境清贫，外出经商以资家用。他经商致富后，不忘尊祖敬宗，凡遇有祖宗祀产之事，无不竭力维持，甚至极力扩充，亲朋邻里有婚而未娶、丧而未葬之事，也均解囊相助。宜丰县人张炳蔚，不过是一个小商贩，却把自己辛苦购置的数十亩田，全部用来资助亲族中的老人。类似这样的孝义之举，无疑是站在道德的高点。但从扩大商业资本积累，实现主营业务扩展，从小商贩成长为大商贾的角度来看，又是十分有害的。类似的孝义之举，在明清时期的江西地方志中俯拾皆是。这深刻地体现了江右商帮对孝悌观念的普遍遵从，一方面具有传承中华美德的积极意义，另一方面则严重地制约了江右商人拓展事业的雄心与视野，成为江西的商业资本难以汇聚、商帮规模难以壮大的一个重要原因。

据一项对明清时期江西临川、东乡、金溪、崇仁、新城、丰城 6 县商人资本流向抽样分析，所列商人 69 位，投资 109 项，这些投资共分为三大类：社会型投资占比高达 77.1%，主要包括建祠修谱，增置族田族产，救灾赈荒，办学助读，建桥修路以及捐粮助饷等；生活性投资占比21.1%，主要包括赡养家人、资助亲友等。而生产性投资仅占 1.8%。①由此可以看出，江右商人的投资，大部分是以家族或家庭为受益对象。在明清时期的江西，建祠修谱、置族产族田、办学助读等家族事务，几乎

---

① 参见张海鹏、张海瀛主编：《中国十大商帮》，黄山书社，1993 年版，第 403—414 页。

成为江右商人必须承担的义务。这些与家族相关的社会公益活动,致使许多江右商人耗费大量资本,甚至被弄得"囊无余资"。此外,家族或家庭内部的家产分析,也使江西商人的资本难以聚拢扩大,甚至反而不断趋于资本萎缩的非常状态。总之,生产性投资占比极小的资本流向格局和家产分析的传统习俗,使得江右商帮的经营活动,长期停留在小本经营、小打小闹的规模上,长期停留在资本分散、本小利微的初级发展阶段,无法扩大自己的经济实力。

反观晚清时期的洞庭商帮,却在有了一定的资本积累之后,不是投资买地、建房、修宗祠,而是把资金投向工业领域,将商业资本转化为产业资本,创办纺织等实业,由此产生了一批资本家。还有广东商帮和福建商帮,在鸦片战争后,有不少奔赴海外投资办厂,取得了不俗的成就,成为颇有实力和名望的资本家。

万寿宫文化中的"谨",消磨了江右商帮的开拓精神

商业精神,说到底是一种冒险精神。一味求稳怕乱,谨小慎微,不敢冒险,要干出一番大事,那是异想天开。万寿宫文化强调"谨而勿失"的修身准则,追求"宽则得众""忍则安舒"的精神境界,使江右商人容易养成息事宁人、以和为贵的处世方式和商业伦理,由此缺乏创业的闯劲和开拓精神。

江右商人成长于山区的生存环境,受儒、道文化的双重影响,原本就有谨小慎微、担忧冒险的守势性格。他们在竞争激烈的商场上,多数显得过于慎重,甚至墨守成规,抱残守缺,不敢尝试新行业、新领地、新方式,这就使自己的生意难以拓展空间。嘉靖《九江府志》记载:德化县的商人"经营惟在本土,不习散出四方"。同治《会昌县志》记载当地的商贾,"不善治生""惮作远客","故资舟车以行其货者甚寡。如杉木为邑所产,康熙、雍正间,尚有运金陵以售者。近年木客,不过贩及省垣青山而止。粤东引盐,销售于瑞金、宁都、石城、于都、兴国,俱从本邑上游

顺流泛舟。然售贩者,邑人仅十之二,闽粤之客十有八"。

江右商人在经商过程中,通常表现出稳妥谨慎的特点,往往不敢冒风险、投巨资去拓展商业领地。他们习惯于小本经营,开"夫妻店""父子店""兄弟店""姐妹店""亲戚店"居多,极少进行大手笔的合伙经营,当然也就很少有机会壮大其生意规模。

江右商帮既不敢冒险做大商业规模,也不敢在经营方式上创新创造。曹随萧规,循规蹈矩,经营方式上几十年一贯制。也没能如山西商帮那样,摸索出较为先进的经营制度,如经理负责制、人身顶股制以及大号管小号的层级管理制度等,而是长时期地停留在负贩行商、家族互帮等初级经营状态。

江右商帮还有一个突出的特点,那就是在经商过程中,宁愿自己破财荡产,也不愿告官滋事,以免累及声名和身家。实际上,江西一直延续到明代,都不乏好讼之风,但清代以后,随着江西在清廷的政治影响力减弱,江右商人普遍害怕打官司,甚至在己方有理的情形下,也主动选择退让。同治《新城县志》记载:该县商人邓兆龄,"尝置产,某绅居间,为所绐,空费千金。或劝之讼,辞曰'吾但破钞而已,讼即累某绅名也'"。同邑的涂肇新晚年家居,不轻易出,"尝付巨金与伙某往吴营贩。某荡其资,买二妾回。或嗾肇新械某送官。新笑曰'彼虽不义,但取我财,而致彼败名丧命,何忍乎?'竟置不理。"其后,复"有闽盐商某通负巨万,诸索者邀新",肇新复居间为闽商排解调停。这些都是宁愿自己荡产破财,也不愿告官滋事、但求息事宁人的典型例子。此外,贷不责偿、焚券还质等例子,在江西商人中也时有所见。他们这样做,很多时候是出于"无为后人留争端"的意识和目的。正是这种以道德仁义服人的观念,使清代的江西商人不愿意因经济纠纷而与人对簿公堂。

随着江右商帮在近代的衰落,万寿宫文化也失去了最鲜活的传承。一损俱损,一荣俱荣。江右商帮淡出江湖,万寿宫文化光环也淡出公众视野。明代江西会馆在北京占全部会馆数的34%,居各省之首,但到了清光绪年间,这一比重竟然下降到 12%。万寿宫的衰退,由此可见一斑。

三、自身素质的先天不足,使江右商帮逐渐丧失了生命力

辩证唯物主义认为:事物发展的动力和源泉,是内因和外因矛盾运动共同作用的结果。外因是变化的条件,内因是变化的根据,外因通过内因起作用。叱咤中国商海的江右商帮之所以逐渐式微,我们不能不从内外因两个方面寻找原因。那么,除了客观环境变化和思想观念的影响,江右商帮自身先天"营养不良"与后天修养不足,则是根本原因所在。

学识不足,观念陈旧落后

江右商帮的形成,在很大程度上是人口过剩、耕地减少、农民失地的产物。是一批失地农民寻找生机,开始小本经营农副产品,以其养家糊口。他们受教育程度低,文化水平不高,其中有不少还是文盲,因而缺少经商的知识储备,更缺乏成为大商贾的智力结构。商业活动与农业劳动,有着巨大的素质差别。农耕社会中,农业劳动仅仅是个"体力"活,而商业活动则既是劳力者,更是"劳心"者。把别人的钱装进自己的口袋,这需要技术,需要艺术,需要谋略,需要智慧,需要文化知识的修养。一桩买卖成功,或许靠运气,桩桩买卖成功就不是运气能解决的问题。先天知识储备不足的农民,加入从商队伍之后,又缺乏后天的系统教育与培训,虽然职业变了,但思想与视野、思维与观念,依然没有脱离农民的窠臼,其经商的道路肯定是艰难的。

儒家的传统伦理观念,也严重束缚了江右商帮的思想。宋代以来,江西逐渐成为真儒过化之地,儒家伦理在社会各个层面影响至深,无时无地不在约束、规范着人们的行为。其中有些伦理观念,对维持社会的稳定、规范社会正常生活具有积极的作用。也有一些如追求荣华富贵

安义"世大夫第"

衣锦还乡之类的观念,会对经济和商业活动产生严重的负面影响。如果在生意场上受这些伦理观念的约束,甚至将其作为唯一的奋斗目标,那就会把经商看成是人生的一场豪华盛宴,而不是孜孜以求的人生事业。这样的例子可以说不胜枚举。清朝道光年间,丰城县筱塘乡厚板塘村人涂近仁,在湖南衡阳经商发财后,回到老家大兴土木,建造了五进府第,门上高悬"通奉第"匾额,以光宗耀祖。吉水县燕房村的鄢姓、饶姓和王姓等家族,明末清初依靠赣水之便,顺流进入长江,到湖北和四川一带经商。致富后便返回家乡,大兴土木,修建宏大气派的豪宅,并在大门上挂上"大夫第""司马第"等匾额,以彰显门庭。可见,一味沉湎于儒家的这些伦理观念,让许多江右商人心甘情愿地将多年积攒的白花花银子,换成一些毫无意义的虚名,成为耗费江右商人资本的无底洞。这种多少有些异于常规的从商心理,导致江西商人难以做大做强,即使他们曾经拥有一定程度的先发优势,也只能坐看其他商帮接连兴起,成长为强劲的竞争对手。

由于受万寿宫文化影响,还有些商人信奉"物聚必散"的财富观,认为"物聚必散,天道然也。且物之聚,怨之丛也。苟不善散,必有非理以散之者"。明代万载县商人彭颖说:"天生财必有用,无则取于人,有则与人,乌用作守钱佣为!"道光《丰城县志》记载:县人熊琴从商致富后,告诫子侄有财当散,谕曰:"尔曹不缺衣食足矣。积而不能散,恐多藏益怨也。义所当为者,慎毋吝。"同治《万安县志》也载有该县严致祥的财富观念,说他经商致富后,常训诫其子孙,与其守财不如散财。他训导说:"吾勤俭起家,非徒以衣食足遗汝辈也。宦达功名皆身外之物,惟忠义慷慨之事能逮之,宜勉为之。创与守不在封殖,宜知散财也。"瑞昌董伯益因商致富,儿子被乱军挟持而去。他在花费千金赎回儿子后说:"千金活汝,亦几杀汝!"于是,散尽家财周济穷困,自己仍旧去鄱阳湖撒网捕鱼,安安心心做穷人。在铅山县河口镇经商的饶廷标,赚到很多钱后,就开始做起善事。别人欠他盈千盈万的钱还不起,他从不诉讼官府,更不强行追索。李德全堂药局,原本欠他两千两银子没有还,生意亏了还想借贷,饶廷标却仍一次次借给他,使其药局得以维持。这位号为"饶百万"的河口商界首户,之所以散财积德做善事,就是由于受了"贤而多财则损其志,愚而多财则益其过"这句老话的影响。可见,一些落后陈旧的观念,对经商做生意无疑也是一种阻碍。

视野不宽,缺乏战略眼光

江右商帮是全国较早兴起的商帮,因而在许多行业拥有先发优势。明代中期,江右商帮就在广东、湖南、湖北乃至广阔的西南地区,形成了分布广泛、实力较强的两大产业,一个是近世被称为金融业的放贷业,一个是近代工业起飞必不可缺的采矿业。

先看放贷业。从史料记载来看,明代江西商人的放贷生意几乎遍及南方各省,甚至远至河南地区。明朝在外省为官多年的江西吉安人郭子章,就说江西商人"挟子母钱,入虔入粤,逐什一之利"。明嘉靖曾任礼部尚书的广东地方名士霍韬,也在《渭厓文集》中记述:"江西人多在地方放债。"明成化、弘治时编纂的《皇明条法事类纂》中记载,江西商人在云南"遍布城市、乡村、屯堡安歇,生放钱债,利上生利。收债米谷,贱买贵卖"。在湖南、湖北、广西等地,江西商人也多以放贷谋利。直至清朝晚期,江西商人仍是当地放贷业、钱庄业的主力军。

再看采矿业。明清时代,云贵地区的采矿业甲于全国,而江西商人正是当地采矿业发展的主要推动力量。江西商人在西南地区采矿业的优势地位,自明代开始一直延续到清中期。清乾隆九年(1744),江西巡抚陈宏谋在《请开广信封禁并玉山铅矿疏》中说:"云贵各省矿厂甚多,历无厂徒生事之处,近者广东亦复开厂;而各省矿厂,大半皆江西之人。"①江右商人在云贵的开矿规模由此可见一斑。

但令人叹息的是,江西商人在这两大行业都未能进化到现代形态,就莫名其妙地从经济舞台上消失了。江西商人在放贷业显然不如晋商,后者将中国古老的放贷事业,经营成了依托国家财政、遍布全国各地的票号网络,赚足了清朝官商的银子,创造了传统钱业的奇迹。江西商人没能在山西票号陷入经营困境的时候,敏锐地引入现代银行业的金融理念,重塑传统放贷业的经营方式,从而启动从放贷业向金融业的华丽转型。只顾眼前蝇头小利的经营理念,再加上固守利上加利的经营方式,这些都明显地限制了江右商人在放贷业的眼光,使他们长期墨守成规,甚而背负道德上的骂名,直至退出市场。

同样,江西商人在采矿业也缺乏长远眼光。他们在云南、贵州等矿业大省坚守采矿业长达数百年,但却只知日复一日地利用已有的技术赚取微利,从未设法从根本上化解传统矿业发展的瓶颈难题——采矿效率低和长途运输困难。洋务运动后,一些有远见、有谋略的商家,审

---

① 许怀林:《江西史稿》,江西高校出版社,1993年版,第590页。

时度势,再造商业模式,充分利用社会资源,链接产业资本与商业资本,成就了当时一些"巨无霸"企业,引领中国制造业一代新风。近代采矿机械、技术和铁路逐渐被引入中国后,湖北、湖南、广东等省官绅都掀起了一阵阵实业潮,而江西商人却在南北各省大兴矿业的工业化时代,几乎与新矿业、新机械、新技术绝缘,历史机遇就这样与他们擦肩而过。小商人的眼光、实力和格局,限制了他们的想象力,拖住了向现代经济转型的脚步,使他们成了资本主义金融业、工矿业大发展时代来临的过渡群体。

内耗丛生,形不成合力

江西自古以来就是农业大省,孕育了与农业生产、生活相生相伴的农耕文化。这种农耕文化有一个突出特点,就是不患寡而患不均。大家一样,相安无事。一旦谁出头,便群起而攻之。所谓"木秀于林,风必摧之"。这种内耗文化带进商业活动中,衍生出致命的内斗。江右商帮帮内帮外,主场客地,相互内斗的现象,从不间断。相互制约、相互压价、相互拆台,谁也不希望别人比自己好,甚至耍小聪明,损害别人利益。江西人赴外经商,在很大程度上依靠家族、同乡或合伙人的互相帮助。然而,行帮之间、合伙人之间,有时也不免出现利益纠纷。道光五年(1825),江西商人饶希圣、吴景昭在重庆合伙开设广聚布铺。两人合伙之日立有合约,获利平分。开设两年中,负责管理账目的吴景昭先后支用银一百四十余两,饶希圣先后支用银五十余两。该店以赊账的方式售卖四家店号大布十八卷,欠银三百三十余两,同时还欠其他土布客银二十余两。这些货款原本到端午节时就要兑付,但吴景昭居然不想交还货款,反而试图将钱货卷匿。合伙人饶希圣知悉后,以其伤天害理无法认同。吴景昭趁饶希圣外出,竟然私自将衣物偷出,饶希圣回铺发觉,遂立即告知有关客商及街邻。二人由争执以至在街对殴,饶希圣最后迫不得已,向巴县衙门禀控。① 类似吴景昭这种令人不齿的逐利行径,无疑不利于江西商人在外的团结协作,阻碍其事业的发展壮大。

内耗一般发生在熟人或同行圈内。在江右商帮的发展史上,同行之间发生纠纷,并不少见。光绪年间,温州的江西商帮与同行发生争执,后来约定在一家茶馆"吃讲茶",双方各纠合数十名助阵者,在茶馆争论了两天,仅茶水费就耗去4000余文。② 这种同行纠纷,表明江右商帮内部仅靠血缘、地缘、业缘维持的关系极为脆弱,商帮对同业竞争缺乏有效约束,更无法与外来的商业巨头拼杀取胜。这种内耗文化的劣根性,源远流长,由来已久,积重难返。

有小聪明,缺乏大格局

江西的地形就像一个大盆地,四周几乎都被高山包围着,"东面的武夷山隔断了通往闽浙的商道,南面的大庾岭阻挡了广东吹来的海风,西面的罗霄山挡住了三湘的英武之气,东北面的怀玉山和西北面的幕阜山则像两只钳脚一样夹峙着,仅给江西的北部留下了一个小小的豁口"。③ 或许是这种被四围高山遮住了视线的盆地地形,使江西商人在潜意识中具有一种"盆地意识",而缺乏大格局。

江西人聪明,不仅体现在科举文化、书院文化等方面的历史成就,从一些名扬天下的特产中也可以看出。景德镇的瓷器,以其"薄如纸,白如玉,明如镜,声如磬"而誉满天下;萍乡、万载盛产爆竹烟花,故有"花炮之乡"的美誉;樟树的药材供应全国各地,"药都"的美名远播四方……诸如此类的特产及其工艺技巧,以及各种各样的经商智慧,既成

---

① 庞振宇:《赣商文化导论》,中国书籍出版社,2018年版,第303—304页。

② 杭州市政协文史委员会、杭州市茶文化研究会编:《杭州茶趣》,杭州出版社,2016年版,第144页。

③ 刘上洋:《江西老表》,中国文学年鉴社编:《中国文学年鉴·2012》,中国文学年鉴出版社,2012年版,第202页。

就了明清时期江西商人的商业版图,也证明了江西人自古以来的聪明才智。

但如前所述,江西商人在省内外的经商过程中,却又经常表现出有小聪明、无大格局的性格特点。这一点在"江西多讼师"的文化传承上,展现得淋漓尽致。江西好讼之风,从唐后期就开始了,到宋明两朝达到鼎盛状态。明初朝廷以重典治天下,曾多次发布命令,斥责江西等地民众"多好争讼,不遵法度"。然而,江右商人似乎并未感受到朝廷打击"讼风"的严厉性,依然执着于通过争讼的方式捍卫利益。明成化十年(1474),刑部题本说,"江西人民"携带火药、布匹等物,至四川交易铜铁,屡起词讼,要求江西、西南各省对此严加盘查。明万历年间王士性任云南腾冲兵备道,屡屡受理江西人特别是抚州商人的案子,却发现其中多有欺诈,一怒之下出手禁令:以后凡抚州人的案子概不受理。好讼之风,不但影响着朝廷对江西民风的看法,而且恶化了江右商人同当地社会的关系,可谓得不偿失。方志远教授比较"讼风最甚"的浙江、江西两省后认为:"绍兴是师爷,江西是讼师,讼师是被官府所打击的,师爷则是依附官府。这表现出当时两个经济文化发达地区文化精神的不同:绍兴师爷更多于投机取巧,而江西'讼师'更多于桀骜不驯;讼师在官府看来是刁民,师爷则是官府体制内的人物。"①"讼师"与"师爷"仅一字之差,却典型地反映了江西人在处世智慧上的短视性,由此又悲哀地揭示了江右商帮的历史命运。

清嘉庆二十四年(1819)牵动圣听的重大事件——湘潭土客仇杀,则从另一个侧面反映了江西商人有小聪明、无大格局。湘潭是湘江流域的经济中心,又是联结汉口和广州的经济枢纽和商业重镇,因而也是江右商帮在湖南的经营中心之一。清初以来,江西商人在湖南大县湘

---

① 方志远、胡平:《一段历史、一方水土与一方人——走进明朝的江西》,载徐南铁主编:《粤海风文丛:守望与守护》,暨南大学出版社,2017年版,第319页。

潭的商场上,占据着绝对的强势地位。他们把持了湘潭城的青靛转销生意,还经营盐、茶以及绸缎、布匹、棉花、药材、纸张、京广货物、竹木等项贸易,并在当地陆续建立了为数众多的会馆和公所,其中就包括嘉庆土客仇杀事件的发生地点——江西客商建于清顺治七年(1650)的万寿宫,又称许旌阳祠、江西会馆。光绪《湘潭县志》记载:当年五月,江西戏班先是在火神祠"操土音"演戏,结果被当地人"哗笑",后来又在万寿宫演戏,当地人"复聚哄之"。随后,"俗尚气节"的江西商人在万寿宫故意设剧引诱观者,再闭门举械"杀数十人,乘墙倾糜粥以拒救者"。当时流言四起,当地人甚至谣传江西人在万寿宫"燔油烹人",并传说有妖僧画符,砍土民之首,以其颈血遍洒符纸,烧符入酒共饮,然后殴斗。这场土客大仇杀事件不断升级,湘潭县人"闭城罢市,械斗兼旬",竟欲尽杀江西商客,甚至传说当地人令所有过往商客说"六百六十六",凡不类湘音即杀之。嘉庆皇帝闻讯后大惊,为查清事件真相和平息土客仇杀,先后下达 11 道谕令,并调离了原籍江西的湖南巡抚吴邦庆,另委旗人大员兼任湖南巡抚查办此事。嘉庆湘潭土客仇杀事件虽然持续时间不长,但却影响深远,"江西会馆斗殴之后,贸易顿减,久之渐兴而难复旧";"土客相仇,江西客商亦谱不得意几五十年,军兴乃始和睦"。[①] 江西商人在火神祠、万寿宫等公共场所请戏班演戏,原本是既敦睦乡谊又促进当地社会认同的善意行为,即使遭受了当地人对"操土音"的嘲笑,其实也并非没有办法化解这种尴尬,结果却耍小聪明诱杀当地人,最后闹到朝廷动怒、土客仇杀的严重地步。这实在是因小失大、意气用事的深刻教训。

此外,由于江右商帮绝大多数是草根出身,缺乏官府的权力背景,也严重影响了他们的发展。而晋商却不是这样。他们依靠清朝朝廷的支持,握有为清政府代垫和汇兑军协饷的特权,因而涌现了一批票号金

---

① 光绪《湘潭县志》卷 11《货殖》。

融寡头。同样,徽商也是依靠清朝权力的背景发展起来的。乾隆多次南巡,两淮的徽州盐商均捐出百万以上银两,承办南巡差务。乾隆几次为其生母举办寿庆,徽州盐商都耗资数十万两银子,在京华装饰街景,装扮市容。但江右商帮因为缺少过硬权力靠山,不仅很难得到"红顶子"官员的照顾和庇护,而且很容易成为朝廷和地方政府压榨的对象。特别是到了清朝后期,江西籍官员基本退出了朝廷,这种情况就变得更为严重。这是江右商帮生意始终难以做大以至逐渐衰弱的重要原因。

江右商帮虽然总体人数很多,但大多由小商小贾组成,资本和实力都很有限,加上江右商帮自身又背负着较为沉重的道德压力。在明清时期公共商业场所尚不发达的社会环境下,江右商帮与万寿宫文化的交融式发展,确实是江右商帮做大生意圈和融入地方社会的一种成功商业途径。但当西方现代工商业进入中国后,商业与休闲相融合的百货大楼式商业运营模式逐渐流行,江右商帮和万寿宫文化由此不可避免地同步遭受冲击。在手工业与现代工业、传统商业与现代商业对抗的这场跨时代商战中,江右商帮显得猝不及防,几乎没有做好准备就已败下阵来。作为"一荣俱荣、一损俱损"的相互依存关系,随着江右商帮在市场竞争中的逐渐衰落,万寿宫文化的社会影响力也不断削弱。

第六章

当代赣商崛起与江右商帮精神传承

历史的列车穿越时空隧道,进入到 20 世纪中期。中华民族终于凤凰涅槃,浴火重生,迎来了 1949 年 10 月 1 日中华人民共和国的成立。以毛泽东同志为主要代表的中国共产党人,率领全国人民开展了轰轰烈烈的社会主义革命和建设,取得了举世瞩目的伟大胜利,开创了中国历史发展的新纪元。

1978 年 12 月,党的十一届三中全会在北京召开。改革开放的大潮在中国大地上兴起,中国的历史又揭开了崭新的一幕。经过全党和全国人民的顽强奋斗,特别是中国特色社会主义进入新时代以来的十年,从长城内外到大江南北,从东海之滨到西部边陲,祖国大地发生了翻天覆地的变化,经济总量跃居世界第二位,创造了中国特色社会主义的伟大奇迹。江西也同全国一样,各方面都取得了巨大成绩,到处都涌动着活跃跃的创造,到处都呈现着日新月异的进步,到处都展现着生机蓬勃的景象。

在全省改革开放和经济建设的大军中,有一支队伍分外引人注目,这就是新一代赣商队伍。他们披荆斩棘,勇闯商海,奋勇向前,以其昂扬的精神、骄人的业绩,在中国现代工商业的版图上写下了可歌可泣的一页。

——2021 年,全省个体工商户和民营企业共计 402.5 万户,占全省企业总数的 90%,贡献了全省 60% 的 GDP,70% 的税收,80% 的就业岗位,90%的出口创汇。

——2021年,全球赣商企业超过20万家,其中较大规模的有6000多家,其中在境内外上市的有100多家,全球赣商超过600万人。

——2018年,中央统战部、全国工商联共同推荐"改革开放40年百名杰出民营企业家",6名赣商光荣入选:科瑞集团董事局主席郑跃文,果喜实业集团有限公司董事长张果喜,华坚国际股份有限公司董事长兼总裁张华荣,用友软件股份有限公司董事长兼总裁王文京,正邦集团有限公司董事长林印孙,福建圣农发展股份有限公司董事长傅光明。

——2021年,全国工商联发布的本年度中国民营企业500强榜单,有9家赣版企业上榜。其中泰康保险集团股份有限公司,排第23位;双胞胎(集团)股份有限公司,排名第95位;振烨国际产业控股集团(深圳)有限公司,排名103位;神州通投资集团有限公司,排名140位;晶科能源控股有限公司,排名152位;江西博能实业集团有限公司,排名380位;济民可信集团有限公司,排名428位。

——据不完全统计,全球"独角兽"赣商企业有10余家,赣版互联网企业占了中国互联网的半壁江山。这说明江西的高科技企业,蕴藏着强大的发展后劲。

——赣版国有企业表现亮眼。江西铜业集团公司是亚洲最大的铜类企业,1997年在香港和伦敦同时上市,成为我国首支境外上市的矿业股,列2021年世界企业500强第225位,中国企业500强第68位,中国制造业企业500强第19位。江铃汽车集团有限公司是我国特大型制造企业,列2021年中国企业500强230位,中国制造业500强102位。江西出版传媒集团公司是我省大型文化企业,连续13届蝉联"全国文化企业30强",总体经济规模位居全国同业第二,共获得国家级荣誉500多项。

——世界赣商大会已经召开3届。自2017年始,每两年召开1次,每次表彰50名"江西省回乡投资优秀赣商"。经过时代和市场的洗

江西省赣商联合会成立

礼,全球赣商拥有地级以上江西商会超过 300 家,遍布全国 34 个省级行政区、40 多个国家和地区,已经成为世界华商的重要组成部分。

以上所举,只是当代赣商的一个概貌。但这足以令全省人民感到骄傲和自豪。这是一个高扬时代精神、走在时代前列的优秀群体。那么,当代赣商的辉煌是怎样创造的呢? 无数事实告诉我们,任何事物的成功都不是偶然的,都有其现实和历史的原因。从现实层面看,当代赣商是改革开放的产物,是一支在时代环境中新生、发展和壮大的队伍。从历史层面看,当代赣商又是江右商帮在新时代的传承和发展。也就是说,没有改革开放,没有对江右商帮精神的传承和弘扬,也就没有当代赣商。

一、当代赣商在改革开放中成长、发展和壮大

改革开放是前无古人的事业,是中国的第二次革命。正是改革开放,为当代赣商的发展创造了良好的环境,为当代赣商提供了大显身手的舞台。当代赣商不仅始终与改革开放同行,而且始终同改革开放共命运。

解放思想为当代赣商崛起提供了强大动力

恩格斯说:"历史从哪里开始,思想进程也应当从哪里开始。"[1]解放思想是从改革开放开启的,而改革开放又是解放思想推进的,两者相互激荡、彼此促进。可以说,改革开放的历史,就是不断解放思想的历史。没有思想上的解放,也就没有观念上的破冰,没有行动上的突破,解放思想贯穿于改革开放的全过程。正是解放思想大潮的不断冲击,为当代赣商的发展提供了强大动力。

由于"左"的思想影响和计划经济体制的束缚,中国在很长一段时间里,禁止个体和民营经济的发展,这样也就不可能有真正意义上的商人和企业家。党的十一届三中全会果断地纠正了"以阶级斗争为纲",确立了解放思想、实事求是的思想路线,做出了把党的工作重点转移到以经济建设为中心上来的决策。从此,沉寂已久的神州大地上奏响了社会主义现代化建设的恢宏乐章。以在农村实行联产承包责任制为突破口,个体私营经济应运而生,出现了像安徽芜湖年广久"傻子瓜子"那样有影响的私营经济业主。在我省,一批敢于"吃螃蟹"的基层群众,也带头冲破思想禁锢,做起了个体小生意。于是,各种各样的个体工商户,像雨后春笋般涌现。有的摆起了小摊子,有的开起了小商店,有的开起了小餐馆,有的办起了小旅店,有的办起了小加工厂,胆子大点的甚至搞起了长途贩运。"租间房子搞生产,摆个地摊做老板";"买张车票离家去,走遍天下做生意";"硬着头皮,厚着脸皮,磨破嘴皮,走破脚皮",就是当时当代赣商辛苦艰难的写照。这些当代赣商,虽然从事的只是一些小打小闹的商业活动,但却像一声声春雷震响在人们心头,产生了强烈的示范效应。仅1978年,全省个体工商户和私营业主就达到9000余户。到1982年,又猛增至5.9万户。1985年2月,江西省委省政府提出了"对内更大胆地搞活,对外更大胆地开放"和"经济发展速度略高于

江右商帮与万寿宫文化

---

[1] 《马克思恩格斯文集》(第2卷),人民出版社,2009年版,第603页。

1993 年 7 月，成为对外贸易港口的九江港迎来了外国远洋货轮。

全国平均水平"的发展思路和目标，进一步激发了全省上下推进改革开放和思想解放的决心和信心，有些干部职工对企业进行个人承包，个体私营经济进一步发展，出现了一批诸如进贤的医疗器械制造、临川的建筑等有一定规模的民营企业。与此同时，江西汽车制造厂等一批汽车和家电类国有企业也带头迈出了对外开放的步伐。他们利用扩大企业自主权的政策，同日本、意大利等发达国家的企业合作，引进他们的资金和技术，改造企业设备，提高技术水平，推出了江铃汽车、赣新电视、华意冰箱等一系列新的品牌，使国有企业的面貌为之一新。由此可见，没有十一届三中全会的解放思想，也就没有当代赣商的诞生。

如果说这是历史给予当代赣商发展的第一次机遇，那么 1992 年邓小平南方谈话就是当代赣商发展的第二次机遇。80 年代末期，正当全国改革开放步伐加快、经济快速发展之际，国际形势却发生了重大变化，东欧剧变、苏联解体。国际政治变化引发了人们对社会主义前途的忧虑，有些人担心在中国搞资本主义。姓"社"姓"资"问题引发激烈争论，使改革开放蒙上了一层浓重的阴影，前进的步伐明显放缓。在这关键时刻，88 岁的邓小平于 1992 年春,亲临武昌、深圳、珠海和上海等地视察,以其巨大的政治魄力和勇气,发表了著名的"南方谈话"。他一针见血地指出,"不坚持社会主义,不改革开放,不发展经济,不改善人民生活,只能是死路一条。"①"判断的标准,应该主要看是否有利于发展社会主义社会的生产力,是否有利于增强社会主义国家的综合国力,是否有利于提高人民的生活水平。"②"计划多一点还是市场多一点,不是社会主义与资本主义的本质区别。"③"社会主义的本质,是解放生产力,发展生产力,消灭剥削,消除两极分化,最终达到共同富裕。"并大声疾呼:"改革开放胆子要大一点,敢于试验,不能像小脚女人一样,看准了的就大胆地试,大胆地闯。"④邓小平的南方谈话,给"计划与市场之争""姓社与姓资之争"画上了句号,给改革开放提出了新要求。在视察南方途中,邓小平还特地在鹰潭火车站作短暂停留,接见了江西省委书记毛致用、省长吴官正,对江西的改革与建设提出了希望:"只要能快一点还是争取快一点,胆子要更大一点,放得更开一点。不能胆子没有了,雄心壮志也没有了。有机遇能跳还是要跳。"根据邓小平谈话精神,省委结合江西实际,提出了"思想更解放一点、胆子更大一点、放得更开一点、发展更快一点"的"四个一点"的思路和方针。于是,在邓小平南方谈话精神鼓舞下,全省掀起了新一轮解放思想的热潮,个体私营经济以前所未有的速度发展,一大批民营企业相继创办,特别是出现了干部职工下海经商、大学毕业生竞相创办企业的新局面。据有关部门不完全统计,全国共有 10 万多名党政干部和科研院所的知识分子辞去公职或留职停薪下海经商,其中江西有近 3000 人。这不仅大大改善了当代赣商的结构,提高了当代赣商的素质,而且给当代赣商注入了巨大的生机和活力。全省当代赣商企业和从业人数猛增,进入了一个大发展的新时期。

---

① 邓小平:《邓小平文选》第三卷,人民出版社,1993 年版,第 370—371 页。
② 邓小平:《邓小平文选》第三卷,人民出版社,1993 年版,第 372 页。
③ 邓小平:《邓小平文选》第三卷,人民出版社,1993 年版,第 373 页。
④ 邓小平:《邓小平文选》第三卷,人民出版社,1993 年版,第 373 页。

党的十八大以来，中国特色社会主义进入新时代。习近平总书记指出："实践发展永无止境，解放思想永无止境，改革开放也永无止境，停顿和倒退没有出路。"他强调"冲破思想观念的障碍、突破利益固化的藩篱，解放思想是首要的"，并号召"解放思想再出发"。我省认真贯彻落实习近平总书记的重要指示，及时制定了进一步解放思想、加快民营经济发展的系列措施。广大赣商发扬敢想敢干、敢闯敢冒的精神，攻克了一个个难关，做出了一个个贡献，把民营经济提高到了一个新的水平，创造了当代赣商的新辉煌。

方大集团就是个很好的例子。企业创始人、董事长熊建明为现任江西赣商联合总会会长。在他的带领下，这家1991年创办的公司，现有7家国家级高新技术企业，1家国家单项冠军企业，5家"专精特新"企业，先后承担了5项国家863计划、国家火炬计划和国家重大科技攻关计划等项目，主持和参编了50多项国家和行业标准，创造了28项"中国企业新纪录"，取得专利（包括PCT国际专利）、软件著作权1083项，是全球同行业技术领先企业。公司最初生产的建筑新材料彩板幕墙问世不久即受到市场欢迎，并被建设部、科技部等认定作为国家小康工程计划推广。1994年，方大集团成为国内行业龙头地位，并于1995年11月在B股上市，1996年4月在A股上市成为我国第一家A+B股股票上市的民营企业。方大集

方大集团

团现已成为我国著名的大型高科技集团公司之一。先后为我国开拓了高端智慧幕墙、轨道交通屏蔽门系统、PVDF 铝单板、太阳能光伏建筑一体化（BIPV）、LED 大功率芯片等产品，业务遍及全球 120 多个国家和地区。公司先后获得"建设创新型国家杰出企业""中国工业行业状元企业""全国质量先进企业""亚太地区 100 家最佳管理公司""中国上市公司百强企业""中国制造业 500 强企业"等荣誉，是我国唯一连续两次荣获世界质量大奖——"白金明星奖"的企业。

　　用友软件集团同样是一个典型。这家 1988 年创立的民营科技企业，有下属公司 5 家，成员机构 20 余家，员工 1500 人，服务企业与公共组织客户 467 万家。公司最初从财务软件起航，通过普及财务软件的应用，推动了中国企业的会计电算法进程，是用友发展的 1.0 时代。1998 年开始进入企业管理软件与服务领域，为中国以及亚太地区提供 ERP 等软件，推动了企业的管理进步，是用友软件发展的 2.0 时代；2010 年后，公司致力于转型升级，逐步进入用友软件发展的 3.0 时代，在数字营销、财务共享、人力资源共享社交与协同办公、企业金融等云服务领域，为企业提供云计算平台、应用、数据、业务、知识、信息服务等多态融合的全新企业服务，逐步形成了以用友云为核心，服务企业的业

用友软件集团

务、金融和 IT 三位一体的数字企业智能服务体系。目前,用友软件正在向服务中国以及全球企业的数字化转型与智能化发展的世界领先企业迈进。2015 年获中国软件行业企业互联网服务领军企业。2016 年入选世界互联网领先科技成果 50 强,2017 年获中国国际软件博览会金奖,2019 年获中国企业服务市场占有率第一、中国企业服务市场年度成功企业等殊荣。

北京谛恒投资集团是一家科技型企业,涉足生物能源、天然气,创建中国—东盟青年工业园,投资中外高新技术企业。董事长曾钫坚持创新,不断带领企业寻找新的生机,将投资重点转向产业基金、产业孵化基金等实体初创型企业,公司目前共拥有全资、控(参)股企业 18 家,年销售额 8 亿元左右。

市场经济体制的建立为当代赣商的崛起提供了广阔天地

1992 年 10 月,党的十四大确立了我国经济体制改革的目标是建立社会主义市场经济体制。这是一个划时代的创举。从此,中国经济正式进入了市场经济的新时期。资源由市场配置,产销由市场决定,企业的生存发展与市场息息相关。这一方面给企业带来了严峻的挑战,另一方面也给企业提供了前所未有的机遇,特别是对在市场中诞生的民营企业来说,更是提供了广阔的发展空间。

面对市场经济的大海,广大赣商以大无畏的精神,劈波斩浪,奋勇前行,涌现了许许多多动人的故事,涌现了许许多多的精英人物。华坚国际股份有限公司董事长兼总裁张华荣是典型代表。他 1958 年出生于南昌县麻丘乡,是名退伍军人。1984 年 10 月,党的十二届三中全会《中共中央关于经济体制改革的决定》发布后,张华荣受到极大鼓舞,毅然走出农门,开始销售农产品。后来又将浙江温州的鞋子卖到南昌。不久就开始尝试着自己制鞋。他和家人一起凑了 4000 元本金,买了三台缝纫机,雇了八个工人,开始生产"北京鞋"。90 年代初期,他把企业从市郊搬进了城市,设立"江西华坚有限公司",顺势增加产能,打通外贸出口,企业生产、销售规模有了快速的发展。但是,制鞋业是个市场化程度高、国际化程度高的产业。世界制鞋业在 20 世纪 70 年代,曾鼎盛于欧美,后来逐步转移到港澳台,80 年代开始又逐渐向土地和劳动力成本较低的中国沿海转移。到 1995 年,中国制鞋总量达 90 亿双,占世界市场的 70%。而且每年还以 10% ~ 20% 的速度在增长。作为世界第一制鞋大国,中国拥有 7200 多家制鞋企业,而广东东莞就聚集了 2000 多家。经过几年的艰苦探索,顽强打拼,张华荣意识到:要在这个行业生存下去,必须贴近市场前沿和研发前沿,瞄准产业高端、价值链高端发力。1996 年,张华荣做出了一个大胆决策:把工厂搬到东莞去,那是中国鞋业的"狼窝",在"狼窝"练就生存本领。张华荣再次取得成功,成为东莞厚街镇的龙头企业,并设立"世界鞋业(亚洲)总部基地",问鼎中国鞋业领军人物。进入新世纪,作为改革开放前沿的深圳,在全球化分工中,面临着产业升级的压力。各行业都在转型升级、"腾笼换鸟",提升产业链、价值链。张华荣敏锐地意识到制鞋业的前景,及时融入"东莞制造"到"东莞创造"的转变。他做了两件事,一是斥资 20 亿元,将"世界鞋业(亚洲)总部"打造成东莞鞋业设计研发中心、贸易中心、品牌集散中心、新材料采购中心,共容纳商户企业 10000 余家,解决 4 ~ 5 万人就业,年交易额 500 亿元以上。二是把生产中心北移至江西赣州。2002 年,张华荣投资 9 个亿,规划用地 3000 亩,在赣州建设华坚国际鞋城。按照世界一流标准,开发 100 多个品种 1000 多个款式,生产出口欧美国家的高档鞋品。2012 年,张华荣响应国家"走出去"的发展战略,积极投身"一带一路"建设,在埃塞俄比亚首都亚的斯亚贝巴建设东方工业园,总共投资 32 亿美元,建筑占地 137 公顷,建筑面积 160 万平方米。工业园 2020 年建成投产,安排当地劳力 4200 余人,每年出口女鞋 240 万双,年创汇 20 亿美元。目前,华坚集团旗下拥有 10 家分公司,两万余员工,是中国最大的女鞋生产企业。贴牌客户几乎囊括了全球所有知名女鞋品牌。在美国,每十个女人脚上的鞋,就有一双来自华坚集团。

中智互联投资控股集团董事局主席陈新,江西上饶人。1992 年他创立深圳新海投资控股有限公司,2005 年他又成立中智互联投资控股集团。在陈新的带领组织下,公司以金融资本与产业投资相结合的理念和模式,在北京、上海、江西、广西、宁波、香港和加拿大、美国等地快速完成战略布局。目前已发展成从事金融投资、信息产业、新兴材料、矿产、旅游开发、股权投资(PE)、大数据等为主导产业的投资控股公司。集团对外投资已超 20 亿元。

毅德控股集团是一家现代商贸物流企业,在集团主席王再兴的带领下,公司紧跟国家发展节奏不断创新,投资互联网、金融领域和文化旅游,养老产业,智慧城市项目开发,实现多元化发展。毅德控股开创"CTD 中央交易区"现代化商贸物流新模式,形成集商品交易、仓储物流、国际会展、商务办公、总部经济、金融服务、电子商务、大数据、生活娱乐等功能于一体的集约化、规模化新模式。目前,毅德控股已在江西、广东、广西、甘肃、湖南、四川、山东、山西等省开发了 12 个项目。

由于在我们这样一个社会主义国家搞市场经济是首次,人们对市场经济的规律不了解不熟悉,因而会遇到很多的问题和困难。加上市场经济瞬息万变,充满竞争性,因此稍有不慎,就有可能败下阵来,甚至被落个人仰马翻,钱货两空。尽管这样,广大赣商无所畏惧,在游泳中学会游泳,在战争中学会战争,朝着既定的目标坚定不移地前行。有时即使跌倒了,又马上爬起来继续打拼。共青城原是 1955 年一批上海青年志愿者在鄱阳湖边创立的一个农场,先是开荒种地养鸭。70 年代末期,他们乘着改革开放的东风,利用鸭子绒毛,办起了羽绒制品厂,所生产的"鸭鸭"牌羽绒衣一炮走红,不仅畅销全国,而且走俏世界。他们曾经创下日销 10 万件羽绒服的全行业的最高纪录。生产的羽绒服几乎占据全国羽绒服装行业的半壁江山。"中国的鸭鸭,世界的朋友"这句广告词,不仅在中国家喻户晓,妇孺皆知,而且响彻在欧洲、北美、西伯利亚等世界各地。可以说,那时海内外的人们无不享受着"鸭鸭"羽绒服带给他们的温暖。但是,由于看到"鸭鸭"羽绒服产销两旺,全省乃至全国的不少地方纷纷仿效，一下子办起了大批民营羽绒服装制造企业，羽绒市场顿时烽烟四起，竞争非常激烈和残酷。加上"鸭鸭"羽绒服长期品种式样单一，质量下降，市场因此急剧萎缩，到2002年，鸭鸭产品在国内市场份额仅剩2%，差点被挤出羽绒服装市场。这突如其来的变化，犹如当头一棒，打醒了共青城和羽绒服厂的领导。他们进行深刻反省，认真寻找差距，认识到出现问题的原因是满足现状，不思进取，总认为"皇帝的女儿不愁嫁"，对市场的变化特别是激烈竞争缺乏足够的估计，没有采取积极的应对措施。于是，他们开始第二次创业，着力在提高羽绒服产品质量上下功夫，着力在增加羽绒服装的花色品种上下功夫，着力在延伸其他服装制造上下功夫，并提出把共青城打造成"时尚之都，服装名城"。近些年来，又积极利用电子商务、网上销售等手段，使服装业得到了快速发展。2021年，共青全市纺织服装企业突破100家，服装主营业务收入达到287亿元，其中"鸭鸭"羽绒服销量2300多万件，产值超过70亿元，在抖音平台年度服装品牌总榜上排名第一。如今的共青城，成了名副其实的服装城。

良好的环境为当代赣商的崛起提供了坚实保障

企业发展问题，归根到底是环境问题。环境好，企业发展就快；环境不好，企业发展就慢。所以，从中央到地方都十分重视投资和发展环境的建设，在制定一系列加快企业发展政策的同时，下大力气抓好环境的整治和优化。我省采取了许多措施，出台了相关规定，为赣商企业的快速健康发展提供坚实有力的保障。

早在改革开放之初，江西省委、省政府就鼓励各地恢复和发展好个体工商业，并发放临时营业执照。1981年8月，省工商局、省商业厅等部门联合转发工商总局等部门《关于对城镇个体工商业户货源供应等问题的通知》，要求各地（市）、县把个体工商业的恢复和发展工作做好。省政府发出《关于贯彻执行〈国务院关于城镇非农业个体经济若干

安义县成为全国最大的塑钢铝合金生产基地之一

政策性规定〉的通知》，对城市非农业个体经济的经营范围、从业人员、经营规模等做出了明确规定。《江西省城镇非农业个体工商业管理试行办法》中还规定，允许个体经营者雇请 1～2 名帮手，带 3～5 个徒弟，从而为个体私营经济的发展提供了强有力的支持。

　　党的十二大以后，随着改革开放的全面展开，省委、省政府以大力发展乡镇企业为突破口，在税收、财政、信贷等方面制定优惠政策，以促进个体私营企业的发展。1988 年，省委、省政府作出《关于加速乡镇企业发展的决定》，要求全省加强政策扶持与引导，推动全省乡镇企业大发展、大提高，同时制定了加快发展城乡个体工商户和私营企业的暂行规定，在经营场地、资金、技术等方面给予政策支持。由于提供了政策上的强力保障，一批乡镇企业和私营企业强势崛起，一批乡镇企业家和私营企业主也随之登上了市场舞台。

　　1992 年 6 月，国家体改委颁布的《有限责任公司规范意见》《股份有限公司规范意见》，第一次为民间的创业提供了制度保障，人们有了创业的想法就可以白手起家，筹措资本，开办企业。我省也及时跟进，出台了相关政策。同年 9 月，省委、省政府印发《关于继续鼓励个体和私营经济的决定》，把大力发展个私经济作为加快全省经济发展的一条重要途径,并作出 17 条具体规定。1994 年,《江西省个体工商户与私营企业条例》发布,首次以立法形式维护个体工商户和私营企业的合法权益。中央和省委的方针政策犹如春风催发桃李,使全省迎来了又一个创业的春天。赣商创业渐入佳境,全省个私经济规模迅速扩大,并以超过 50% 的速度增长,工业产值增长速度不断加快,全省企业和经济进入了快速发展阶段。

进入新世纪,赣商和在赣投资企业的环境进一步改进和完善。针对有些单位对企业特别是民营企业吃拿卡要、敲诈勒索、故意刁难、任设障碍、"开门迎客,关门打狗"和"门难进,脸难看,话难听,事难办"等问题,省委、省政府在 2000 年通过了《关于进一步加快全省个体私营经济发展的决定》,从进一步加大政策扶持力度、切实改善发展环境等四个方面作出具体规定。2001 年,省政府印发《"十五"期间我省个体私营经济发展总体目标和思路》,提出要在观念、科技、管理和产品上有所创新,主攻个私经济发展的薄弱环节。党的十六大和十六届三中全会召开后,我省在开展对国有大公司的股份化改造的同时,对数量众多的国有小企业实行非国有化的改制,从而极大地促进了民营企业的发展。为此,省政府于 2002 年印发了《关于进一步加快民营经济发展的若干意见》,在降低准入门槛、拓宽融资渠道、广聚人才、优化服务方面提出许多有重大突破的政策措施。省人大常委会通过《江西省发展个体私营经济条例》,以立法形式对进一步拓宽民营经济的投资领域,改善民营经济的投资环境提供法律保障。2005 年 7 月,省委、省政府制定了《关于推动全民创业,加快富民兴赣的若干意见》,专门成立由 33 个成员单位组成的促进非公有制经济发展领导小组,下发《关于鼓励支持和引导个体私营等非公有制经济发展的实施意见》,从放宽市场准入、加大财税支持、加大金融支持、提升社会服务水平、提高自身素质、维护合法权益、改进政府监管 7 个方面出台了 38 条实施意见,为民营企业发展和广大赣商施展才华提供了强有力的支持。到 2010 年,民营经济占整个经济的比重达到了 72%。

党的十八大对全面深化改革扩大开放、全面建成小康社会、夺取中国特色社会主义新胜利做出了全面部署。习近平总书记多次强调：必须统筹推进经济、政治、文化、社会、生态文明建设等领域的改革，并提出了"创新、协调、绿色、开放、共享"的新发展理念。由于全球金融危机的影响，市场环境发生了很大变化，很多企业特别是民营企业遇到了很多困难。加上对民营企业存在着一些偏见，使不少中小型民营企业融资难等问题变得十分突出。针对这种情况，习近平总书记严肃指出："民营经济是我国经济制度的内在要素，民营企业和民营企业家是我们自己人。""非公有制经济在我国经济社会发展中的地位和作用没有变！我们毫不动摇鼓励、支持、引导非公有制经济发展的方针政策没有变！我们致力于为非公有制经济发展营造良好环境和提供更多机会的方针政策没有变！"让民营企业和民营企业家吃了"定心丸"，为他们撑了腰，壮了胆。有段时期，社会上又出现了一些否认非公有制经济的观点，有的甚至主张"民营经济离场论"。对此，习近平总书记亲自召开企业家座谈会，坚决支持民营经济的发展，号召建立"亲""清"的新型政商关系，从而解除了民营企业家的后顾之忧。为此，中共中央、国务院专门出台了《关于营造企业家健康成长环境弘扬优秀企业家精神更好发挥企业家作用的意见》，提出要依法保护企业家财产权，依法保护企业家创新权益，依法保护企业家自主经营权。从而营造了依法保护企业家合法权益的法治环境、促进企业家公平竞争诚信经营的市场环境、尊重和激励企业家干事创业的社会氛围。

2017年10月，党的十九大胜利召开，习近平总书记又郑重提出要让企业家在市场竞争中有公平感、在合法营收时有安全感、在社会生活中有尊严感。唯有如此，才能让企业家的创新活力充分涌流，让全社会的创造潜力竞相迸发。接着，中共中央、国务院又出台了《关于营造更好发展环境支持民营企业改革发展的意见》，围绕坚持公平竞争原则，围绕营造市场化、法治化、制度化的长期稳定发展环境，对民营企业发展做出一系列部署。这就不仅从中央层面营造了弘扬企业家精神、涵养全社会尊敬并

泰豪集团

激励企业家的文化氛围,而且为进一步激发民营企业活力和创造力、促进民营经济发展注入了强劲推动力。我省也先后制定了推进非公有制经济更好更快发展、深化行政审批制度改革、进一步降低企业成本、优化企业发展环境、鼓励社会投资等一系列政策性文件。同时成立省非公有制企业维权服务中心,畅通政企沟通渠道,保护非公有制企业合法权益,致力于打造政策最优、成本最低、服务最好、办事最快的"四最"营商环境。2021年年底召开的省第十五次党代会更是鲜明提出,坚持把优化营商环境作为"一号工程",全面打响"江西办事不用求人、江西办事依法依规、江西办事便捷高效、江西办事暖心爽心"营商环境品牌,争当全国政务服务满意度第一等省份。这些措施的实施,使江西的政策优势更加凸显、环境更加优化,让广大赣商和各方企业家在江西投资创业、续写辉煌有了更加适宜的土壤、更加良好的保障。泰豪集团是一家1988年成立的民营企业,30多年来,坚持走"承担、探索、超越"的创新之路,逐步形成了智能电力、军工装备、智慧城市、动漫游戏、创业投资业务等为主的产业发展格局,产品和设计方案应用于全球100多个国家和地区,集团入选"国家级创新型企业""国家知识产权示范企业",连登中国制造企业500

博能集团

强。现有员工 7500 余人,总资产 230 多亿元。尽管取得如此非凡的业绩,但集团仍然不断进取。2013 年以来,又建立"院士工作站""博士后科研工作站",向 VR 等高科技产业主动发起冲击,并率先建立了 VR 产业基地,成为这方面的领军企业。

博能控股集团,创建于 1992 年,在董事长兼总裁温显来带领组织下,业务涵盖商用整车生产和动力电池制造、健康地产(健康颐养小镇,产业综合体)、金融与金融科技(数据科技与交易,银行)三项业务。公司运用抱团发展的商业模式,与十余家国有企业和数十家大型民营企业成功合作;为江西省第一家主板上市的民营企业,九次入选"中国民营企业 500 强"。

二、当代赣商是江右商帮精神传承与弘扬的践行者

江右商帮同万寿宫文化的融合,产生了江右商帮精神。这种精神,既是中华民族宝贵的商业文化遗产,也是江西地方优秀历史文化的重

要组成部分。江右商帮虽然早已退出了历史舞台,但其创造的商业精神是不会磨灭的。今天,在改革开放和社会主义现代化建设的征途上,我们欣喜地看到,江右商帮精神正在当代赣商身上传承和发扬光大,并汇入到以改革创新为核心的时代精神之中,激励着广大当代赣商不断建功立业,为新时代中国特色社会主义伟大事业添砖加瓦、发光发热。

那么,当代赣商传承和弘扬了江右商帮哪些优良的传统和精神呢?

当代赣商传承和弘扬了江右商帮走遍天下、艰苦创业的精神

走遍天下,艰苦创业,是江右商帮精神的首要体现。当年,江右商人为了求生存,做生意,东奔西走,南下北上,不畏千辛万苦,把生意做到全国各地。每一个江右商人,都有一段充满辛酸的血泪史,都有一段顽强拼搏的奋斗史。

江右商帮的这种奋斗和创业精神,成了当代赣商的宝贵精神财富。为了实现自己的梦想,广大赣商不畏艰险,不怕困难,勇往直前,敢于奋斗,哪里有商机就有他们的身影;哪里有市场就有他们的脚印。正因为吃得了常人所吃不了的苦,走得了常人所走不了的路,一步一个脚印,逐步走出了一条企业发展的新路。余江张果喜就是这样一位民营企业家。他原是邓埠农具修造社木工车间的工人。因厂里亏损严重,连基本的生活都难以维持。1973 年,当他从在当地插队的上海知识青年口中得知上海赚钱的机会多时,于是怀揣 200 块钱来到时为中国最大的都市,试图寻找一条生计。为了节省费用,他舍不得住旅馆,就在上海第一百货商店的屋檐下过夜。他一连几天四处打听四处看,偶然在四川北路的上海艺术雕刻厂发现,一个樟木箱子可卖 200 多块钱。他心里一亮,这种箱子在余江老家非常普通,价格也很便宜,这个生意可以做。于是他立即返回县里,用变卖祖房所得的 1200 元钱,带领从农具厂分离出来的 21 名工人,创建了余江雕刻工艺厂。他拉来三板车樟木原料,和大家一起,按照从上海带来的樟木箱图样,依葫芦画瓢,经过反复雕凿打磨,第一个樟木箱子雕刻成了。而且他还通过上海工艺品进

出口公司，参加了广交会。在会上，有不少客商对他的樟木箱子非常赞赏，张果喜一下子拿到了 20 套樟木箱子的订单。这一单生意，让他净赚了一万多元。那时候正是"文化大革命"时期，张果喜这样做，需要多大的勇气，需要冒多大的风险。1979 年，踏着改革开放的节拍，张果喜再次来到上海工艺品进出口公司，当他看到日本的宗教工艺品——木雕神龛时，又被深深地吸引住了。在全民信佛的日本，这是家家必须摆放的。他想这是个难得的商机，立即回厂照样仿制，不久产品出口到日本，受到热烈欢迎，市场供不应求。张果喜马上从台湾引进四条全自动生产线，夜以继日地生

余江香樟木雕工艺品

产，以满足客户的需要。一些日本商人觉得神龛利润丰厚，想绕过代理商直接从雕刻厂进货。但张果喜认为，减少中间环节，厂方确实可以得到实惠，但从长远考虑，接受直接订货，那就会失去以往花费很大力气开辟的销售渠道，就会使已建立良好关系的销售商背离自己，这样做不仅得不偿失，而且有违职业道德。张果喜婉拒了那几家要求直接订货的日本销售商。良好的效益带来了雕刻厂的兴旺，短短几年，企业职工发展到 760 人，产品拓展到 5 大系列近 2000 个品种，远销日本、东南亚、西欧和北美等数十个国家和地区。80 年代中期，当大多数中国人还在以万元作为富起来的标准时，张果喜向外界宣布他的资产达到

3000万美元,成为新中国较早的亿万富翁。1989年,他的财产高达12亿元以上。1990年11月成立果喜集团。紧接着,他到海南三亚投资建设旅游宾馆,集团股票到深交所上市,这样又进一步壮大了实力。1994年,张果喜投资生产化工合成材料,以后又向高科技电机、高档保健酒、矿产开发与经营等领域进军。现在的果喜集团,已经发展成为一个横跨四省三市、在国内有7家联营公司、32家加工分厂、在国外设有一家中外合资企业的新型综合性企业集团。1985年以来,张果喜共获得国家级、省级荣誉200多项,其中两次评为全国劳动模范,第二届全国优秀企业家、首届中国改革风云人物、亚太最具创造力之华商领袖。特别是1993年,国际小行星命名委员会将天空的一颗星星以张果喜命名,这是迄今为止中国第一个也是唯一一个企业家获此殊荣,成为中国企业家"摘星"第一人。

张果喜的成功,是艰苦创业的结果。深圳市航盛电子股份有限公司的发展,也是一个不断艰苦创业的过程。公司董事长杨洪是江西吉安人,深圳市汽车电子行业协会创会会长及终身荣誉会长、深圳市江西商会会长。1993年,杨洪创办深圳市航盛电子公司。创业之初充满艰辛,他用自己的房子做担保,贷了100万元作为企业发展资金。在控制成本的同时,他不放松技术、市场、管理的每一个环节。度过了非常时期,杨洪并没有停下脚步,而是不断坚持技术创新,主动出击,向更广阔的领域进军。经过近30年的发展,杨洪把航盛从一家来料加工企业,发展成为具有自主研发能力的国家级汽车电子高新技术企业、中国汽车电子行业的龙头企业,并朝着国际化、世界级汽车电子领军企业的目标迈进!

江苏省江西商会会长、南通理工学院创办人陈明宇赶上了改革开放的大好时代,但他的创业历程也并不是一帆风顺的。陈明宇是九江都昌人,全国民办教育的优秀工作者,江苏省优秀共产党员,江苏省第十三、十四届人大代表。大学毕业后,他从事教育工作。1994年下海创业,也是投身教育。虽吃尽千辛万苦,历经千难万险,创业途中几次临近倒下,但他始终热心教育事业,并在教育家、实业家张謇的家乡南通创办了南通第二所本科大学——南通理工学院。他提出"真心办学,良心育人"的理念,以"立一等品格、学一等技能、创一等事业"为育人目标,坚持为社会培养应用型人才。办学23年来,为社会输送了近5万名毕业生,南通理工学院已经成为江苏省民办高校发展的一面旗帜。

石城人李平也是这样一位企业家。1992年创办天高公司,2004年正式组建广州市天高集团并任董事长兼总裁。在他的组织带领下,集团现下设6大战略业务单元,涵盖矿业开发、环境工程与运营、矿物与高分子新材料、冶金贸易与物流、房地产开发等五大业务体系,同时还投资了金融、互联网、智能信息、医药、钢铁、物流等领域。现有员工3000多人,拥有17家全资或控股公司。目前天高集团旗下累计控制矿产资源潜在总价值达千亿元以上。初步形成了国内以广东黑色金属为主、江西有色和贵金属为主的两大矿业基地、四大生产基地。

由此可见,对一个企业家来说,不仅企业初创时要艰苦奋斗,企业不断做大做强同样要艰苦奋斗。只有始终艰苦奋斗,才能使企业永远充满活力,长盛不衰。

当代赣商传承和弘扬了江右商帮开拓进取、善谋实干的精神

历史上的江右商帮,在不断开拓商业经营领域的同时,以积极认真的态度,想尽办法把生意做好做大。他们是一批不断进取的拓荒者,是一批勤勉善干的务实者。这种开拓实干精神,对当代赣商依然显得十分重要。没有开拓进取、善谋实干的精神,要想企业发展和壮大,无疑是痴人说梦。

正是在这种精神的鼓舞下,广大赣商在市场经济变幻莫测、复杂艰难的环境中,果敢机智地开拓企业经营的新局面,使企业始终充满着蓬勃的生机和活力,有不少的赣商企业从当年的"小跟班"变成了"龙头老大",由当年的"小舢板"变成了行业的"巨舰"。煌上煌集团有限公

司董事局主席徐桂芬,原是南昌市食品公司的一名职工。因为公司效益不好。1993 年,42 岁的她被列入下岗名单中。为了维持生计,她凭着自己的一门食品技术活,做起了生意。每天她从睁开眼睛忙到天黑,但因下岗经商的职工实在太多,做的又是同样生意,因而赚不到多少钱。就在这时,细心的徐桂芬发现,南昌人有吃卤味的习惯,尤其是逢年过节的时候,都会出现供不应求的局面。而南昌市场上的卤味店都是外地人开的,要么太清淡,要么味太浓,不太适合"中度口味"的南昌人。于是,一个念头在徐桂芬心中萌发:我是做食品的,何不自己开一家适合南昌人口味的卤味店呢? 主意一定,说干就干。徐桂芬搜集全部家当1.2 万元,在绳金塔附近开了一家不足 8 平方米的卤味店,并取名"煌上煌"。不料一炮打响,很多南昌人吃了以后直咂嘴巴,连连叫好,卤味店生意非常火爆。但卤味毕竟不是什么高科技,看到煌上煌生意兴隆,很多人便模仿起来,一时间卤味店开遍了南昌的大街小巷。由于口味相差不大,顾客大量分流,煌上煌的生意变淡了,店门冷清了。徐桂芬想,要改变这种状况,唯一的办法就是要做出具有独特风味的卤味。于是,她拜访了不少做卤味的师傅,采各家所长,并结合自己的研究,研制了一种别人无法复制的秘方,并以"酱鸭"作为主打产品。"酒香不怕巷子深",因为市民爱吃,大家一传十,十传百,就这样,"煌上煌"品牌逐渐响了起来。但徐桂芬没有就此止步,而是继续开拓,一路进取,不仅克服了禽流感和假冒产品给企业发展带来的冲击,而且在食品行业内开启了"六个率先":率先在行业内采用双层蒸汽锅加工,率先在行业内发展连锁经营,率先在行业内启用冷藏导柜和冷链运输,率先在行业内上市成为酱卤第一股,率先在行业内设立院士工作站,率先在行业内建立酱卤博物馆开展工业旅游。现在,煌上煌集团有下属子公司 16 家,员工 1 万多人,先后被评为农业产业化国家重点龙头企业,全国主食加工示范企业。

　　章源钨业股份有限公司董事长黄泽兰也是靠开拓进取善谋实干发家的。他生长在赣南崇义县的大山里,11 岁放牛做农活,1984 年29 岁时从事个体采矿业。他东拼西凑借到 5000 元钱,开挖了第一个矿窿。那是一段极为艰苦的日子。饿了,就啃上几口饼干或泡上一碗开水饭;渴了,喝几口窿子里涌出的"矿泉水",人累得又瘦又黑。就这样摸爬滚打,黄泽兰慢慢掌握了一整套矿山开采技术,掘得了"第一桶钨金",成了当地的"冒富大叔"。1994 年和 1995 年,他买下了县里的淘锡坑钨矿和新安子钨矿。当时两个矿负债累累,300 多名矿工 18 个月没有领到一分钱工资。黄泽兰全部把他们留了下来,采取人选岗、岗选人、实行岗位责任制等办法,不仅使厂子迅速走出了困境,职工工资足额发放,而且效益不断大幅提高。紧接着,黄泽兰以先租后买的形式,获得了县冶金化工厂的产权,把钨精矿加工成 APT、三氧化钨、蓝钨等产品进行增值销售,并在厦门、广州等地设立产品销售点。1998 年,他又买下了大余石雷钨矿。2000 年成立章源钨制品有限公司,使之成为集采矿、选矿、冶炼、制粉、硬质合金和深加工、贸易为一体的民营企业,并于 2010 年上市。随着企业的发展,黄泽兰觉得,开发高技术含量的产品,不像挖矿那么简单,需要技术人才,需要先进的经营管理理念。因而他一方面让产品通过 ISO9002 质量体系论证。一方面十分注意发挥人才的巨大作用。他在公司成立博士后工作站和钨业研究所;三上北京聘请中国科学院院士到公司指导科研攻关;几次前往美国拜访纳米公司董事长,通过与其合作,引进对方的高新技术;前往法国邀请一名做硬质合金涂层刀具的专家以及他带领的整个科研团队来到公司服务。同时,公司还举办各类培训班,派出员工到大学培训深造。现在,公司拥有 12 位国际国内知名专家、106 名专职研发人员,5 名博士和归国留学人员。经过 21 年艰苦奋斗,章源钨业已是拥有"四矿五厂"、在职员工 2000 多人的高科技企业,产品远销德国、日本等 20 多个国家。黄泽兰 2005 年被评为全国劳动模范、全国乡镇企业家、江西省优秀非公有制企业家,荣获多项荣誉称号。

江西赣锋锂业是一家靠开拓创新崛起的后起民营工业之秀,在董事长李良彬的带领组织下,以大无畏的勇气,刻苦进行技术创新,攻克

江西赣锋锂业研发中心大楼

了一个又一个难关,在国内率先突破卤水提锂直接制备电池级碳酸锂、无水氯化锂技术,破解锂云母提锂世界性难题,建成全球第一条氯化钠压浸法锂云母提锂生产线,填补了国内锂行业多项空白。赣锋锂业成为全球最大的金属锂供应商,也是江西首个市值破千亿的企业。

实践证明,开拓进取善谋实干,是企业发展的不二法宝。只有永不满足,永远向前,探索不止,创新不止,同时尊重科学,尊重市场,尊重规律,在思索中干,带着谋略干,实实在在干,才能爬坡过坎,攻坚克难,使企业不断发展壮大,实现既定的目标。

当代赣商传承和弘扬了江右商帮诚信为上、遵纪守法的精神

由于深受万寿宫文化影响,江右商帮在生意场上,以信立言,以诚立身,并由此形成了一系列诚信规范,并共同遵守。这不仅使他们的经营活动赢得了客户的信赖,而且使他们的经营之道受到业界的普遍称道。

当今的市场经济,是信用经济,是法治经济。因此,重信守诺、依法经营是对所有企业的基本要求,也是企业取信于民、长足发展的"金字

仁和药业集团

招牌"。在创办企业和经营活动中,广大赣商继承和发扬先辈们讲究诚
信、依规经营的优良传统,既自觉树立诚信意识,做到诚实经营,以诚待
人,又自觉树立规则意识,严格遵守国家法律法规,遵守市场规则和行
业规范,坚决杜绝各种欺诈和违法乱纪行为。仁和药业集团董事长杨
文龙是一位新时代的药商。他1980年高中毕业后,成了一个待业青
年。他没有在家等待顶替父母腾出的工作岗位,也没有等着某个单位
或工厂下达的招工指标,而是果断地去寻找着谋生的出路。他开始在
县城边上的"马路市场"摆地摊,卖些日常家用小商品。1982年,樟树
市举办全国药材交易会。杨文龙前往参观,看到药商们不断成交的一
笔笔药材生意,他受到了启发和鼓舞,当即决定到樟树市里去做药材生
意。开始时,他到各地药农手里收购中药材,然后卖给樟树市的中药材
经销商或医药公司。因为杨文龙非常讲信用,在收购中药材时决不让
药农吃亏,所以都愿意把品质好的药材卖给他。与此同时,杨文龙又向
师傅潜心学习中药材泡制技术。不久就成为这方面的行家里手。1987
年,杨文龙在樟树市成立了"华东中药材收购站",由此,他开启了自己
人生的又一个起点,从中药材小商贩成为药材行业里的规模经营者。
有一次,杨文龙收购了一批中药材,事后发现其中有些不合格,依他在

中药材经营中的信誉度,顺带把这些劣质药材出手也不是不可以。但杨文龙想,当年樟树药帮能把药材生意做到全国,能够享有"药不过樟树不灵"的美誉,靠的就是诚信,靠的就是质量,任何时候不掺杂使假,不欺骗顾客。所以,对做生意而言,诚信非常重要,我们决不能做有违老祖宗的事。他不顾损失再大,当即将这批劣质药材全部销毁。还有一次,有位客商把杨文龙的一批中等质量的药材当作一等品买下了。杨文龙发现后主动找到这位客商,要求重新按照中等品计价,把多结算的货款退回了。正是凭着这种诚信,杨文龙的生意越做越大。1998年,杨文龙与合作伙伴一起创立了江西康美医药保健品有限公司,主打妇女保健品的生产和销售,获得了良好的效益。进入新世纪,杨文龙又抓住机遇,乘势而上,成立了江西药都仁和制药有限公司,在相继完成对樟树灵城制药基地、铜鼓威鑫制药厂、峡江三力制药厂的兼并重组之后,又组建了仁和药业集团。为了加快发展,杨文龙投入巨资,对企业先后实施全面的 GMP 改造,对企业的技术与设备进行脱胎换骨的升级。2015 年又进军大健康产业,建立了从材料采购、生产、批发、零售、最后一公里到家服务的完整服务体系,所生产的产品销往全国 30 多个省区市,成为全行业的领跑者。

鹰潭的眼镜业也是一个秉承江右商帮诚信经商优良传统的典型。

鹰潭国际眼镜城

早在清朝嘉庆年间，鹰潭人就手提肩扛、走南闯北卖眼镜，形成了最早的眼镜商帮。因为所卖的眼镜质量过硬，很受人们的欢迎。20 世纪 80 年代，伴随着改革开放的浪潮，鹰潭人重操旧业，走街串巷，全国四处销售眼镜。90 年代初，鹰潭成为全国四大眼镜市场之一，6 万创业者在国内外从事眼镜销售，他们的足迹遍及 60 多个国家和地区。国内零售门店 1 万余家，销售收入过百亿元。进入新世纪，鹰潭的眼镜商们又把眼镜之乡的销售优势，升级为眼镜制造优势。市里设立了一个总面积 18 平方公里的眼镜产业园，从政策、资金上大力扶持，引进国内外先进眼镜材料制造企业，建成一个集研发、设计、生产、材料、销售一体的眼镜产业集群。现在，全市有眼镜生产企业 260 余家，其中两家在香港上市。产业工人 1.6 万。全年生产眼镜 1.8 亿副，占全国 20% 市场份额。聚集了 200 余家眼镜成品、材料贸易商户，汇集了国内 80% 的知名品牌，成为全国著名的眼镜之乡，在全国享有很高的信誉。

鹰潭人李希也是一个秉承江右商帮诚信经商优良传统的赣商代表。他现任广州润都集团有限公司董事长，A 股上市公司润都股份创始人，实控人；凯迪网络信息技术（海南）有限公司董事长；海南古逸沉香产业发展有限公司董事长；海南大观沉香产业发展有限公司董事长、江西胜龙牛业有限公司董事长。润都集团始创于 1996 年，是一家集实业发展和科技创新于一体的综合性民营企业，集团有生物医药、互联网信息与 AI 智能技术、现代农业和实业投资四大板块业务。其中，珠海润都制药股份有限公司系深圳交易所主板上市公司。集团作为第二大股东的江西胜龙牛业有限公司成立于萍乡市莲花县，是我国华南最大的肉牛养殖企业，公司旗下已成立 10 余家子、分公司，开设专卖店 300 余家。

讲究诚信，依法经营，是中华民族的传统美德，也是一个企业长盛不衰的强大力量。不论过去、现在和将来，企业都要认真遵守。否则，不仅在经营活动中寸步难行，而且最终会被市场所淘汰。

当代赣商传承和弘扬了江右商帮团结合作、互帮互助的精神

"抱团发展"是江右商帮的一个突出特点。无论走到哪里做生意，江右商帮都是多人同行，甚至一个村、一个乡、一个地方的人集结在一起，相互合作，相互帮助，有苦同吃，有难同当。为什么江右商帮在中国商帮中经商人数众多、地域广泛，这是一个十分重要的原因。

当代赣商在市场经济的实践中，对先辈的这种团结合作、互帮互助精神，不仅牢牢记在心中，而且认真继承并不断发扬光大。他们认为，改革开放就是为了让大家一起过上富足美好的生活，一人有钱不是富，人人有钱才是富。因此，许多赣商在自己经商致富时，不忘广大老乡群众，无私向他们传授自己的技术和经验，为他们开拓市场渠道，帮助和带动他们一起致富。资溪面包创始人张协旺、洪涛就是这样的带头人。他们原本是退伍军人，回到家乡后，凭着自己在部队掌握的面包技术，1987 年创办了第一家面包店。在他们的带动示范下，资溪人亲帮亲，邻帮邻，相互合作，携手发展面包产业，逐步把面包制作、销售扩大到吉

江西资溪：中国面包之乡

安、鹰潭、赣州,继而走出江西,走向全国各地,用面包创出了一条致富路。全县 13 万人口,从事面包经营的达 4 万多人。8000 个资溪面包店,遍布在全国 1000 多个城镇。

资溪是这样,全省有不少县也是这样,在一批"能工巧匠"的带动下,兴起了一个个具有鲜明特色的商业群体。

安义县是著名的"中国铝合金门窗之乡",该县起初只有少数人在外面做铝合金门窗生意。在这些人的带动下,全县从事这项生意的人逐渐多了起来,并形成了亲带亲、邻带邻、户带户、村带村,众多人一起到全国各地做铝合金门窗的局面。如今,这个不到 30 万人的县,有 13 万人做铝合金门窗生意,掌握着全国 70% 的铝合金门窗市场。不仅如此,他们还从过去单纯做铝合金门窗发展到铝型材研发、加工、配件、玻璃、销售一条龙产业链,在全国编制了一张庞大的建材销售网络。全国每 10 个加工铝合金门窗的人中,有 8 个是安义人。

武宁县是全国著名的"中国艺术装饰之乡",30 多年前,有一个叫余静赣的人,率先成立星艺家装公司,开启了家庭装修的市场。在他的影响下,该县人民纷纷投身家装行业,并打造出了华浔、名匠、三星等一批颇有名气的家装公司,全县 30 万人,有 10 万人从事装饰行业,其中开公司的老板有几千人。该县的家装公司不仅遍布全国各地,还把业务做到了英国、加拿大、德国、新加坡、泰国等国家。

在首都北京,活跃着一支"吉安菜帮",他们在这个行业已经耕耘了40 多年。20 世纪 80 年代,吉州区长塘镇的一些农民集聚在北京岳各庄等地农贸市场,以贩卖蔬菜为生计,揽下了京城大宾馆、大酒店近 50% 的蔬菜订单。在他们的带动下,临近的吉安县、青原区、吉水县、泰和县等地的农民也纷纷赴京贩卖蔬菜。他们起早摸黑,互帮互助,生意做得风生水起,由最初的人力三轮车运蔬菜到用汽车运菜甚至发展到空运蔬菜,由市场贩运蔬菜到通过现代化手段到山东等地大规模调运蔬菜;由最初的单一蔬菜贩运到海鲜、佐料、干货、水果等品种的一条龙服务,不仅在京城闯出了一片天地,而且把业务扩大至上海、深圳、天津、河北等地。目前,这支队伍已发展到十多万人,仅吉州区就有4万多人。

南康的家具市场也是一个传奇。这里不产木材,这里没有制作家具的传统,但经过30多年的艰苦创业,却崛起了一个巨大的家具城和完整的家具产业链,而且所有的家具制作都实现了智能化。在智能制造共享备料中心,一台台分拣机器人,将一排排整齐的木材,根据颜色和品质进行分类,使不同规格的木料得以实现最优排列组合,并拼接成板。然后这些备料进入家具厂家,制作成为各具特色的家具。一切都是人工智能操作。在家具小镇,主播们通过直播将家具卖到五湖四海。2020年南康家具产业总产值突破了2000亿元,是真正的千亿元大产业。依靠家具,南康人成了赣州最先富起来的一批人。一个80万人口的区,就有家具企业8000多家,带动50多万人就业。

可以说,这些都是全民创业的典型。从富民的角度来说,这种由一个地方的群众普遍参与并形成的产业集群,能够形成产业的规模效应,

南康家具城

既是推动经济发展的重要力量,更是加快人民群众致富步伐的有效途径。

当代赣商继承和弘扬了江右商帮富而思源、义利天下的精神

江右商帮以"义贾"著称。许多江右商人在经商致富后,不忘家乡,不忘父老,富而思源,富而思根,行义举,做善事,回报桑梓,回报民众,有的甚至倾其所有,全力相助。他们中的很多故事,至今在民间广为传颂。

当代赣商是改革开放以后最先富裕起来的群体,也是得到党、政府和人民群众关心最多的群体。他们秉承先辈江右商帮的义利精神,在致力于做大做强自己企业的同时,以"义利天下"的情怀,感恩党和人民,感恩父老乡亲,积极承担社会责任,为国家为社会为人民奉献自己和企业的一片爱心。

在国家发生严重自然灾害时,赣商纷纷行动,自发捐款捐物。无论是 1998 年长江、鄱阳湖发生百年一遇的特大洪水,还是 2008 年四川汶川发生特大地震;无论是 2008 年我省遭受严重低温雨雪冰冻灾害,还是 2020 年全国突发新冠肺炎疫情,许多赣商有钱出钱,有物出物,仅抗击新冠疫情全球赣商就捐献款物 7.37 亿元。其中捐给江西的 3.28 亿元。还有江西 3L 医用制品集团股份有限公司,在新冠疫情刚暴发的时候,主动立即停下高利润的生产线,尽最大力量转战口罩生产,创下了最高日产 180 万只口罩的历史记录,为抗疫物质保障做出了重要贡献。

在支持社会公益事业、扶助社会弱势贫困群体时,赣商们怀着一片赤诚踊跃捐助,投入巨款为家乡建设学校、医院、敬老院、公路、桥梁,资助贫困孩子上学等。科瑞集团为江西捐款超 2 亿元,其中向江西慈善扶贫专项基金捐款 1 亿元。华坚集团董事长张华荣共向国内外公益事业捐款 1.1 亿多元,2021 年他荣获了"中国慈善家"称号。毅德集团董事长王再兴向社会公益、教育、慈善事业累计捐款超过 2.78 亿元。正

邦集团董事长林印孙带领企业开展产业扶贫,在一些重点贫困地区和革命老区投入了产业扶贫资金 280 亿元,在母校临川二中设立奖学金,又先后在江西农大、南昌大学、江西财大、云南农大等 10 所院校提供了数千万元奖学助教基金。这种不忘初心、反哺社会的行为,体现了当代赣商的新风貌。

为了加快家乡的发展,还有不少赣商,在省外把企业做大之后,又积极返回家乡创业,助推家乡的发展。南昌人顾伟,在深圳创办了兆驰公司。20 年来,专注于数字电视和 LED 技术研发创新,成为全球领先的数字机顶盒制造商。企业做大后,顾伟不忘反哺家乡,在南昌投资 100 亿元打造 LED 产业集群。

泰康保险集团监事长、原总裁刘经纶,江西泰和人。20 多年来,他与公司全体员工奋力开拓,从一家分公司发展到遍布全国的 4200 个线下实体网络,从人寿保险公司发展为大型保险金融服务集团,2018 年首次跻身世界 500 强,并连续五年上榜。刘经纶还组织北京江西商会企业家累计返赣投资 830 多亿元,同时组织"光明微笑工程""支援江西抗洪赈灾大型慈善活动""振兴中央苏区广昌示范区"等公益慈善活动;大力开展"百企联百村"精准扶贫行动,累计捐款捐物超过 23 亿元。

荣誉国际集团董事局主席、董事长胡连荣,江西临川人。2001 年创立荣誉集团,以高端酒店、大型餐饮服务业、地产开发、教育投资、商业贸易等多种业态拓展经营的品牌企业。目前,集团已在全国开办了 20 多家"荣誉"品牌酒店,开发了 10 多个地产项目。现在集团员工达到 15000 多名,年纳税额达亿元,酒店已发展成为国内影响力较大、民众认知度较高的酒店连锁品牌。先后返乡在抚州临川、宜春奉新、赣州瑞金、九江瑞昌投资建设酒店、地产项目,2009—2021 年在赣累计实际投资 20 亿元。先后捐赠公益慈善事业 3000 多万元支持文教体育、扶贫救灾等公益事业。

傅卫国,1990 年代从家乡江西安义到京城创业,现任北京鼎兴达信息科技有限公司董事长。他的公司以服务中国信息化建设为己任，主要从事以大数据为基础的商业智能研究，涉及数据的采集、存储、分析、应用和安全等业务，被评为"北京市软件与信息服务百强企业"。近些年来，他将自己的信息专业和家乡的铝合金主导产业相结合，在安义创办了智慧路灯生产企业，年纳税4000多万元。2021年荣获江西省人民政府颁发的"回乡投资优秀赣商"称号，2022年又荣获"优秀企业家"称号。

中大控股集团有限公司党委书记、董事长彭国禄，把中大集团发展成以科技研发、智能建造、地产置业、物业管理、矿产开发等多个业务板块为一体的多业态集团公司。集团广州、南昌双总部运行，员工逾2万人。彭国禄带领企业履行社会责任，参与扶贫、援建、助学等事业捐资约2700万元，社会体育公益事业捐资约2400万元，累计捐助近6400万元。中大集团多年来支持江西体育事业发展，对体育训练基地的建设、运动队的后勤保障、赛事开展等提供支持与赞助，连续多年向历届江西籍奥运冠军赠送7套住房，价值1400万元。

据统计，2018年至2021年，赣商返乡投资创业项目4553个，实际进资3581亿元，从而有力地促进了江西经济的发展。

当前，中国特色社会主义已进入新时代。江西兴则赣商兴，赣商兴则江西强。当代赣商造福国家，造福社会，造福人民，在舍"小我"中成就"大我"，体现了一种义利天下、兼济天下的情怀，体现了一种奉献精神和使命担当，当代赣商精神也因此熠熠生辉。

三、当代赣商在新时代再创辉煌

习近平总书记指出："改革开放铸就的伟大改革开放精神，极大丰富了民族精神内涵，成为当代中国人民最鲜明的精神标识！"当代赣商是在改革开放以后成长起来的，是最具改革开放精神的一个群体。我们要在弘扬改革开放精神中，进一步铸造当代赣商精神，使之成为当代赣商不断发展和壮大的强大动力。

第三届世界赣商大会

　　铸造当代赣商精神,必须坚持以习近平新时代中国特色社会主义思想为指导,要认真学习习近平关于科学发展的论述,关于以人民为中心的论述,关于国内国际两个大循环的论述,关于建设优秀企业家队伍的论述,关于建立人类命运共同体的论述等等,同时要和当代赣商的实践紧密结合起来,从而进一步提升当代赣商的整体素质,造就更为强大的当代赣商群体,让当代赣商在中国特色社会主义新时代的新征途上,成为全国乃至全球市场的一支劲旅。

树立世界眼光,让当代赣商在全球化市场的大海中扬帆远航

　　当今世界,全球化浪潮势不可挡,尽管也伴有单边主义和贸易保护主义的鼓噪。科学技术突飞猛进,数字技术、VR/AR 技术,人工智能广泛应用,改变了人们的思维方式、生活方式、生产方式、交换方式;一场席卷全球的新冠疫情,甚至重塑了人们的交往方式和沿袭几千年的生活方式。世界正在朝着你中有我、我中有你、相互依存的方向演进,地球变得越来越"小"。在"地球村"上,此地发生的事情会对彼地产生影响,任何一个

江右商帮与万寿宫文化

深圳市江西商会第四届第一次会员大会

国家、民族、企业都不可能超脱于世界潮流之外而实现发展。

全球化对中国经济发展是机遇,更是挑战。它倒逼中国产业升级、技术进步、信息资源共享,面向全球范围配置生产要素。但全球化也威胁着企业生存与发展,面对国际竞争,要么整合别人,要么被别人整合。对仅仅只有三四十年历史的中国企业来说,挑战是严峻的,前所未有的。要想发展壮大,没有空间可以避让,唯一的选择是接受挑战,应对挑战。

应当看到,当代赣商不论是眼界还是格局,都不是当年的江右商帮可比的。他们顺应时代潮流,胸怀世界全局,以顽强拼搏的精神迎接挑战,积极参与国际国内两个大循环,不仅在国内闯荡,更是走出国门、向海外发展,表现了一种宽广的视野和宏大的气魄。

但是,我们也要看到,由于江西位于中部内陆省份,不沿海不沿边,又偏离交通主动脉,比起沿海省份来,江西人多了一份小农意识的包袱,少了一份现代经济的理念。在改革开放的道路上,往往"醒得早,起

中欧班列

得晚,走得慢",尤其在思想观念、全球视野上,曾经因为慢半拍,错过了一次又一次发展机遇。这个教训非常深刻。作为当代赣商,一定要牢牢记取。

放眼世界,首先要有国际化战略。一个企业只有在技术路线、治理模式、要素整合、产品营销等方面面向国际,才能在经济全球化中占得优势,才能在国际竞争中争取主动。很多跨国公司正是在世界范围内优化配置资源,组织技术研发,并通过兼并重组,实现产业升级和结构调整。所以,面对一个相互依存的全球化时代,当代赣商要有世界眼光和鹰一样的目光,密切关注国内外经济形势和政策走向,更多地关注国际事务,关注世界动向,紧紧瞄住世界科技、产业前沿和趋势,及时跟进,善于利用国际智力资源,善于利用全球创新成果。只有这样,才能在经济全球化中占得优势,才能在国际竞争中取得主动,才能使自己的企业挤进世界经济发展的第一方阵,成长为世界一流企业。

当代赣商要放眼世界,就要立足国内,以全球眼光不断调整自己的发展战略和策略。世界疫情和百年变局相互交织,国际政治经济秩序深刻变化,不稳定性、不确定性明显增强。企业家要认真学习领会党和国家的战略意图,以宽广思维进行谋划,看看哪些路径要继续延伸,哪些要巩固拓展,哪些方面要调整收缩,以一种更有作为、更主动的姿态应对各种挑战,在世界形势急剧变化中,立于不败之地。

当代赣商要有世界眼光,就必须积极响应"一带一路"倡议,实施"走出去"战略。江西处在"一带一路"倡议的内陆腹地,其功能是战略支撑,这个定位为当代赣商及江西企业创新发展能力的提升,开拓了广阔的市场机遇。所以需要立足自身,主动对接,深挖潜力,广开思路,瞄准市场高地,增强自己的竞争力。既要立足国内市场,充分发挥我国超大规模统一市场的优势,通过繁荣国内经济、畅通国内大循环、构建完整内需体系的同时,又把握全球产业链的新变化,积极融入全球经济,加强对外投资,联通国内和国际市场,在双循环发展格局中找准坐标、抢抓机遇,在深度参与国内国际合作竞争中实现超越。

在对接"一带一路"倡议中,当代赣商要坚定走国际化道路的决心和信心,坚持用全面、辩证、长远的眼光看待当前的困难、风险、挑战,增强发展信心,不因暂时的困难而灰心懈怠;提高把握国际规则的能力,提高开拓国际市场的能力,提高防范国际市场风险的能力,妥善应对国际市场政治风险、法律风险、汇率风险,在国际化的汪洋大海中行稳致远。

树立战略思维,让当代赣商在未来竞争中立于不败之地

所谓战略思维,就是从战略高度来观察、分析和处理全局与局部、未来与现实的关系,抓住主要矛盾制定相应规划,为实现全局性、长远性目标的思维。

战略思维作为一种高级复杂的思维方式,具有全局性,从全局出发而不是从局部出发来看问题;具有根本性,抓住事物发展过程的根本矛

盾;具有系统性,运用系统论的观点,着眼于事物之间的相互联系、相互作用和相互制约,全面地认识事物,有效地把握事物;具有前瞻性,审时度势、洞察事物发展先机,大胆对事物的未来发展进行预测;具有创新性,在常人、前人的基础上有新的创见、新的发现和新的突破。

企业家的战略思维,是其思维能力、思维水平、思维成果的高度体现,是对市场与企业发展变化规律的思考与把握。在市场经济条件下,企业家的战略思维、实施战略目标能力强弱,是企业走向成功的关键所在,战略思维是企业家应当具备的重要能力。

从总体上来看,当代赣商思想敏锐,目光高远,抱负宏大。但与现代企业发展的要求相比,在战略思维上也还存在一些误区:有的把注意力集中在追求短期利润目标上,企业发展没有明确方向和长远目标,导致企业经营创新行为随意性和投机性,企业内部创新活动缺乏系统性;有的认为只要制定战略规划就可以保证企业持续发展了,忽视战略实施过程中的战术管理,特别是缺少实施战略的制度保证,使发展战略对企业的具体经营管理活动起不到规范和导向作用;有的战略思维狭隘,认为只要有资金、有技术、有设备、有产品就能解决一切发展问题,忽视企业内部人的因素和企业外部环境因素的巨大影响。

现代企业经营管理中,是否具有战略思维,能否正确制定经营战略并处理好管理问题,是关系企业生存和发展的重大问题。所以,作为当代赣商,一定要善于从战略上思考,重视企业发展的战略问题,有长远的发展目标、重点和步骤,使企业战略建立在科学可靠的基础之上,并制定明确的战略方针、有效的战略决策、严格的战略组织和切实可行的战略计划,确保企业在市场经济大潮中乘风破浪、行稳致远。

强化战略思维,要树立全局意识。战略思维考虑的是全局性问题,而不是单个的局部问题。当然,战略思维不是忽视局部问题,而是在局部问题的相互联系、相互作用中,洞察、把握全局的总体特征、总体趋势。加强战略思维,就要坚持用联系的、发展的、全面的眼光观察和分析问题,凡事注重整体、谋全局,提高驾驭全局的能力、统筹兼顾的能力。当代赣商要站在时代,站在全局、站在行业的高度思考发展战略,既要长短结合,又要虚实兼顾;既要服从国家经济建设的大局,又要考虑企业自身的承受能力和未来的发展方向,有计划、有目的、有步骤地组织生产经营活动,在外部环境和内部条件的动态平衡中,确保企业不断地发展壮大。

强化战略思维,要树立宽广的胸怀。企业家有多大的胸怀,想做多大的事业,才会制定多大的战略目标;相反,如果企业经营者的格局太小,心胸之中只有眼前利益,总是想着当下的小利益,就难以制定一个愿景宏大的蓝图。因此,当代赣商一定要以大胸怀抓大事、管全局,把主要精力放在抓战略问题、方向指引和重大决策上。这样才能纲举目张,突出重点,带动一般,收到事半功倍的效果。要信任下属,科学放权,适度授权,按级负责,放手让下属和员工在职权范围内负责地处理问题、创造性地开展工作,推动大家齐心协力一起干,提高整个企业的生产效益。

强化战略思维,要立足当前放眼长远。"不谋全局不足以谋一域"。战略思维在关注当前重要问题的基础上,着重考虑长远性问题。既要为实现现阶段的目标努力,又要致力于长远目标的实现,使阶段性目标服务于长远目标。智者谋远,有未来的眼光,看清未来大势,提前布局,才是赢家。所以,当代赣商要登高望远、深谋远虑,既立足当前,又放眼长远,不急功近利、鼠目寸光,不为一时一事牺牲长远利益,有计划、有步骤地向既定目标前进;始终做到不自满,不故步自封,时刻保持清醒的头脑,以远见卓识引领企业迈向更高境界。

强化战略思维,要增强忧患意识。企业要保持旺盛的生机与活力,必须居安思危,常怀危机感。当前,世界经济仍有诸多挑战,"黑天鹅""灰犀牛"不时冒头,技术革命一日千里,信息安全问题日益凸显,市场不确定因素增加。有危机并不可怕,可怕的是不能发现危机、化解危机。所以，当代赣商唯有居安思危、见微知著，以"风雨不动安如山"的定力，"春江水暖鸭先知"的敏锐，辩证看待形势、牢牢把握大势，建立防范风险机制，树立稳健的经营理念，防微杜渐，未雨绸缪，从容应对，及时化解风险与危机，确保企业健康平稳发展，在竞争中立于不败之地。

树立敢为人先的精神，让当代赣商在敢闯敢干中不断攀登新高峰

敢为人先，就是要敢于做别人没有做过的事，走前人没有走过的路；就是要勇立时代潮头，善开风气之先，敢于争创一流；就是要抢先一步，抢占先机；就是要有敢想敢试、敢破敢立、敢闯敢冒的胆识和魄力。

敢为人先精神，核心是创新能力，是企业家最重要的素质，是做大做强企业最需要的精神。

改革开放以来，江西先后涌现出一大批敢于创造的当代赣商代表，他们以敢为人先的创新意识，在改革发展大潮中锐意进取，谱写了企业快速发展的辉煌篇章。他们还影响、引领一大批企业家积极进取、奋发有为，为当代赣商开拓创新树立了标杆。但也有些企业求稳怕乱，不求上进，缺乏危机意识、冒险意识，缺乏敢为人先的进取精神。这是江西人的一个短板，也是当代赣商的一个短板。一个企业最大的隐患就是创新精神的消亡。如今，人类生产已经进入"智能时代"，医学、生物工业、新材料、新能源等领域的新产业革命，将形成高度智能化、数字化、个性化定制等一系列新产业、新技术、新业态、新模式，在互联网科技浪潮的驱动下，全球竞争呈现全方位、立体化格局，区域界限日益模糊，要素门槛大幅降低。中国经济已经处于从粗放式发展到集约式发展、从要素驱动向创新驱动转变阶段。科技进步和发展路径的曲折，产业升级的阵痛，对满足于既往成绩、固守一隅的企业来说，可能是惊涛骇浪；对敢于创新、勇于脱胎换骨的企业来说，却蕴含勃勃生机。进一步海阔天空，退一步人去楼空。在这个关键节点，迫切地需要当代赣商发扬敢为人先的精神。

敢为人先，要求当代赣商具有敢冒风险、勇闯新路的胆识。不敢冒风险，无法打出一片新天地。企业家与一般管理者最大的区别，在于具有创新精神和魄力。工业革命以来的那些成功者，都是敢于"第一个吃螃蟹的人"，都是富有创新冒险精神的人，都是在别人意想不到的地方，以别人意想不到的方式，取得了别人意想不到的成功。所以，当代赣商要有直面风险的胆识。要在没有模式可循、没有经验可学的情况下，凭借勇气和智慧探索创新，做前人没有做过的事情，抓住市场机遇，研发新的技术，并勇于承担失败的风险。"敢"字当头，敢闯敢试敢冒，才能在市场上占据有利的位置。

敢为人先，要求当代赣商创新发展理念和思路。一个企业想要基业长青，就一刻也不能停止创新思维。"问渠那得清如许，为有源头活水来。"企业的活水是创新，创新的源头是思路和理念。只有通过理念创新，革除既定的思维模式，以新的视角、新的观点、新的方法和新的模式，去指导企业新的营运实践，才能实现企业的转型升级，才能克服企业发展过程中遇到的困难，引领企业不断劈波斩浪、扬帆远航。

敢为人先，要求当代赣商在推进技术、业态等创新上下功夫。企业家作为企业发展的掌舵者，要把创新当作一种自觉行动，紧密关注全球新技术的变革趋势，加大研发投入和创新力度，建立自主创新体制机制，不断提升产品质量和生产效率，不断推进技术创新、产品创新、业态创新、管理创新、商业模式创新，不断提高企业的经营能力、管理水平、创新能力和核心竞争力，不断以创新引领企业发展，成为充满生机活力的创新主体。

总而言之，当代赣商要敢为人先，就必须以孜孜不倦的精神求索新知，以锐意创新的激情投身实践；努力争创一流企业、一流管理、一流产品、一流服务和一流企业文化，提供人无我有、人有我多、人多我优、人优我特、人特我新的产品和服务。这样，才能在激烈是市场竞争中抢占先机，成为时代发展的引领者、开拓者。

树立开放合作理念，让当代赣商在互利双赢中把企业做大做强

如果说改革开放之初，是一个"竞争时代"的话，那么经济全球化的如今已是一个"竞合时代"，即竞争与合作共存。以合作为基础，在全球范围内充分竞争，这是"竞合时代"的本质。任何一个企业已经不可能在某一领域独占全球市场。

这次新冠疫情虽然加剧了逆全球化的趋势，但经济全球化具有不可逆转性。新一轮科技革命和产业变革，加速全球治理格局、经济格局的重塑，世界经济将在新的层次、新的领域加速融合，形成更高水平的"你中有我、我中有你"态势。只有顺应全球化和世界经济融合发展大趋势，坚持以开放求发展，深化交流合作，通过协商合作解决矛盾和摩擦，推动全球产业链、供应链、价值链协同发展，才能共同做大全球市场的蛋糕。当代赣商要在"竞合"时代赢得主动，必须在以下几个方面发力。

首先，要树立开放的心态。开放是发展的需要，也是发展的有效途径。无论是单元小细胞还是复杂大社会，如果中断与外界的物质、能量、信息交换，既难以维持内部的平衡，也无法赢得发展的良机。环顾寰宇，当今世界互联互通、无远弗届，开放之潮浩浩荡荡，任何形式的自我封闭，都意味着没落和出局。所以，树立开放的心态十分重要。没有开放的心态，就无法向外界学习，无法接受新事物、新观点，凭一己之见、一知半解办事，坐井观天，怎有进步？没有开放的心态，也难以协同配合，唱独角戏、搞一言堂，拒绝和外界联系，故步自封，怎么扩大格局？在这个变化不居的时代，唯一的不变就是变化。只有心态开放，才能使人持续进取，保持活力，才能不断汲取新知，拓宽视野，激发斗志，以变应变；才能乐于承担责任和接受挑战，使自己不断适应新环境。保持开放心态，需要真正打开心灵，虚怀若谷，兼收并蓄，在文明互鉴中拓宽视野，在交流交融中博采众长，在相互学习中不断前进。

其次,要发扬合作精神。合作是一种能力,一种本领。互利才能共生,共生才能共赢。合作的目的是获取共同利益,寻求长远发展。合作的本质是各方通过资源与能力的交换和协调,实现协同效应,最终达到参与各方都受益的结果。因此,在竞争激烈的背景下,企业家要善于与人合作,善于吸收外部经验,整合资源,优化配置,把各家的优势和特点集中起来,共同把"蛋糕"做大,实现各方利益最大化。同时,要善于寻求合作机会,拓宽合作途径,在高水平发展的道路上不断前行。特别是要认识到,相互合作必须摒弃零和思维,树立互利共赢的思维,而不能期望用损人利己的思维独霸市场。只有以更加宽广的胸襟和更加高超的艺术来开展合作,才能汇聚起同舟共济、互利共赢的强大力量。这也是检验一个企业家能否跳出企业看企业,能否具有高站位、大视野、利他人思想境界的试金石。

再次,要树立正当竞争意识。市场经济的发展完善,企业不再仅仅要同静态环境下明确的对手进行竞争,还要同新技术发展下的潜在对手进行竞争。但是,竞争不是孤立地从企业自身的利益出发,而是寻求同行业、同地域企业协同宏观战略与策略,然后通过企业自身的努力,获得自己应有的份额。因为当今市场,任何企业都无法独占,与其时时想着竞争对手,把精力、手段、财力放在吃掉同行上,不如把精力、手段、财力放在做大市场上。蛋糕做大了,企业分得的份额自然会增加,同行业的企业也可以从中获益,成为真正的竞争队友。如果击垮了竞争对手,既失去了竞争者,也失去了激励者。一单生意,一锤子买卖,一个人独食,最终注定会失败。即使竞争,也要抱着欣赏对手,向对手学习的心态,学习对手的长处,增长自己的实力,最后走上成功之路。竞争,不能搞恶性竞争,不能为把对手置于死地而"不择手段",也不能"唯利是图"。竞争一旦过度追求个人利益,并和贪欲结合起来,那就是可怕的瘟疫。所以,竞争的目的是使双方共同促进、提高,而不是更加封闭和敌视。在很多时候,合作是最好的竞争。只有善于合作,互学互鉴,才

江铃新能源汽车生产线

能优势互补,取长补短,互惠互利,才能在合作中发展自己,才能增强参与新的竞争的实力。既竞争又合作,才能实现双赢或多赢。

同时还要认识到,企业家不一定要成为一个"超人",而要努力成为"蜘蛛侠",有非常强的"结网"能力。在这个抱团取暖的时代,有海纳百川的开放精神,弘扬互利共赢的合作精神,聚四海之气、借八方之力,在兼收并蓄、合作包容中为企业发展开创新的机遇,在合作共赢中实现更高水平的发展。

树立法治理念,让当代赣商在秩序与规矩中走得更加沉稳和坚实

市场经济从本质上讲是法治经济、契约经济,也是现代经济活动的重要行为规范。只有实现法治,竞争才有规则,市场才有秩序,财富才有保障;才能确保市场在资源配置中起决定性作用,让契约精神主导市场交易;才能有效保护产权,保障平等交换,确保公平竞争,实施有效监管。这样,一个国家的经济才有活力,才能健康有序向前发展。没有法治,就没有市场经济的持续稳定与繁荣。今天,支撑起中国无数企业治

理框架的,正是中国日趋成熟的、有利于企业良性治理的法律规则。因此,尊崇法治、尊崇契约,是企业家的重要素质,也是企业家精神的重要体现。作为企业家的当代赣商,一定要深刻领会现代社会法治文明、现代企业制度和现代企业管理的法律内涵,使自己成为依纪依法办企业的带头人。

要树立法治理念。这是对企业家的根本要求。改革开放和大力发展社会主义市场经济,商业活动提供了广阔天地,一大批有才华的企业家应运而生。但也有一些知名的企业家如同流星匆匆陨落,被市场经济的大潮所吞没,甚至走上违法犯罪的道路。被吞没的一个重要原因就是法治观念淡漠,没有依法约束和规范自己的行为。所以,每一个企业家都要树立强烈的法治理念,自觉尊崇法律,敬畏法律,用法律严格约束自己,始终自觉置于法律的监督之下。这样,既可以确保个人的安全,也可以确保企业的健康发展。

要在企业经营中做到依法依规。守法经营是任何企业都必须遵守的原则,也是长远发展之道。习近平总书记要求民营企业家要"聚精会神办企业、遵纪守法搞经营,在合法合规中提高企业竞争能力"①。合法合规,不仅要遵守中国国内的法律法规,海外投资还要遵守国际经济法规,遵守所在国家和地区的法律,提前发现、识别和防控可能发生的法律风险。企业家要身体力行,将合规管理融入企业日常生产经营,覆盖所有的业务领域、部门和员工,体现在决策机制、内部控制、业务流程等各个方面,在合法合规中提高企业竞争力。

要善于运用法律维护企业的利益。在市场条件下,企业的有效运行要依靠法律规范,企业的正当利益也需要法律来维护,这是企业持续发展的保证。由于我国法治化进程和市场经济起步较晚,企业经营者碰到问题,首先想到的是如何找门路、拉关系去摆平,而不是依靠法律

---

① 习近平:《在民营企业座谈会上的讲话》,《人民日报》2018年11月2日第2版。

解决问题。对侵权行为的容忍,更助长了侵权行为的滋生。权利意识是现代法律得以存在的精神基础。随着社会法治的进步,企业家必须充分认识通过法律途径维护企业权益的重要性。如果每位企业家都能理直气壮地依法维护企业权利,抵制侵权行为,就能大大改善企业的生存环境。企业经营过程中,总是要和各种经济主体与管理主体发生联系,纠纷与争议不可避免,要善于借助法律的力量解决。不能寻求权力的袒护,超越法律解决纠纷,更不能采取非法的方式解决纠纷。

要掌握必要的法律知识。企业家法治理念和精神的形成绝不是与生俱来的,需要有意识地培养,特别是要加强对法律知识的学习。法律规定浩如烟海,涉及企业经营的方方面面。企业家不仅要熟悉与业务有关的法律,而且必须熟悉企业经营的触角涉及的法律法规,比如税务、金融、贸易、知识产权、劳资关系、经济仲裁、反不正当竞争等等。企业家不可能详细地掌握全部法律条文,但要求企业家具备基本的法律素养,即学会从一些基本规律出发,掌握相关法律的主要精神和基本原则。只有具备了丰富而系统的法律知识基础,才能在意识上确保拥有普遍共识意义上的法治精神、法治原则、法治意识,也才能够认真地依法履行法律赋予的权利和义务,确保实施的行为始终满足合法性的要求。

要保持干净的政商关系。企业家与政府部门、领导干部打交道,要守住底线、把好分寸。有的企业奉行实用主义,不把法律放在心上,老想着钻法律空子,喜好潜规则,行江湖道义,这些套路是要不得的。习近平总书记提出构建"亲""清"的新型政商关系。所谓"清",对领导干部而言,就是同民营企业家的关系要清白、纯洁,不能"勾肩搭背",不能搞权钱交易;对企业家而言,就是要洁身自好、走正道,做到遵纪守法办企业、光明正大搞经营。企业家要做到不行贿、不欠薪、不逃税、不侵权、不违法,恰当处理政商关系。

"欲知平直,则必准绳;欲知方圆,则必规矩。"当代赣商要按照上述几个方面的要求，自觉坚守法治理念、契约精神，自觉遵守国家法律法规，自觉遵循市场规则和行业规范，自觉维护市场经济秩序，从而使企业不断得以健康顺利地发展。

树立终身学习的观念，让当代赣商在更广阔的知识层面不断增强新本领

当今社会是学习型社会，经济形态是知识经济。学习是进步的阶梯，是事业的基石。所以，学习对于当代赣商显得尤为重要。

学习，是提高自身素质需要。人的本领不是天生的，是要通过学习和实践来获得的。企业家的能力，最重要的是学习能力。企业家素质高低，不仅影响决策和经营能力，还直接影响着企业的发展前景。这就要求企业家、管理团队都必须不断学习。在现实生活中，有很多企业家草根出身，没有上过几年学，文化水平不高，也没有影响他们做生意赚钱，根本原因在于他们后天的学习能力。当然，在法治尚不健全、市场发展不充分、还处于卖方市场的时代，一些人凭着敢闯敢干的胆量，创业取得了成功，也办成了自己的企业。但结局分两种情况，一种是虽然他学历不高，但注重学习、善于学习，知识素养与时俱进，企业得以不断发展壮大；一种是光靠胆量和经验，不注重读书学习，没有实现自我提高，最终因决策失误或管理不善而导致企业陷入困境甚至破产倒闭。同时还要看到，企业的领导者仅凭已有的经验来管理企业是不行的，必须具备现代企业管理的理论和知识。这就需要学习。当然，学习是多渠道的，可以向书本学习，可以向实践学习。特别是要学习那些卓越的企业家的著作，他们管理企业的思想、智慧、经验都在这些书本中。不读这些书，就无法很好地掌握经营管理现代化企业的本领。

学习，是提高竞争力的需要。世界日新月异，新事物不断出现。只有不懈学习新知识，才能保持在商业领域的领袖地位，才能保证企业在本行业的领先优势。学习能力是企业重要竞争力。战胜竞争对手最快最好的方法，就是怎样比对手学得更快更好。谁学习能力强，谁就能成为赢家。学习的最好方式，就是阅读。中外优秀企业家的成长历程也

一再表明,善于学习、勤于阅读,是优秀企业家生活方式之一。学习要善于借助前人智慧,善于把握时代脉搏。社会在进步,企业在壮大,竞争也更激烈。不注重学习,不能突破自身的知识局限和能力局限,知识老化,观念陈旧,反应滞后,应对无策,就会被甩在时代后面,迟早会被淘汰出局。尤其是这几年受经济下行和全球疫情影响,企业发展面临前所未有的压力,更需要企业家通过加强学习,正确认识自我、提高自我、完善自我,不断开阔视野,跟上时代前进的步伐,提升经营管理水平,优化企业内部资源配置,加快技术和制度创新,形成企业核心竞争力,提升抵御各种风险的能力。

学习,是改善知识结构的需要。对企业家来说,学习应是广义的学习。既学习知识,又学习技能;既学习经济,又学习政治;既学习历史,又学习现实;既讨教于专家,又问计于市场;既研究本企业的问题,又借鉴其他企业的经验。学习是不设限的。坚持问题导向,缺什么补什么,不断改善知识结构,不断掌握新知识、新技术、新技能。

学习,是解决问题的需要。学习要与解决实践问题结合起来,所学的知识只有经过思考,才能被消化、被吸收、被自己所拥有。学习一定要系统,不可"头痛医头、脚痛医脚"。只为解决某一问题而学,就会导致新的问题出现,因为企业的发展过程中很多问题是交叉存在的,每一个环节都不是孤立的,知其然更要知其所以然。所以,学习时心里要装着大局,时刻把所学的东西,与市场配对、与发展结合,进行多角度多层次思考,多角度多层次研究。只有这样,才能不断提高思维能力,提升思想层次、治企本领,始终保证企业在良性轨道上运行。

当然,学习要讲究方法,善于挤时间。有些企业家说,我们工作太忙,眼睛一睁,忙到熄灯,没有时间读书看报。这听上去好像有些道理,但问题的实质,还是学习的主动性和紧迫感不够强。是否有时间,取决于对学习的认识和态度。只要有心学习,时间完全可以挤出来。即使没有固定时间用于学习,也还可以利用碎片化的时间,养成长期阅读的习惯,久久为功,就一定能见成效。企业家应保有不断获取新知的热情,把学习当成一种责任、一种习惯、一种追求,坚持终身学习,带头学习,成为勤奋学习、善于思考的模范,学以致用、用有所成的楷模,不断增强经营能力、创新能力和开拓能力,让企业随同自己一起成长进步。

树立高尚的道德情操,让当代赣商在成就事业时不忘报效祖国和人民

"小赢以智,大成以德。"当代赣商,要有高尚的道德情操,坚持以德立身、以德服人、以德养财,在搞好企业经营管理、不断做大企业的同时,始终不忘初心,树立高尚的道德情操,为国家和人民做出更大的贡献。

"修身、齐家、治国、平天下",体现了中国人浓厚的家国情怀,是中华传统文化的精髓,已经积淀为中华民族深沉的底色。对当代赣商而言,无论历史风云如何变幻,时代主题如何更迭,不变的是爱国情怀。爱国,是一种心怀祖国、情系百姓的深沉情愫,一种沉甸甸的社会担当。唱响爱国的时代强音,理应成为当代赣商的自觉行动。

习近平总书记指出,"企业营销无国界,企业家有祖国""优秀企业家必须对国家、对民族怀有崇高使命感和强烈责任感,把企业发展同国家繁荣、民族兴盛、人民幸福紧密结合在一起,主动为国担当、为国分忧"。[①] 所以,企业家应有强烈的家国情怀和爱国精神。国家好、民族好、企业才会好,一个企业的发展不是独立的个体,它与国家、民族的兴衰息息相关。企业家只有始终与祖国同心、与时代同行,与国家繁荣、民族复兴同频共振,企业才能永葆生机,蓬勃向上,不断超越,长成参天大树。如果一个企业家只注重个人赚钱,眼睛只是盯在利上,视野和胸怀就不可能开阔,企业也做不大。所以,当代赣商要自觉将个人理想、企业发展与国家前途、民族命运联系在一起,自觉将自己的事业、企业的发展融入全面建设社会主义现代化波澜壮阔的洪流之中,自觉以国

---

① 习近平:《在企业家座谈会上的讲话》,《人民日报》2020 年 7 月 22 日 第 2 版。

家富强、民族复兴为己任,更好地造福国家和人民,做产业报国、实业强国的模范。

爱国须先爱党。一百年来,中国共产党带领全国各族人民艰苦奋斗、砥砺前行,实现了从站起来、富起来到强起来的伟大飞跃,迎来了实现伟大复兴的光明前景。特别是改革开放以来,党和政府为民营企业发展和企业家成长创造了良好条件,提供了宽松的营商环境。当代赣商作为社会主义事业的建设者、改革开放的受益者,理应坚持把爱党爱国作为企业生存之本、发展根基,坚定不移地热爱党,忠于党,坚决拥护支持党的领导,永远感党恩、听党话、跟党走。

当代赣商要增强社会责任感,勇于承担社会责任。这是企业发展的内在需要,是企业安身立命的基础。社会是企业和企业家赖以生存发展的土壤,是企业家施展才华的舞台。脱离社会,企业和企业家就是无本之木、无源之水;逃避社会责任,只索取不付出,企业和企业家就会无法立足、无以为继。只有勇于承担社会责任,才能使企业得到更好的发展。同时要把个人价值与社会责任有机地结合起来,既关注自己企业的发展壮大,又承担更多地的社会责任,把经商办企业看成是服务社会、回报社会、实现个人价值的一种途径。

服务社会,回报社会,首先要回报党和国家、回报人民。在祖国和人民需要的时候,当代赣商都要毫不犹豫地冲上去。要钱给钱,要物给物,要人给人,一切听从需要。其中也包括要回报员工,根据企业的发展,提高员工的待遇,为员工解决困难,给员工带来福祉。同时还要反哺乡里。江西这块红土地是当代赣商永远的家、永远的根,不管走得有多远、飞得有多高,做得有多大、发展得有多好,都要在心中"把根留住"。树高千尺不忘根,人行万里不忘本,永葆赤子之心,感恩之心。

当代赣商服务社会、回报社会,要积极投身慈善公益事业,扶危济困,助残助学,支持救灾、资助社会福利事业,赞助文化教育卫生事业,支持环境保护、社会公共设施建设,践行先富帮后富的责任,以实际行动争做"爱国敬业、守法经营、创业创新、回报社会"的典范。

在搞好企业经营,服务和回报社会的过程中,当代赣商应自觉涵养高尚的道德情操和健康向上的生活情趣,弘扬艰苦奋斗、勤俭朴素的传统美德,反对享乐主义,力戒奢靡之风,以高尚的操守呵护家庭和睦,以模范表率引领公序良俗,以良好形象赢得社会尊重,成为富而有德、富而有爱、富而有责的优秀企业家。

新时代中国特色社会主义的伟大事业在召唤着我们,实现中华民族伟大复兴的宏伟目标在激励着我们。广大赣商一定要不忘初心,牢记重托,自觉肩负起自己的历史使命,继续坚定地发扬伟大的改革开放精神,发扬"厚德实干,义利天下"的精神,发扬江右商帮的优良传统,以更加昂扬的斗志,努力开拓创新,在未来前进的道路上不断创造新的光辉业绩,为党和人民做出新的更大的贡献。

主要参考文献

[1]白寿彝.中国通史[M].上海:上海人民出版社,南昌:江西教育出版社,1998.

[2]钱穆.中国经济史[M].北京:北京联合出版公司,2019.

[3]钟起煌.江西通史[M].南昌:江西人民出版社,2008.

[4]方志远.明清湘鄂赣地区的人口流动与城乡商品经济[M].北京:人民出版社,2001.

[5]王孝通.中国商业史[M].上海:东方出版中心,2020.

[6]陈阿兴,徐德云.中国商帮[M].上海:上海财经大学出版社,2015.

[7]徐王婴,杨轶清.商帮探源[M].杭州:浙江人民出版社,2007.

[8]贺三宝.江右商帮兴衰对区域经济社会影响研究[M].北京:世界图书出版公司,2017.

[9]陶学湖.万寿宫文化研究[M].北京:中国文史出版社,2016.

[10]庞振宇.赣商文化导论[M].北京:中国书籍出版社,2017.

[11]庞思纯,徐华健.历史视野下的黔赣文化[M].贵阳:贵州人民出版社,2019.

[12]秦夏明.赣商研究[M],北京:经济管理出版社,2014.

[13]林芸.赣商研究:卷二[M].北京:经济管理出版社,2017.

［14］黄志繁,杨福林,李爱兵.赣文化通典:宋明经济卷［M］,南昌:江西人民出版社,2013.

［15］张圣才,陈立立,李友金.万寿宫文化发展报告:2018［M］,北京:社会科学文献出版社,2019.

［16］章文焕.万寿宫［M］.北京:华夏出版社,2004.

［17］陈立立,黄教珍,李星,王建军,李红浪.万寿宫民俗［M］.南昌:江西人民出版社,2005.

［18］毛祖棠,谢忠宝.江右商人［M］.北京:光明日报出版社,2013.

［19］李桂生.移民、商帮与社会变迁［M］.南昌:江西人民出版社,2013.

［20］刘上洋.万寿宫:江右商帮的精神殿堂［J］.百花洲.2020(1).

［21］中央电视台百集纪录片《中国通史》.

附录

万寿宫：江右商帮的精神殿堂

刘上洋

一

著名作家余秋雨曾经写过一篇散文,说在他到过的省会城市中,南昌算是不太好玩的一个。这话引起了南昌人的极大不快,认为有失公允,不符合事实,有的人甚至要余先生为南昌正名。虽然余先生也为此做过努力,但效果甚微。平心而论,当年余秋雨先生产生这种看法,也不能全怪他。他那时来南昌,城里可看的景物确实寥寥无几。闻名遐迩的滕王阁还没有重建起来,城区的铁柱万寿宫在"文化大革命"中被一把大火烧成了灰烬,西山万寿宫在离市区几十公里的郊外,地方偏僻,路况又差,不太容易去。加上我们过去很少提及万寿宫,很多外省人对此几乎一无所知。这样,对于颇有造诣的文化学者余秋雨先生,他到南昌后当然只有把眼光投向青云谱,投向开创一代画风的八大山人,去从中领略中国绘画乃至中国文化的大境界了。

其实,在江西老表的心目中,相较于青云谱,无论是地位和影响,万寿宫都要高得多。如果打个不太恰当的比喻,八大山人好似"阳春白雪",而万寿宫则像"下里巴人"。三百多年前,在青云谱那冷寂阴湿的房间里,作为明朝皇室后裔的八大山人,目睹朱家的江山被清军的马蹄所踏碎,心如刀绞,悲痛欲绝,于是拿起画笔,把满腔的愤怒和反抗挥洒在宣纸上,或用一只翻着白眼单脚吊立枯枝的小鸟,或用几枝寒风中扭曲硬撑的残荷,来宣泄其心中的不满和痛苦。也许是情由心生,境由画造,这样八大山人也就在有意无意中开创了新的大写意画风。如果没有明朝的灭亡,八大山人也就不可能创作出那么多风格独具的画作,也就不可能在中国画坛上竖起一座巍峨的丰碑。但实事求是地说,不管八大山人在绘画上取得多么杰出的成就,不管青云谱多么有名,但在当时为温饱生计奔波的老百姓眼里都是无关紧要的,也是毫无兴趣的。所以青云谱和八大山人也就很难走进一般老百姓的心里,而只能在一些文人墨客和士大夫中享受他的崇高地位。文学艺术有时就是这样,其水平的高低同大众的喜爱往往是两回事。对许多大家的作品,老百姓觉得离自己的生活太远,所以他们并不买账。如此,青云谱被普罗大众所冷落也就很自然了。

但是万寿宫却完全不同,自从其诞生的第一天起,就与老百姓的命运紧紧地连在一起。万寿宫所祭祀的主神许逊,生于西晋时的南昌,同八大山人一样都是一位地道的老表,他先在四川旌阳当了十年县令,做了很多好事,深受当地百姓的爱戴。以后辞官回到家乡,为民斩妖除蛟,消除水患。传说他在南昌的广润门旁铸了一口铁柱井,里面安了八根铁链,锁住孽龙尾巴,并作谶语符咒。同时他还灭瘟除疫,治病救人,使得南昌地区风调雨顺,人们安居乐业。许逊后来隐居西山,潜心修炼,创立了净明道。相传在东晋宁康二年即公元 374 年 136 岁时终于修成正果,并携全家四十二口,连同鸡犬,拔宅升天。这也是成语“一人得道,鸡犬升天”的来历之一。

由于许逊竭尽全力为老百姓谋福祉,特别是使人民不再受洪水之害,在他仙逝升天之后,当地人们把他视为“福主”而自发地建祠纪念,这祠后来被称为万寿宫。在江西历史上,最早建造的万寿宫就是本文开头时所讲的两座。一是许逊隐居修道地的西山万寿宫,这是一个庞大的建筑群,高大华丽的山门里面,有高明殿、关帝殿、谌母殿、三清殿、老祖殿和玄帝殿,有玉皇阁、玉册阁、三官阁、紫微阁、敕书阁和冲天阁,以及十二小殿、七楼、三廊、七门、三十六堂和大戏台。宫外还有太虚观、接仙台、云会堂等附属建筑。远远望去,红墙绿瓦,层楼叠阁,金碧辉煌,气势恢宏,犹如天上宫阙。二是南昌老市区许逊斩蛟治水处的铁柱万寿宫,虽然"文化大革命"中被毁,但从光绪四年《逍遥山万寿宫志》的绘图来看,铁柱万寿宫的规模也是不小的。整个宫殿分为东西两个部分,主体建筑在东部,前院有戏台、水池,宫墙内有广庭,中设甬道,通向正殿,后面是玉皇殿,均为五开间重檐歇山式建筑。西部主要有关帝殿、夫人殿、谌母殿等。但最具象征意义的铁柱井却没有了。据有关专家考证,明初大臣宋濂曾作《镇蛟灵柱颂》,吏部尚书刘崧也在《紫霞沧州楼记》中称"此楼与铁柱亭对峙",应该说铁柱井至少在明朝初期是存在的。

从晋代开始,许逊就逐渐成为江西特有的地方保护神,成为全省老百姓心中的神仙。从此,赣鄱大地乃至省外赣籍移民地区都相继建起了万寿宫,特别是在明清时期随着江右商帮的兴盛,万寿宫的建设又兴起了一个新的高潮。据有关资料,现今发现最早且保存完好的江右商帮在外省建造的万寿宫,是明代天顺年间修建的重庆中坝万寿宫。可以毫不夸张地说,举凡有江右商帮的地方,那里就一定会有万寿宫。在江右商帮最为兴旺的清代,全国共有万寿宫近2000座,除省内600余座外,几乎分布于全国各地,甚至漂洋过海,把万寿宫建到了东南亚一带,现在新加坡的惹兰勿律街上就有一座万寿宫。

江右商帮,让万寿宫成了江西在全国乃至海外的历史性地标。这是中国建筑史上的一大奇观。

二

我总在想,对许逊的崇拜和祭祀,最初只不过是当地的一种民间风俗和宗教现象,万寿宫也只是道观建筑。无论是许逊本人的经历还是专门祭祀他的万寿宫,可以说同江右商帮没有什么关系。但为什么江右商帮走到哪里都要建造万寿宫供奉许逊呢?以至最终人们把万寿宫和江右商帮完全等同起来,认为江右商帮就是万寿宫的代表,万寿宫文化就是江右商帮文化,而对万寿宫文化本身的内涵反而淡化甚至不知其然了。

任何事物都不是无缘无故产生的。江右商帮之所以要举起万寿宫的旗帜,乃是当时他们经商做生意的需要。

第一,万寿宫在历代朝廷和老百姓中享有的神圣地位,有利于提升江右商帮的影响力。自从万寿宫始建以来,不仅受到当地老百姓的顶礼膜拜,而且得到历代朝廷的高度重视。南昌市区的万寿宫,唐代叫"铁柱观",北宋祥符二年宋真宗将其改名为"景德观"。南宋嘉定元年,宋宁宗御书"铁柱延真之宫",将观改为宫。元贞元年宋成宗继位后又将原额改赐为"铁柱延真万年宫"。明代朱元璋夺取天下后驾临南昌城,首先来到铁柱宫,亲上御香,成为第一个在铁柱宫进香的皇帝。嘉靖四十五年,明世宗又将宫名改赐为"妙济万寿宫",并御书"神仙怡世",封许逊为"神功妙济真君"。市郊的西山万寿宫,南北朝时叫游帷观,宋大中祥符三年宋真宗将其升格为"玉隆万寿宫",并亲书匾额。宋徽宗时以长安崇福宫为蓝本进行了大规模扩建。明正德十五年明武宗题额"妙济万寿宫"。每逢许逊升天之日,数以万计的老百姓都会自觉地来到万寿宫举行祭祀许真君的盛大庙会。而作为兴盛于明清的江右商帮,其历史虽然比万寿宫晚得多。但他们深知万寿宫的这种特殊地位和影响,所以最初闯荡在外的江右商人便产生了一个大胆想法,何不把商人的会馆建成万寿宫,这样可以使商人的会馆更具号召力和凝聚力,特别是万寿宫那种神秘的宗教力量更是一般会馆所没有的,让人顿生一种神圣感,因而不仅会扩大江右商人的信誉,提升江右商人的地位,而且会为江右商人做生意创造一种良好的氛围。把万寿宫作为江右商帮的会馆,体现了江右商人的智慧,也使江右商帮同万寿宫结成了一体,万寿宫最终成了江右商帮的象征。

第二,供奉万寿宫的主神许真君,使江右商帮有了"保护神"。在古代交通、科技十分落后和生活条件非常艰苦的条件下,长期在外做生意的人们,希望有一个神灵来保佑他们身心的平安健康和事业的兴旺发达。在我国福建沿海一带,妈祖就是广大渔民的保护神。这位海神原是福建莆田湄洲湾海滨的一位姑娘,她不仅有着预知天气的本领,而且练就了一副好水性。她会告诉渔民什么时候可以出海,什么时候需要返航。每当大海发生风暴渔船被困的危急时刻,她会毅然纵身跃入海里冒着风浪进行救援。据说有一天晚上,大海像泼了浓浓的墨汁,狂风掀起了滔天巨浪,正在回家途中的渔船迷失了方向。这时,年轻的姑娘毅然将自家的房屋点燃,让熊熊的火光引领着渔船归航回到了港口。但可惜的是,姑娘 28 岁那年,在一次海上救援中再也没有回来。村里的人认为是她感动了上天而升天成神了,于是人们就称她为妈祖,成了东南沿海世代渔民乃至海外华人的共同神祇。特别是渔民们出海之前,都要到妈祖庙里烧香叩拜,祈求妈祖护佑。妈祖是他们战胜各种艰难险阻的巨大精神力量。目前,全世界有妈祖庙上万座,遍及 45 个国家和地区。2009 年 9 月联合国教科文组织还授予妈祖"和平女神"称号,并正式列入人类非物质文化遗产。同妈祖相比,许逊的成仙过程也极为相似。他原为一介平民,通过举孝廉,做县令,为民除害,行医治病,最终羽化成仙,被人们自发祭拜。江右商帮长期出门在外做生意,吉凶难卜,生死难料。因此他们需要一个神祇来保护他们,而在赣地早已成神的许真君正好符合这些生意人的心愿。于是便把许真君奉为江右商帮的"福主"进行祭祀。人们的心理是十分复杂的,明明知道神祇是人供奉出来的,但对神都有一种敬畏心,都相信神有一种超自然的灵性。祭拜了,心里就踏实了,精神就有了支撑。不祭拜,就会显得心神不定,恐惧不安,以至出现不应该出现的过错和不测。

第三,万寿宫所蕴含的文化内核,有益于江右商帮生意的进行。在长期的历史积淀中,万寿宫文化由最初许逊创立净明道所包含的"忠、孝、廉、慎、宽、裕、容、忍"八字真言逐渐发展成了一种具有鲜明特色的地方文化现象。这种文化集中表现在不惧邪恶、敢于斗争上,表现在舍弃自我、造福百姓上,表现在不畏艰难、坚忍不拔上,表现在忠诚待人、讲求信用上,表现在取财有道、义利兼顾上,表现在宽容大度、谦虚谨慎上,表现在同舟共济、相互帮助上,表现在孝长爱幼、清白做人上,表现在积德向善、善有善报上。还有就是许逊一生与"水"有关。古人认为"水主财",水能生财,财随水走。五行中的水也代表财富。这是因为凡是有河流的地方都是商船云集、经济发达的地方。所以,万寿宫的宗教伦理文化也是江右商帮所主张的商业伦理文化。于是,他们便全盘"拿来"为我所用,以至成了江右商帮不成文的行规,成了江右商帮文化的核心和支柱。此后,随着江右商帮队伍和活动范围的不断扩大,万寿宫文化渐渐成了江西地域文化的代表。

第四,以万寿宫为会馆,可以为江右商帮营造一个"远方的家园"。在古代,由于条件艰苦,商人做生意很不容易,不仅长期背井离乡,尝尽远离亲人之苦,而且要在异地他乡顽强奋斗拓出经商的新天地。可以想见,独在异乡为异客的商人们,心里是多么地寂寞孤独,又是多么地感到无依无靠无助。他们需要亲情,需要乡情,需要同故乡人在一起炉边夜话同枕共眠,在一起大块吃肉大碗喝酒,在一起看戏娱乐同哭同笑。这样就需要有一个公共活动的场所。于是商会会馆就顺时顺势地诞生了,于是江右商帮也建起了具有会馆功能的万寿宫。江右商人经常在这里见面会友,在这里协商事情,在这里互通有无,在这里歇脚休息,在这里拉家常,在这里看大戏。即使长年不能回家,也有一个温暖的归宿。万寿宫给了江右商人莫大的心灵慰藉,成了他们不可或缺的精神家园。

三

在云南会泽县,有一座被誉为全省古代建筑之冠的宫殿式建筑。这就是江右商人在清康熙五十年即1711年兴建的万寿宫。这座三进院落的宫殿,沿中轴线依次排列。第一进为门楼通道,前檐三重,悬挂九龙捧圣"万寿宫"直匾,后为五重飞檐的戏楼,福禄寿三星镇中,屋顶42只翘起首翼角,与戏楼台下42根落地柱相对应。第二进是真君殿,面阔五间,石雕围栏,直柱飞檐,画栋雕梁,巍峨壮观,两边为对称的偏殿,后檐有一韦驮亭。第三进是观音殿,殿堂高大雄伟,两面是东西书房。另外在中殿和后殿两边还辟有东西跨院。整座建筑占地面积7545平方米,房屋44间,集雄、奇、秀、美于一体,不愧为万寿宫建筑中的杰作。

此时,一场祭祀许真君的仪式正在宫里举行。来自当地的江右商人们表情严肃,神态虔诚,朝着许真君三跪九拜,一方面祈求"福主"保佑,一方面向"福主"发誓遵守"贾德",做个有良心的生意人。宫里香烟缭绕,烛光闪烁,神台上的许真君似动非动,若隐若现,显得更加神秘和灵验。

这种祭祀仪式,每逢重要节日或时刻,江右商帮都要举行,这是对他们的一次宗教洗礼,也是对他们的一次精神淬炼。正是在这种祭祀活动中,万寿宫文化逐渐渗入到江右商人们的灵魂深处,并化为实际行动,从而形成了宝贵的江右商帮精神。

江右商帮精神是一种不畏艰苦、拼搏创业的精神。不论在哪里做生意,也不论做的是哪门生意,江右商人吃苦的精神都是有口皆碑的。别人去不了的地方,江右商人会去;别人不想做的生意,江右商人会做。跌倒了,爬起来;亏损了,从头再来。清代临川商人李宜民,开始经商时就出师不利,连连亏损,把老本都搭了进去。但他没有气馁,只身前往云南太平土司一带从事贩运活动。他风餐露宿,忍饥挨饿,艰难跋涉在深山老林中，从一个寨子到另一个寨子，从一户人家到另一户人家，把货品卖给当地人。就这样积小利为大利，手中终于有了一笔钱。这时，他又前往广西桂林，打入盐业经营领域。当盐运商看到地方官府对他们多方敲剥而纷纷畏缩不前时，李宜民却果敢而上，独自担当起运盐的任务。他派出一百多条大船，往返于粤桂之间，虽然每次赚钱不多，但一直坚持运输不止，以至逐渐掌握了盐业经营权，成为了广西的首富。像李宜民这样"哪儿有财发就去哪儿拼"的例子，在江右商人中比比皆是。特别是在一些中小商人中，他们所遇到的困难，所经历的艰险，所打拼的程度，所吃过的苦头，丝毫不会比李宜民逊色。许多商人肩挑货担，走州过府，不顾风吹雨打，不顾路途安危，到处买卖货物，哪怕只有微利也决不放弃。这也是江右商帮能够历尽磨难而得以不断发展的根本原因。

江右商帮精神是一种讲求诚信、童叟无欺的精神。万寿宫文化的核心之一就是"诚信"，这也是江右商帮的一个重要行规。江右商人不管在哪里做生意，都把诚信带到哪里，最典型的是江西樟树的药帮。据《清江县志》载，樟树本地的药材资源并不丰富，主要来自湖广和四川及南直隶等地，但药材的加工都在樟树。因为坚持不掺杂使假，不偷工减料，不以次充好，保证了过硬质量，从而赢得了"药不到樟树不齐""药不过樟树不灵"的声誉。樟树的药材也随着药商的经营足迹遍及全国各地甚至东南亚等地，樟树也由此成为了全国著名的"药码头"。其他行业的商人也是如此。临川人张世远、张世达兄弟在汉口做纸业生意，有一次卖纸后发现买主钟良佐多给了 100 两银子。兄弟俩认为"此非分之财，毕还之"，马上找到买主如数予以归还。浮梁人朱文炽是有名的茶商，每当茶叶过期后，他就在与别人交易的契约上注明"陈茶"字样，从不以旧当新蒙混和欺骗顾客。

江右商帮精神是一种团结互助、宽容和谐的精神。在做生意的过程中，不免要遇到很多意想不到而靠个人又很难解决的事情，面对这种情况,江右商人都会伸出援助之手,急人所急,帮人所需。明清时的江右商帮,大约有百分之六十的人都出身贫寒人家。做生意缺乏资金,这时亲友、乡邻都会拿钱借贷给他们,为他们筹措经商的本钱。各地在建造万寿宫时,所需资金也不是按商人平均分摊,而是实力强的就多出,实力弱的就少出,有些生意做得不好的就象征性地表示一点。黄庆仁栈是个合伙药店,一方老板去世后,因他的小孩还是幼儿,另一个老板便主动地承担起抚养其幼儿的责任,孩子长大后又让其一起经营药店。对有的伤害自己的同行,江右商人也是宽以待人,和谐相处。南昌人胡哲启在湖广一带经商,有一次,他把一批价值千两银子的货物存放在宝应一家商行,被行户盗卖。有人主张到官府去控告,胡哲启却摇了摇头没有同意,并说钱丢了可以再赚,人际关系搞坏了不可弥补,和气才能生财。特别是在碰到有人趁火打劫时,江右商人都会挺身而出,奋力相救。高安商人梁懋竹与两位同行押运一船货物经过洞庭湖时,因天色太晚在码头泊宿,不料有几个盗贼登船向他们索要财物,为保护两位同行,梁懋竹谎称他们是自己的兄弟,自己拿出钱财把盗贼打发走了。

江右商帮精神是一种致富讲义、回报社会的精神。为民造福是许真君一生的最大功德,也是万寿宫文化的本质体现。江右商人始终坚守这一要义,在做生意致富后,自觉把一部分钱财用于社会公益事业,或修桥修路,或建渡置船,或兴建书院,或扶贫济困,或救灾赈灾,或修谱建祠。清朝嘉庆、道光时期的金溪商人陈文楷,先后在四川和云南开采铁矿取得了不错的业绩,于是他便拿出一部分银子从四川购买一万余石大米运至江西老家减价出售,以帮助穷困百姓渡过饥荒。对云贵当地的百姓,他"夏施汤药,冬施棉花,访急难困苦者而援之。值岁余,袖白金分赔孤寡、炊烟不举者。"临川商人华联辉家族,在贵州开设"永隆裕"盐号,靠经营盐业成为贵州的第一大富豪。同治元年他在茅台最先创办"成义烧房",成为茅台酒的创始人之一。他富了不忘义举,投入百万两白银兴教办学,开办书局,扶困济民。南昌人黄文植是中国近代著名的实业家和金融家。他为人慷慨,乐善好施。湖北和陕西发生水旱灾害,他捐财献物,还在汉口和南京等地设立孤儿院,将灾区的孤儿接来抚养教育。他捐资 20 万两银子加固赣江大堤,捐资 10 万两银子在南昌创办小学,让农家子弟免费入学。他还捐资在家乡修桥梁、建渡口和施粮济贫。还有些江右商人将乡邻们所欠的债务主动免掉。金溪商人刘光昌长期在外做典当生意,晚年回家重操旧业,有些乡民用衣被典贷粮食。有一年歉收而无法赎回,随着天气渐冷,刘光昌将这些乡民招来,让他们将衣被全部取回,所贷粮食均不再索要。有人不解,刘光昌说:"天气凛冽,族邻号冷,吾忍厚绵独拥乎?"临川商人李春华在贵州经商几十年,晚年返回乡之前,招来欠款人,将一万多两银子的债券当面全部烧毁。所以,提起江右商帮,许多人都以"义贾"相称。从一定角度来说,这是对江右商帮的最高评价。

万寿宫,为江右商帮高耸起了一座精神宫殿。

四

也许有人会问,既然江右商帮这么优秀,又号称中华"十大商帮"之一,但为什么没有出过在全国赫赫有名的巨商呢? 又为什么没有成批地涌现出类拔萃的大贾呢? 历史是复杂的,其中的原因也是复杂的。

在我的面前摆放着两张特殊的地图。一张是江右商帮在全国和海外所建万寿宫的分布图,我粗略地作了个统计,其中在湖南、四川、贵州和云南四省建造的万寿宫共有 700 多座,大约占了省外万寿宫的近百分之四十。一张是徽商分布图,以扬州为中心向周边辐射,其主要范围在江浙一带。

我的心不由一震,这两张图就像两个截然相反的箭头向万里长江的两头射去,一个向东,一个向西,深深地刺痛了我的心。

第一个箭头是徽商,他们所指向的中国东部是长江下游地区,这里是中国最富庶的地方,河流纵横,水网密布,地势平坦,沃野千里,人口稠密,交通便利,物产丰富,经济发达,人们生活富裕,市场十分广阔,到处充满着蓬勃的商机,到处活跃着眼花缭乱的生意。成批的徽商从皖南的大山里走出,他们沿着长江顺流向东,来到了这片黄金般的土地,乘势借力,大展身手,把无数的商机转化为巨量的财富,涌现了一批批叱咤风云的商界巨头。

第二个箭头是江右商帮,他们所指向的中国西部是长江中上游地区。大家想想,在古代的中国西部意味着什么,意味着高山峡谷,艰难险阻;意味着树深林密,虎狼出没;意味着交通闭塞,路途遥远;意味着人口稀少,贫穷落后;而且越往西越糟糕,不少地方还处于刀耕火种的原始社会。江右商人去到这样的地方做生意,会有什么商机吗? 会有什么大买卖吗? 做生意能够赚到大钱吗? 能够成得了大气候吗?

江右商帮来到西部后,看到这里的银、铁、铜、铅、锌等矿产资源十分丰富和一些日用的生产生活物品严重缺乏,于是他们主要开展两大类经营活动,一是矿产开采,二是贩卖布匹、药材、瓷器、纸张、茶叶和刊刻图书等。据有关资料记载,明清时期,西南的云贵川等省的采矿业大多操于江右商人之手。每开一矿,投入银子十万、二十万不等,雇工多达上百人。也有一部分江右商人集矿主和行商两重身份为一体,一面开矿,一面做货物买卖。云南有个叫卡瓦的地方,既开矿又做买卖的江西人至少有二三万人。江西商人车鹏在云南华宁县建立窑厂,生产和销售碗碟等日用陶瓷。尔后有汪、彭、杨、周、张、卢、尹等江西老乡相继而至,从而形成了一个以制瓷为主业的碗村。在贵阳,市中心成片的店铺都为江西商人所开,丰城商人几乎垄断了全市的油业,绸缎经营业的老大也是一个名叫蔡逊堂的江西商人。在云贵两省,甚至出现了"非江右商贾居之不成地,无江右商贾买卖不成市"的景象,许多城镇还建起了"江西街""江西路"。怪不得如今云贵两省的人口中有一半以上的祖籍是江西。但是,由于这里路途遥远,交通不便,成本高昂,市场狭小,大多数江右商人都赚不到多少钱。可以说,西南地区的山山水水为江右商帮提供了做生意的广阔场所,同时也极大地限制了江右商帮的扩张,阻挡了江右商帮前进的步伐。

由此可见,选择到什么地方经商做生意十分重要。徽商选择向东就把生意做得风生水起高潮迭涌,江右商帮选择向西就很难把生意做大做强。所以,需去哪里经商,方向十分重要。方向对了,商机就多,发财就快。方向错了,商机就少,发财就慢。

也许有人会问,江右商帮为什么不像徽商那样向东而非要到西部去呢? 这与明朝初期的大移民有着密切的关系。经过唐宋两朝的发展,江西的经济走在了全国的前列,出现了人多地少、不堪重负的局面。相反湖广特别是四川等西南地区,人口数量严重不足,大量土地无人耕种。在元末农民起义中,朱元璋先后战胜陈友谅、张士诚和取得北伐胜利后建立了大明王朝。为了改变这种发展不均的局面,他多次颁发移民令。江西民间亦自发地向湖南、湖北和四川等地大量移民。这也就是历史上有名的"江西填湖广,湖广填四川"。这个移民潮从明初一直持续到清朝中叶,移民人数总计近一千万人。俗话说"美不美家乡水,亲不亲故乡人。"因为天然的血缘关系和老乡感情,江西商帮也就自觉和不自觉地伴随着这股移民大潮把生意做到了乡亲们的移居地,何况其中有不少的移民本身就是做生意的商人。正如抚州人艾英南在《天傭子集》中所说"随阳之雁犹不能至,而吾乡之人都成聚于其所"。加上这一带是新的开发区域,进到这里经商又没有什么竞争对手。这恐怕是江右商帮向西部发展的一个主要原因。当然,也有不少江右商人到其他方向经商做生意,但始终没有形成江右商帮的主流。

五

以万寿宫为道场的净明道,其实是一种"草根宗教"。因为信奉和祭祀许真君的都是一般民众。同样,把万寿宫作为会所的江右商帮,也是一个"草根商帮",因为其经商的人员大都是草根阶层。这样就决定了江右商帮一般都缺乏封建官府权力的背景。而在中国皇权一统的封建专制社会,如果背后没有强大的权力特别是朝廷皇权的支撑,生意无论如何是做不顺做不大的。只有得到封建权力强力支持的商帮,生意才能如鱼得水,无往不胜。因为红顶和草帽毕竟有着天壤之别,不可同日而语。

这里先让我们回顾一下晋商发展的历史。这个商帮为什么能够纵横驰骋而执中国清朝商业之牛耳? 说一千道一万,就在于后面有清朝政府的强大背景。早在明朝末年,一些山西商人就以张家口为基地,往返于关内外从事贩卖贸易活动,为满族政权输送物资甚至传递文书情报,从而同满族政权建立了良好的关系。清朝建立后,这种关系就更为巩固和密切。顺治初年,清政府将山西商人范永斗召为内务皇商,赐产张家口,并受朝廷委托经营皮币生意。康熙中期,清政府在平定准噶尔叛乱时,组织一批汉族商人随军贸易,而这些商人中的绝大多数都是被清廷命名为"皇商"的山西商人。他们为清军提供军粮、军马等军需品,清廷也给予了这些商人独占其利的经商特权,使他们获得巨额利润。人们所熟知的"走西口",出了这个口就是大青山,就是包头,就是库伦(今乌兰巴托),许多晋商长年在这一带做生意,并得到清政府的特殊照顾,其中最大的"大盛魁"商号,从业人员达六七千人,其家产能用五十两重的银元从库伦到北京铺一条路。特别是晋商握有为清政府代垫和汇兑军协饷的特权,既而涌现了一批票号金融寡头。由此可见,始终依靠结托清朝政府,始终依靠清朝政府这个强大的权力后盾,是晋商得以崛起的根本原因。

其实,何止是晋商,中国所有的大商巨贾都是傍着朝廷这座权力大山登上财富巅峰的。徽商胡雪岩原本是个钱庄的学徒,因为靠上了浙江巡抚王有龄,创办阜康钱庄,一跃为杭城一大商绅。左宗棠接任浙江巡抚后,胡雪岩凭着 1861 年太平军攻打杭州时为清军购买军火、粮米有功,又得到左宗棠的信任,委任他为总管,主持全省钱粮、军饷,阜康钱庄由此获取了丰厚的利润。他还协助左宗棠开办企业,主持上海采运局,兼管福建船政局,经手购买外国机器、军火,从中获得了巨量回佣。他还操纵江浙市场,专营丝、茶出口,垄断金融。同治十三年,又开办胡庆馀药号,精制便于携带和服用的药丸、药膏,赚取了可观的钱财。就这样,胡雪岩的生意像膨胀的气球一样迅速扩张,仅仅数年,其阜康钱庄的银子就达到 2000 万两,支店遍及大江南北,同时还购置了一万余亩的田地。

与此相反,我们江右商帮却严重缺乏这种封建权力的背景。他们很不善于经营同官府的关系,与朝廷的接触就更是微乎其微。也许是长期生活在自给自足的环境里养成的万事不求人的性格,江西人外出经商,不善于和外人打交道,也很少主动去打通同当地官府和官员的环节,往往是一人或几人在一起闷头打拼。再说江右商人大都没有多少本钱,根本没有雄厚的实力去同官府和官员建立深厚的关系。即使有少数江右商人能够和官府或官员结交,也是场面上的,礼尚往来式的,真正与官府或官员特别是朝廷利益与共的红顶商人少之又少。吉安商人周扶九可说是江右商人中有封建权力背景的商人之一。由于他举家迁往扬州后即同江淮主管盐业的官员攀上了关系,加上其又具有胆略和谋略,逐渐取得了盐业经营权,不到二十年便成为了中国巨富。之后他又移居上海,一边经营地产和黄金生意,一边将积累起来的资本在上海、南京、武汉、长沙、南昌等近 20 个城市开设钱庄。但绝大多数江右商人却没有周扶九这样幸运。由于缺少官府和朝廷的有力支持及保护,不仅很少获得封建官方给予的商业机会和经营特权,而且在做生意时放不开手脚,显得小心翼翼,甚而常常遭受不公正对待,不是被敲诈勒索,就是被排挤打压,致使生意很难做下去。因此,许多江右商人就以家族、姓氏、村庄和地域为单位,在其经商做生意的地方集中连片居住,以集体的力量来对付封建官府和官员的这种欺压和盘剥。还有些江右商人索性到封建官府统治薄弱人烟稀少的西部少数民族居住地乃至缅甸去发展,在那里做生意,久而久之成为了当地少数民族的酋长或首领。明代万历年间任云南澜沧兵备副使的王士性曾往各地巡视,发现江西抚州商人不少,因而在其著述中这样描述说:"视云南全省,抚人居什之五六,初犹以为商贩止城市也。既而察之,土府、土州、凡畲猡不能自致于土司者,乡村间征输里役,无非抚人为之矣。然犹以为内地也。及遣人抚缅,取其途径酋长姓名回,自永昌以至缅莽,地经万里,行阅两月,虽异地怪族,其酋长头目无非抚人为之矣。"云南如此,贵州也是如此,现在该省不少少数民族人士就是江西人的后裔。贵州省原省长王朝文是位优秀的苗族干部,他的先祖就是清朝时的一位江西抚州商人,有一次,因到苗寨经商做生意,被寨主的女儿看中而被招为女婿,从此便在苗寨生活下来,并一代一代生息繁衍至今。

所以,在权力至高无上的封建社会,有无权力背景直接决定了经商的层次格局和兴衰成败。由此,我想起了现在流行的一句网络语言:人家有的是背景,而我有的是背影。这不就是晋商徽商和江右商帮的形象写照么?

六

纵观全国各地的万寿宫,都有一座大小不等的戏台,这几乎成了万寿宫的一种标配。每年农历八月初一到十五,各地的江右商人都会请戏班子来演戏。所演的不外乎都是帝王将相和才子佳人的故事,特别是那些"清官戏"和"男女相约后花园,落难公子中状元"的戏剧,同万寿宫文化有着很多相似的地方。许真君的好官形象,许真君隐居山林潜心修道的成功,许真君一人得道鸡犬升天的善报,不就是封建社会仕而优则名、"十年寒窗一举成名"、一人做官全家沾光的翻版么?加上江西是个官本位根深蒂固的省份,这些因素的叠加,不能不对江右商帮产生诸多的消极影响。

这种消极影响最突出的表现就是不少江右商人身在商场心在衙

门,把做官看成人生的最高追求。明明每天在经商做生意,但时时刻刻都在考虑怎样才能捞到一官半职。但官场和商场一样都是非常严峻的,科举取士就像千军万马过独木桥,并不是所有人都能经得起"十年寒窗苦"的,都能"金榜题名"的。这样有些人便被迫做起生意来,先赚钱,再用钱买官。丰城人李钟喆,一生追求科举功名,但却屡试不第,而家道又日渐衰弱。于是让两个儿子到湖北做生意,赚了不少钱。他便用这些钱买了个"文林郎"的官,又让孙子读书中了进士。临川人李诞辰,靠经营盐业成为商界富翁,后入仕为官,最后做到两江盐督。庐陵东界人刘子持,少时孤贫。他经商致富后,便助两个弟弟读书,二弟刘子杨在乡试中夺魁,被任命为阳春知县。在明清两朝的江右商帮中,这种为官而商,先商后官,把经商当作一种权宜之计,当作一种台阶和跳板,以实现"曲线科举入仕"的人,几乎随时可见。据历史专家方志远考证,在明清时期,还有一种所谓的"捐纳",亦即商人用钱为自己或为子弟捐官或入国子监读书。明朝规定凡捐米 800 石均可入国子监读书。清朝规定凡纳谷 180 石或银子 108 两即可"捐纳"。这一政策就更是对商人赚钱捐官的直接激励。据史载,吉安商人致富后用钱为父母和自己买官的现象非常普遍。如庐陵湖塘人罗克勤被官府"赠奉政大夫",庐陵第四塘人刘培秀被官府"赠通政大夫",等等。骨子里的轻商重官,使一些通过经商赚钱买了官职的江右商人便不再在商场上奋力拼搏,而是整天陶醉于头上的乌纱帽中。

19 世纪晚期,全国掀起了轰轰烈烈的"洋务运动",江浙皖等地的不少官员和商人都纷纷创办新式工厂,有些朝中大臣直接就是"洋务运动"的巨头,成了中国第一批"发洋财"的人。两广总督、洋务派代表人物张之洞创办了汉阳钢铁厂、修建了京汉、粤汉铁路。中国民族工业的先驱荣宗敬、荣德生及其荣毅仁家族创办了纺织厂和面粉厂,被誉为"棉纺大王""面粉大王"。然而,一心只想做官的江西人却泥古不化,裹足不前,几乎没有人投入到这场前所未有的经济大变革中去。"洋务运动"的缺位,使江右商帮白白丧失了发展壮大自己的良机。

实践证明,一个热衷于科举做官的商帮,是不可能在商场上演出一出出威武雄壮的大戏的。

七

江右商帮很少出现坐拥巨资的杰出人物,与万寿宫的"裕"文化有着很大的关系。"裕"者,小富即安也。只要有吃有穿有用,生活不愁,一辈子也就安心了。这种典型的小农经济思想,与商业精神是背道而驰的。一般来说,追逐效益最大化,追逐利润最大化,这是经商做生意的最高目标,也是衡量经商做生意成败的主要标志。小富即安,肯定是不能把生意做大做红火的。

由于小富即安,江右商帮在经商做生意的过程中,不是富而思进,而是不思进取。他们往往满足于"小本经营",即使赚了不少的银两,有了一定的实力,也不去扩大经营规模,总觉得这样已经非常不错,没有必要再去花那个心思折腾了。同时,小富即安的心理,还使不少江右商人在做生意时怕"肥水流入外人田",因而喜欢一家人单打独斗,开的是"夫妻店""父子店""兄弟店""姐妹店"和"亲戚店",多家联手合伙经营的极少,更不要说雇请行家里手为自己的商业进行经营了。再就是,小富即安还导致了江右商人在一个地方经商后,基本上就在原地打转,不敢或很少想到要把生意做到更广阔的地方去。至于把商业资本转化为产业资本和金融资本连想都不敢想。还有一些江右商人在赚了几把银子后便心满意足,洗手上岸,不再去经营生意买卖了。南昌人刘善萃,在汉口经商致富后,回到家乡买田置产,不复出门。金溪人徐廷辉,在云南做生意,家里生活富裕后,便毅然告别了商场,过起了安闲日子。不仅如此,在江右商人中,有不少人是亦农亦商,农忙时在家种田,农闲时挑着货担外出做生意。还有些是手工业者,靠仅有的一技之长赚钱。

在万寿宫文化中,与"裕"文化紧密相连的是"孝"文化。这种文化很容易导致人们恋家顾家,缺乏远大目光。在江西商人中,有不少在外经商发了财后便回到家里孝敬父母。武宁人柯性刚,善于经营生意,有人劝他把生意做到川广去,这样可以成为大富翁,他却遵循"父母在,不远游"的古训,赚了一些钱后撒手不干,终日陪伴着父母和家人。

万寿宫文化中的"裕"和"孝",就像两根无形的绳索,禁锢了江右商帮的思想,缚住了江右商帮的手脚,使他们严重缺乏创造力,特别是在经营方式上,不能审时度势,不能大胆创新,而是墨守成规,抱残守缺,不敢越雷池一步,基本上是以"小""散""旧"为主,而且代代相传,一成不变。这样就使自己的生意越做越被动,经商之路也就越走越狭窄。为什么江右商帮的中小商人特别多,而富甲一方的大佬特别少?这不能不是一个十分重要的原因。这也是江右商帮的一个典型特征。

但是,晋商就不是这样,他们的经营方式却要先进得多。这突出地体现在三个方面:一是经营上舍得资本投入,不少晋商都是大投入,大产出,做的是大买卖,大生意。二是敢于大胆拓展经营业务,在生意做到一定规模后马上由本地向外地乃至全国和国外发展。创建于道光四年即1824年的中国第一家票号"日昇昌",分号遍布全国30多个城市,业务远及欧美和东南亚等地,以"汇通天下"著称于世。乔家大院的主人乔致庸在全国和国外开有钱庄、票号200多处,资产达数千万两白银。三是联合或委托经营。开始由几个商人组成共同经营的主体,后来发展到东伙制,即由东家出资,聘请掌柜经营,东家不能干预具体经营业务,掌柜和员工根据所负责任大小给予一定股份,也称身股制,年终根据商号收益按股份多少参加分红,有点类似于现在的股份制。这样就保证了商号能够由最能干的人进行经营,有利于调动全体员工的积极性,有利于发挥更高更好的效益,有利于生意的快速扩张和做大做强。这是晋商的一大创举,也是晋商得以不断发展并称雄于全国的奥秘所在。

因此,一个好的经营方式,就是一把经商做生意的金钥匙。有了这把金钥匙,就能不断打开创造财富的新大门。

江右商帮所缺少的正是这样一把金钥匙。

八

万寿宫文化作为一种在道教基础上形成的文化,"慎"是其主要内容之一,其核心是讲究自我修炼,慎思慎为,也就是强调指向人的内心,因而具有很强的封闭性。因为向内,就自我束缚,瞻前顾后,前怕狼,后怕虎;因为向内,就对外界有一种本能的拒绝,对风险有一种本能的畏惧。同时,江西又是四面环山的盆地型内陆地区,远离浩瀚无际的大海,这里没有汹涌滔天的海浪,没有嶙峋交错的暗礁。这种封闭的地里环境与向内封闭的文化环境,构成了江西自然和人文的基本特征。

由于受万寿宫向内的封闭性"慎"文化影响,加上生活在封闭的地理环境中,江右商帮先天就缺乏一种敢想敢干、敢于冒险的精神。必须明白,商场犹如大海,充满惊涛骇浪;从商犹如下海,必须搏风击浪。所以,经商做生意,必须具有一种"风萧萧兮易水寒,壮士一去兮不复返"的决绝,必须具有"哪管波涛滔天,我自只管向前"的胆略。只有不怕风险,敢于闯荡,才能把生意做到别人不敢做的地方去,才能不断开拓出一方方商业的新天地。而且,经商的风险同效益是成正比的,风险越大,效益越高;风险越小,效益越小。本来,明代海禁以后,江西成了唯一的南北主要交通要道,所有的对外贸易货物都要经过这里,这为江西商人把生意做向全国各地特别是借船出海向海外发展创造了千载难逢的机遇。但江西商帮却因为风险意识薄弱,"怕"字当头,怕这怕那,不愿远行,不愿冒险,不敢勇于进击,不敢大胆向前,生怕到头来"竹篮打水一场空"。明朝后期的新城县(今黎川县),是闽赣两地的区域贸易中心。江西的大米、福建的私盐,多经此地中转,从这里跨过武夷山就是福建沿海,但当地许多商人因害怕海洋的风暴,害怕海洋的鱼腹,而不愿远行,只满足于在这里做个中转商,当个"座山雕"。黎川如此,其他地方也是如此。同治年间的《会昌县志》记载,当地的商贾,"不善治生,惮作远客,故资舟车以行其货者甚寡。如杉木为邑所产,康熙、雍正间,尚有运金陵以售者,近年木客,不过贩及省垣青山而止。粤东引盐,销售于瑞金、宁都、石城、于都、兴国,俱从本邑上游泛舟。然售贩者,邑人仅十之二,闽粤之客十有八。"由于不愿远行,不敢闯荡,江右商帮的生意也就很难红火兴旺起来。

但是,与江右商帮一邻之隔的闽粤两大商帮就完全不一样。由于闽粤两地远离京城,受封建朝廷的控制相对薄弱,又濒临沿海,受海洋贸易的影响,所以两地很早就形成了浓郁的重商文化。特别是经年与大海打交道,在他们身上有着海洋一般的性格,海洋一般的意志,海洋一般的胸怀。这就是天不怕,地不怕,敢于冒险,敢拼敢闯,敢于天下先的精神。可以说,凡是有潮水的地方就有闽商和粤商;凡是风险最大的地方,就有闽商和粤商。在闽商中,把"少年不打拼,老来无名声""三分天注定,七分靠打拼"作为自己经商做生意的信条。一旦认定了有利可图,就倾家投入,赌赢了立马成为巨商富贾。粤商更是驾驭海洋贸易的高手。《清稗类钞》这样记载道:"潮人善经商,窭空之子,只身出门,皮枕毡衾以外无长物。受雇数年,稍稍谋独立之业。再越数年,几天不作,海外巨商矣。"他们扬帆远航,漂洋过海,开启了"海上丝绸之路"的征程,用血泪、汗水和生命谱写了一部向外拓展、发家兴业的奋斗史。正因为如此,闽商中出了"橡胶大王"陈嘉庚、"亚洲糖王"郭鹤年那样的海外华人杰出企业家,粤商中亦出了一批世界级的商界巨人。伍秉鉴创办的"怡和行",从事中西贸易,到美国投资铁路、证券和保险业务,一度成为世界级的跨国财团。林道乾原是明朝一个小官,因不满朝廷的海禁政策,索性辞职下海,他招募船员数千人,组成一百多条的庞大船队,在海上从事往返暹罗(今泰国)的大米贸易三十年,获取巨额财富。最后率领众人移居泰国。该国人民为了纪念他的功绩,把封给他的"北大年港"改名为"道乾港"。

敢于冒险,使闽商和粤商成为了浩瀚商海中劈波斩浪的头号巨舰。而万寿宫的"慎"文化,却使江右商帮只能在海洋之外的陆地上负重前行。

<h2>九</h2>

到过贵州石阡的人都知道,这里有一座被列入国宝单位的万寿宫。据传是清朝乾隆年间的江右商人左成宪重修的。雍正末年,紧随江右商帮的身影,左成宪从家乡来到了石阡,他发现这里盛产茶叶,便做起了茶叶生意。他把茶叶运到四川贩卖,又从四川买盐到石阡出售,同时把家乡的瓷器百货运到石阡售卖。就这样经过数年赚取了大量钱财,成了当地的富豪。他看到原来的万寿宫矮小狭窄 根本无法体现江右商帮行走天下、雄视八方的气势,便拿出四十万两银子进行了重建。这重建后的万寿宫果然非同凡响,不仅具有当时最大的规模,最精致的做工,而且设计巧妙,布局奇特,宫中套宫,院中带院。整个建筑依地就势,逐级升高,就像镶在天地之间的一幅巨大雕刻。

毫无疑问,石阡万寿宫是云贵高原上所有万寿宫建筑的一座高峰,但遗憾的是,在江右商帮中却极少有这样高峰式的代表人物。就像这云贵两省一样,虽然是全国四大高原之一,但却没有像珠穆朗玛峰那样的高峰。江西商帮在历史上创造的辉煌,恰是这种有高原无高峰的辉煌。反观徽商和晋商,却是一种在茫茫高原上耸立着无数高峰的辉煌。

为什么会出现这样的状况呢? 让我们穿越到清代的生意场上去寻找答案吧。

在纵贯南北的千里大运河上,一条条载满食盐的商船犁开水面缓缓行进着。这些商船的主人大多都是徽州商人。因为盐业是一个带有垄断性且利润率极高的行业,所以这一船船白盐就是一船船白花花的银子。正是掌握了盐业的经营权,一大批徽商成为了中国商界的大亨。康乾时期,在扬州经营盐业的徽商拥有资本 4000 万两银子,而当时清朝的国库存银只有 7000 万两。休宁商人汪福光,在江淮之间从事贩盐生意,拥有船只一千来艘,这是怎样的一种场面啊! 歙县商人江春,一生经营盐业达 52 年之久,号称"天下第一盐商",乾隆皇帝下江南时,他一夜之间用盐建造了一座白塔,引得龙颜开怀大悦。而前面已经说过的晋商所经营的票号,也是效益奇好的生意。因为其类似于今天的银行,以钱生钱,一本万利。可见盐业和票号,是当时最容易赚钱且增值最快的两大生意。

反观江右商帮,虽然也有极少数靠经营盐业发迹的。但这只是凤毛麟角。也有一些是经营钱庄的,但资本雄厚的人极少,能把钱庄转化为票号的就更是空白。绝大多数的江右商人做的都是成本高、周期长、利润低的矿业,贩卖的也主要是本地出产的土特产品和农副产品,最大宗最贵重的也就是粮食和木材。无论是经营的规模和效益,这些货物同盐业和票号比起来相差甚远。《广志绎》有这样的记述:"木非难而采难,伐非难而出难。木值百金,采之亦费百金,值千金,采之亦费千金。"这就是说,经营木材是赚不到什么大钱的。贩运粮食的效益也好不到哪里去。由于运输路线长,又受丰歉年影响,加上朝廷有时对价格的干预,因而平均下来的利润率也很不理想。由此可见,经营什么样的货品,对于一个商帮极为重要,直接决定着一个商帮的前途与命运。江右商帮之所以不能迅速扩张和崛起,其中的因素是不言而喻的。

这也难怪,一个在当时最赚钱行业经营缺位的商帮,怎么能够创造令人惊羡的中国商海传奇呢?

+

1978 年在中国大地上兴起的改革开放大潮,使古老的中华民族翻开了崭新的一页,昔日的江右商帮也凤凰涅槃,破茧成蝶,蜕变成了令人刮目相看的当代赣商。

今日的江西商人不再是缩手缩脚步履维艰的生意人了,他们一个个像身怀绝技的水手一样勇敢搏击于商海的涛头；他们不再是在生意场上做些小打小闹的买卖，而是用大气魄大手笔构建起工商业的宏伟大厦；他们不再是"一个包袱一把伞，跑到西部做老板"，而是走南闯北把生意做到了祖国的四面八方，做到了五大洲四大洋。如今，放眼全国和世界，到处都有江西商人的身影，到处都有江西商人的足迹，到处都有江西商人创办的企业，到处都有江西商人建立的功业。

于是，从改革开放初期到新时代发展的伟大史册上，我们可以看到一串长长的当代赣商名字，他们好似耀眼的群星，闪烁在万里长空。

于是，过去以信仰万寿宫为核心的江右商帮文化重新得到了发扬光大，并形成了"厚德实干，义利天下"的当代赣商精神。

更使人感到高兴的是，为了保存南昌的历史记忆，南昌市已在恢复和建设铁柱万寿宫历史文化街区。古时的南昌，有七个城门，其中位于抚河和赣江交汇处不远的广润门是各种货物的进出聚散地，素有"千船万帆涌广货"之称。广润门附近，就是铁柱万寿宫。在其周围，有经营各种日用小商品的翠花街，有专卖渔具土布的棋盘街，有专卖布匹绸缎的罗帛市，有专卖各种乐器的胡琴街，有专卖稻米粮食的米市街，有专卖小菜和土特产的直冲巷，有专卖竹子制品的萝巷，有专门制售老醋的醋巷，还有油巷、柴巷、炭巷等。由这二十多条老街老巷组成的万寿宫街区，是老南昌最繁华的地方，是老南昌最大的商业交易市场。这里镌刻着江西古代商业的骄傲与自豪，沉淀着江右商帮的文化和精神。

这让我想起了历史上这样的一幕：1597 年 4 月的一天，万寿宫里发生了一件破天荒的事情。一个高鼻梁蓝眼睛的"外星人"突然降临在这里，立即在人群中引起了一阵骚动。这是一位来自意大利名叫利玛窦的人。他被万寿宫商业街区乃至南昌市的城市风情所深深吸引，一住就是三年，而且在他与亲友的书信中进行了详细的描述。当然，随着时代的进步，今天来到南昌的外国人已不计其数，来江西投资兴办企业的外商也与日俱增。我们完全可以自豪地说，今天的万寿宫和南昌，今天的江西已经和世界各地融为一体了。

在写作这篇文章之前，我特地去拜访了西山万寿宫和正在恢复建设的铁柱万寿宫，回来时正值省里在召开世界赣商大会。看着那万商云集热气腾腾的场面，我仿佛听见赣商行进在未来大道上铿锵的脚步声。如果说过去的江右商帮铸造了独一无二的万寿宫商业文化，那么新时代的赣商一定能够续写万寿宫商业文化的新辉煌。

这时，我突发奇想，江西应该建设一座全新的万寿宫，既作为与老万寿宫的对照，又作为改革开放和中国特色社会主义新时代赣商崛起的新标志。届时，如果余秋雨先生到来，他一定会大声赞叹，现在的南昌有看头了！

2019 年 11 月定稿

（原载《百花洲》2020 年第 1 期）

附
录

江右商帮赋

岁在己亥,谷为同心。天佑中华,国运承平。

自天地之开辟,神州为九域。时势有分合,风尚有同异。维我江右,洞天福地:孺子、渊明之亮节,遗风犹在;庐陵、临川之雄文,世所无匹。文山慷慨就义于大都,为中华存一脉正气;八大冷眼旁观于江湖,给天下留几分傲骨。道问学,晦庵有白鹿之训词;尊德性,象山传鹅湖之精义。艺文儒术,甲于天下;诗书礼义,余韵未已。

或曰:区区江右,何得人文如斯之盛耶? 答曰:江右人文固盛,亦物产有以育之也。故王勃物华与人杰共荣,天宝与地灵并誉。列宿纪斗牛之野,仰瞩龙光;诸江合章贡之流,汇成彭蠡。携荆楚而带吴会,共享江川沃土;临百粤而连八闽,同承巨洋惠泽。

西方有李约瑟者,科技之达人也,乃盛赞新吴之宋应星,为明代中华之"狄德罗"。有客问曰:宋氏应星,江右一举子、分宜一教谕耳,何得揽天下、阅万物而著《天工开物》,成中国工艺之百科全书耶? 答曰:万年之稻、浮梁之茶、樟树之药、宜黄之苎,不出先生之户庭;广信之铜、景德之瓷,铅山之纸、吉安之布,尽收先生之眼底。而当日操持中国之矿业者,皆先生乡人——尽"天工"而"开物",不亦宜乎!

地之所出,土之所产,乃上天以给民,亦理国之大端也。亏盈短长,转移化裁,皆理势之自然。江右之民,巧则为工,智则为商,出四方以就利,输万邦而川流,江右商帮勃然兴焉。

明人有云:天下之推纤啬者,必新安与江右。又云:京师之操百工者,多江右与浙直。江右之为工为商者,以其人数之众、持业之广、渗透之强,而为天下之翘楚也。

川滇湖广,辐辏云集。湖广天下之通衢,无江右不成市廛;滇云地旷而人稀,有江右才有生气。岂宁惟是?历京师而辽东,越陕甘而西域,随阳之雁犹不能至,而江右之商贾,咸聚于其所矣!一曰万寿宫焉,为江右共有之家园;一曰弋阳腔焉,亦江右永久之乡恋也哉。

南海有礁岛,号曰"大渊",后人以汪大渊名之者也。大渊者,豫章一布衣、草市一商贾,人或疑其尽南洋、穷西洋以著《岛夷志略》,为中华航海第一人。而不知丝瓷茶纸,此浮海之大宗;百工技艺,尤江右之长技。所谓"海上丝绸之路"者,乃江右商人之通途也。古里国之"浮梁客",满剌加之"临江帮",浮海居夷,视若比邻。观"岛夷"而"志略",有何难哉!

天生万物,人弃我取,人轻我重,居奇货而通壅滞,化腐朽而为奇珍。劳心殖货,均富济贫,穷虎狼出没之地,历人迹罕至之径,其大智大勇,岂常人所能及耶!世有勋贵宿儒,或求一位以争利,或穷一经以逐名,而轻商贾、蔑工匠,不亦陋乎,不亦悲乎!

安得天下精英,薄功名而淡利禄,投身商贾工技,厚德载物,兴利存义,庶几中华强国之梦,未为远矣。太白与庐山曾有誓曰:"期君再会,不敢寒盟。丹崖翠壑,尚其鉴之。"昔日之江右先贤,呼唤今日之万千赣商:实业报国欣逢盛,江右振兴会有期。

庐陵方志远

己亥正月十五上元日

江西赣商联合总会
第四届理事会副会长以上成员名单

一、会长

熊建明　方大集团股份有限公司董事长

二、党委书记、执行会长

邓必云　江西省商务厅原副巡视员

三、监事会主席

刘经纶　泰康保险集团股份有限公司监事长（北京江西企业商会会长）

四、执行会长

王再兴　毅德控股集团董事局主席［香港江西社团（联谊）总会主席］

张华荣　华坚集团董事长

李良彬　江西赣锋锂业股份有限公司董事长（宜春市宜商总会会长）

温显来　江西博能实业集团有限公司董事长

李　希　广州润都集团有限公司董事长（广东省江西商会会长）

胡连荣　荣誉国际集团有限公司董事长（福建省江西商会名誉会长）

曾　钫　北京谛恒集团董事长（北京江西企业商会监事会主席）

五、常务副会长

王文京　用友软件股份有限公司董事长

邓凯元　赣商联合股份有限公司董事长（上海市江西商会终身荣誉会长）

李　平　广州市天高集团有限公司董事长、总裁（广东省江西商会名誉会长）

林印孙　正邦集团董事长（赣抚商会会长）

杨文龙　仁和（集团）发展有限公司董事长（宜春市宜商总会创始会长、名誉会长）

易　斌　北京创盈科技产业集团董事长（北京江西企业商会执行会长）

陈　新　中智互联投资控股集团有限公司董事局主席（上饶饶商联合总会会长）

桂　弘　新疆亿峰弘业集团董事长（新疆江西商会党支部书记）

王辉中　天津锦绣置业投资有限公司董事长（天津市江西商会会长）

朱星河　江西恒大高新集团董事长

刘康权　广西天和盛炫投资集团董事长（广西江西商会会长）

熊贻德　中楚（厦门）投资有限公司董事长（厦门市江西商会会长）

彭国禄　中大控股集团有限公司董事长总裁（广东省江西商会执行会长）

魏福高　赣商投资控股集团有限公司董事长（内蒙古江西商会会长）

徐华健　贵州金州金矿业集团董事长（贵州省江西商会会长）

余启焕　重庆富沃思医疗器械有限公司董事长（重庆市江西商会名誉会长）

吴小平　太原聚瑞房地产开发有限公司董事长（山西省江西商会会长）

丰　收　吉林省鑫展房地产开发有限公司董事长（吉林省江西商会会长）

朱洁明　鹤翔天下中医互联网家庭医生（黑龙江）有限责任公司董事长（黑龙江省江西商会会长）

陈　斌　海南红树林旅游股份有限公司董事长（海南省江西商会会长）

杜景平　江西华景鞋业有限公司董事长

朱丁茂　新疆鑫茂投资发展有限公司董事长（宜春市宜商总会荣誉会长）

邓文云　深圳市首通新能源集团董事长（深圳市江西商会常务副会长）

胡清华　北京鸿泰顺源集团公司董事长（北京江西企业商会常务副会长）

杨发根　武汉市金鑫集团有限公司董事长（湖北省江西商会会长）

付建忠　重庆莱福医疗产业有限公司董事长（重庆市江西商会会长）

彭新亮　江西金融发展集团股份有限公司董事长（江西省赣萍商会会长）

范友虎　中舸控股有限公司董事长（新疆江西商会会长）

周水根　厦门赣商投资有限公司董事长（厦门市江西商会监事长）

熊南生　河南华健控股集团公司董事长（河南省江西商会会长）

揭　昕　辽宁赣商总部基地有限公司总经理

吴勇华　山东广亿博投资有限公司董事长（山东省江西商会会长）

张学霖　福建源润建材有限公司董事长（福建省江西商会会长）

晏三明　湖南锦峰建设集团有限公司董事长（湖南省江西商会会长）

杜桂华　上海江佑商邦投资有限公司董事长（上海市江西商会会长）

程　栋　邦尔骨科医院集团董事长（浙江省江西商会会长）

林鑫杰　新疆爱派实业（集团）有限公司董事长（新疆生产建设兵团江西商会会长）

杨　洪　深圳市航盛电子股份有限公司董事长（深圳市江西商会会长）

傅　盛　猎豹移动董事长 CEO（景德镇景商联合总会会长）

李上奎　江西悦安新材料股份有限公司董事长（赣州市赣商联合会会长）

黄绍武　深圳市神州通投资集团有限公司董事长（深圳市江西商会常务副会长）

李义海　江西济民可信集团董事长总裁

吴文辉　江西中科九峰智慧医疗科技有限公司董事长

陈胜德　中阳建设集团公司董事长

余军飞　江西亚马逊餐饮管理有限公司董事长

郑兆国　香港福昌集团董事长

黄玉林　辰林教育集团控股有限公司董事长

雷振刚　北京华电天辰电力工程有限公司董事长

徐　胜　辽阳市勤诚土地开发服务有限公司总经理

胡文平　宇轩建业集团有限公司董事长（吉林省江西商会常务副会长）

张棚花　杭州高雅涂料有限公司董事长（浙江省江西商会名誉会长）

杨以勇　巨桑控股集团股份有限公司董事长（浙江省江西商会常务副会长）

陈晓康　华富集团（中国）投资有限公司董事长（萍乡萍商联合总会会长）

万明才　武汉常安实业控股集团有限公司董事长（湖北省江西商会监事长）

李将华　乐沃居控股集团有限公司董事长（湖南省江西商会执行会长）

卢　敏　中基控股集团董事长（新疆江西商会常务副会长）

李江山　香港永通集团发展有限公司董事局主席

陈成炉　越兴集团董事长（深圳市江西商会常务副会长）

李小昆　江西新和源投资控股集团有限公司董事长（南昌商会联合总会常务副会长）

聂吉利　中恒建设集团有限公司董事长（南昌商会联合总会常务副会长）

刘芦萍　江西昌盛医药有限公司董事长（江西省赣萍商会常务副会长）

时银钢　北京浩天诚信投资有限公司董事长（上饶饶商联合总会监事长）

徐　雷　英国百顺集团（中国）董事长（上饶饶商联合总会联席会长）

钟德辉　美国 500IPO 基金董事长（北美赣商联合会会长）

贾惠兰　芬兰書米国际教育创始人首席执行官（北欧江西商会会长）

六、监事会副主席

黄建芳　四川雅丽泰节能建材有限公司董事长（四川省江西商会会长）

杨　铮　江西省商务厅国内投资和经济合作处处长

七、副会长

邓建平　汇贤达投资管理有限公司董事长（云南省江西商会党支部书记、会长）

盛进江　宁夏智慧医疗有限公司董事长（宁夏江西商会会长）

李建华　陕西赣通华宇实业有限公司董事长（陕西省江西商会会长）

熊建华　青海雄鹰建筑装饰工程有限公司董事长（青海省江西商会会长）

程卫国　甘肃嘉美建筑装饰工程有限责任公司董事长（甘肃省江西商会会长）

陈俊发　大连百视康视光科技有限公司董事长（大连市江西商会会长）

杨建田　安徽吉上酒店管理有限公司董事长（安徽省江西商会党支部书记、会长）

杨小云　浙江东生环境科技有限公司董事长（宁波市江西商会会长）

陈明宇　南通理工学院董事长（江苏省江西商会会长）

方　卫　河北益达通电子科技有限公司董事长（河北省江西商会会长）

顾　伟　深圳市兆驰股份有限公司董事长（深圳市江西商会常务副会长）

罗来安　重庆中瑞鑫安实业有限公司董事长（重庆市江西商会名誉会长）

魏宗根　陕西恒泰利置业有限公司董事长（陕西省江西商会名誉会长）

李旭荣　华农骏通集团有限公司董事长

孙有峰　浙江国绅家居用品有限公司董事长（浙江省江西商会咨询委员）

王　真　浙江星尚科技有限公司董事长（浙江省江西商会咨询委员）

丁金水　国领天酒业有限公司董事长（广东省江西商会执行会长）

胡成宗　陕西成宗包装印务有限公司董事长

唐正荣　浙江葫芦娃网络集团有限公司董事长（浙江省江西商会名誉会长）

朱海根　内蒙古森海建设有限公司（内蒙古江西商会执行会长）

张莉媛　晋江市新恒大抛光材料有限公司董事长（福建省江西商会常务副会长）

陈国辉　二连市龙翔国际建材城董事长（内蒙古江西商会常务副会长）

万　容　智容科技有限公司董事长

范友根　江西省川妹餐饮连锁管理有限公司董事长

张小伟　江西开原国际旅行社股份有限公司董事长

万发连　重庆连发文化旅游开发有限公司董事长（重庆市江西商会常务副会长）

余国良　福建省岩田基础工程技术有限公司董事长（厦门市江西商会执行会长）

桂银太　厦门创业人环保科技股份有限公司董事长（厦门市江西商会执行会长）

刘鹏飞　浙江飞天麦光光集团有限公司董事长（浙江省江西商会执行会长）

姜　斌　中国城投实业有限公司董事长

李　岢　江西省文博疗养服务有限公司总经理

李庆龙　和乐旅游发展有限公司董事长

张辉军　江西赣酒酒业有限公司董事长

付方金　江西帝亨实业有限公司董事长

曹俊明　山西金圣石业建筑装饰工程有限公司董事长（山西省江西商会监事长）

鄢人凤　赤峰人方医药科技有限公司董事长

郭宠慈　奥飞文体集团有限公司董事长（吉林省江西商会执行会长）

骆　彬　上海保索时电源科技有限公司董事长（上海市江西商会党支部书记）

王　影　汇紫（上海）信息科技有限公司董事长（上海市江西商会副会长）

王　红　上海宜人地板有限公司董事长（福建省江西商会执行会长）

金　田　山东涌金泉投资有限公司董事长（山东省江西商会首席执行会长）

张　林　万丰达实业集团有限公司总裁（湖南省江西商会执行会长）

王永华　海南世博集团董事长（海南省江西商会名誉会长）

李卫华　四川丽标新材料股份有限公司董事长（四川省江西商会执行会长）

谢德琦　宁夏德琦医疗器械有限公司总经理（宁夏江西商会监事长）

李洪涛　厦门巨涛实业有限公司董事长（厦门市江西商会执行会长）

杜云锋　厦门铭升装饰设计工程有限公司总经理（厦门市江西商会执行会长）

胡安华　厦门云顶伟业信息技术有限公司（中软科技）董事长（厦门市江西商会常务副会长）

徐流根　鸿福天下（福建）集团有限公司董事长（厦门市江西商会常务副会长）

宗赣生　江西中顺投资集团有限公司董事长

张北京　深圳誉兴集团董事长（深圳市江西商会执行会长）

杜伟民　深圳康泰生物制品股份有限公司董事长（深圳市江西商会副会长）

刘　昊　深圳市奥海科技有限公司董事长（深圳市江西商会执行会长）

涂国身　中国安科控股有限公司董事长（深圳市江西商会常务副会长）

吴文峻　香港智点江山集团有限公司董事长（深圳市江西商会常务副会长）

吕子淇　深圳亚创集团董事长（深圳市江西商会副会长）

桂　槟　深圳市恒庆投资发展有限公司董事长

丁台龙　深圳市瀚赢建设科技集团有限公司董事长（深圳市江西商会常务副会长）

李　凌　江西远大科技有限公司董事长（南昌商会联合总会副会长）

汪茂元　江西省中琵建设集团有限公司总经理（鹰潭商会联合总会常务副会长）

洪华贵　江西神农氏生态农业开发有限公司总经理（鹰潭商会联合总会副会长）

庄席福　江西君子谷野生水果世界有限公司董事长（赣州商会联合总会常务副会长）

罗求实　厦门新油源石油有限公司董事长（上饶饶商联合总会常务副会长）

秦秋阳　江西汉唐智慧城市建设运营有限公司董事长（上饶饶商联合总会副会长）

王振兴　金光道环境建设集团董事长（吉安赣商联合会常务副会长）

肖治浪　江西茂盛环境有限公司董事长（吉安赣商联合会常务副会长）

刘恒军　江西恒信集团董事长

陈维德　台湾矩和建设董事长（台湾江西商会理事长）

阎　敏　澳大利亚大洲集团公司董事长（澳大利亚赣商联合会会长）

王丰明　盛唐商事株式会社社长（日本江西商会会长）

温志平　HengTong InvestmentLLC CEO（美国江西商会会长）

杨　群　英国博欧特生物科技公司创始人（英国江西商会会长）

魏思钰　春雪（柬埔寨）羊绒纺织品有限公司董事长（柬埔寨江西总商会会长）

张荣华　温哥华 ACC 艺术馆顾问、加拿大赣商联合会会长

彭　蓉　美国大自然集团董事长（美国加州江西商会理事长）

方旺福　缅甸最佳电力实业有限公司总经理（缅甸江西商会会长）

朱裕华　意大利意中国际贸易集团公司董事长（意大利江西总商会会长）

黄金灵　Luxuren Holiday AB 总经理（瑞典江西商会会长）

李如江　捷克 samlux spol 国际贸易投资有限公司 CEO（捷克江西赣商联合会会长）

黄申萍　法国天使瑞生会投资公司董事长（法国江西商会会长）

陆　森　越南德诚企业集团董事长（越南江西企业联合会会长）

习国燕　奥地利 CKM 工业集团董事局主席（欧洲赣商联合会会长）

龙登高　莱索托王国石材公司董事长（莱索托中资（南非）企业协会会长）

朱爱莲　瑞士欧亚集团董事长（欧洲江西总商会会长）

刘芳勇　阿根廷福旺集团董事长（阿根廷江西商会会长）

刘济民　江西省丝绸之路投资有限公司董事长（格鲁吉亚江西总商会会长）

289

许俊华　菲律宾中华控股集团董事长（菲律宾江西总商会会长）

李少华　US HERBMAID RC INC ED（美国赣商联合会会长）

邹璐潞　江佑集团（泰国）有限公司董事长（泰国江西总会（总商会）会长）

胡栋晟　北京楼餐饮集团董事长（阿联酋江西商会会长）

徐燕子　银燕投资有限公司董事长（澳大利亚江西总商会会长）

黄向高　菲亚国际投资集团董事长（赞比亚江西商会会长）

韩世忠　宏泰石集团总裁

八、秘书长

曾园辉　江西省商务厅国内投资和经济合作处副处长

境外江西商会会长名单

一、江西赣商联合总会执行会长

王再兴　毅德控股集团董事局主席［香港江西社团（联谊）总会主席］

二、江西赣商联合总会常务副会长

钟德辉　美国500IPO基金董事长（北美赣商联合会会长）

贾惠兰　芬兰書米国际教育创始人首席执行官（北欧江西商会会长）

三、江西赣商联合总会副会长

陈维德　台湾矩和建设董事长（台湾江西商会理事长）

阎　敏　澳大利亚大洲集团公司董事长（澳大利亚赣商联合会会长）

王丰明　盛唐商事株式会社社长（日本江西商会会长）

温志平　HengTong InvestmentLLC CEO（美国江西商会会长）

杨　群　英国博欧特生物科技公司创始人（英国江西商会会长）

魏思钰　春雪（柬埔寨）羊绒纺织品有限公司董事长（柬埔寨江西总商会会长）

张荣华　温哥华ACC艺术馆顾问（加拿大赣商联合会会长）

彭　蓉　美国大自然集团（美国加州江西商会理事长）

方旺福　缅甸最佳电力实业有限公司总经理（缅甸江西商会会长）

朱裕华　意大利意中国际贸易集团公司董事长（意大利江西总商会会长）

黄金灵　Luxuren Holiday AB 总经理（瑞典江西商会会长）

李如江　捷克 samlux spol 国际贸易投资有限公司 CEO（捷克江西赣商联合会会长）

黄申萍　法国天使瑞生会投资公司董事长（法国江西商会会长）

陆　森　越南德诚企业集团董事长（越南江西企业联合会会长）

习国燕　奥地利 CKM 工业集团董事局主席（欧洲赣商联合会会长）

龙登高　莱索托王国石材公司董事长（莱索托中资（南非）企业协会会长）

朱爱莲　瑞士欧亚集团董事长（欧洲江西总商会会长）

刘芳勇　阿根廷福旺集团董事长（阿根廷江西商会会长）

刘济民　江西省丝绸之路投资有限公司董事长（格鲁吉亚江西总商会会长）

许俊华　菲律宾中华投资控股董事长（菲律宾江西总商会会长）

李少华　US HERBMAID RC INC ED（美国赣商联合会会长）

邹璐潞　江佑集团（泰国）有限公司董事长（泰国江西总会（总商会）会长）

胡栋晟　北京楼餐饮集团董事长（阿联酋江西商会会长）

徐燕子　银燕投资有限公司董事长（澳大利亚江西总商会会长）

黄向高　菲亚国际投资集团董事长（赞比亚江西商会会长）

四、江西赣商联合总会常务理事

司马战鹏　SIMATRADE（PTY）LTD 董事长（博茨瓦纳江西总商会会长）

李先林　老挝创兴进出口有限公司董事长（老挝江西商会会长）

肖晓莹　美国 KCM Global Enterprise Ltd 董事长（美中金融贸易促进会理事长）

林海源　UNETOYSIMP. &EXP. LTDA（巴西江西同乡总商会会长）

廖　昆　江西水利水电建设集团印尼公司总代表（印度尼西亚江西商会会长）

胡塞进　目镜有限公司董事长（俄罗斯江西同乡商会会长）

（以上名单由江西赣商联合总会提供）

后　记

经过三年的艰辛努力,《江右商帮与万寿宫文化》一书,终于付梓发行。

这本由江西省文化促进会与江西赣商联合总会共同组织撰写的书稿,不仅兼顾了学术性与通俗性的特点,更是一本应时所需,适时成书,兼顾了历史与现实重大意义的论著。

古人云,欲知大道,必先为史。曾联袂共创了江西经济文化历史高峰的江右商帮与万寿宫文化,各自经历过怎样的发展历程? 是何种缘由,使两者互动交融,互为成全,共创商业文化的殊绩,共写一段历史的辉煌? 后来,又为何一起走向衰落,并逐渐淡入历史的云烟? 其中,有哪些值得总结与弘扬的优良传统,又有哪些需镜鉴扬弃的局限与缺憾? 这些方面的研究,虽然出了些成果,但还不尽如人意。

省文促会与赣商联合总会,以历史的使命感,决定携手合作,组织力量,对江右商帮与万寿宫文化的历史及相互关系,做系统的研究,既要理清发展脉络,又要总结历史经验,为生机勃发的当代赣商,提供有益的借鉴与启示。

知易行难。实际上,开展这项研究与写作,是个极为艰难的挑战。社会与学界真正关注和研究江右商帮与万寿宫文化,也就是近几十年的事,起步较晚。能把两者结合起来研究的,更是不多。历史上的实物遗存,残缺而散落,文字记载也稀少而杂乱,散见于浩繁的史籍之中。因此,编者必须披沙拣金,细究蛛丝马迹,寻觅草蛇灰线,才能探究历史真相,勾画千里伏脉。其工作量之巨,难度之大,可以想见。

主编刘上洋,主持拟定了书稿的主旨和内容框架,领导统筹了研究与写作的全过程。江西赣商联合总会党委书记、执行会长邓必云,全程参与并给予全力支持。著名历史学者、江西师范大学教授方志远,应邀担任本书顾问,对书稿写作提出了很好的意见和建议。

全体编撰人员,坚持严谨勤勉的治学态度,查阅了上百种书刊,两百余万字史料,考察调研了省内外诸多历史遗存,先后召开了数十次座谈研讨和书稿审改会议,力求寻觅到历史的轨迹与发展的逻辑,梳理出可传承的精神财富和需扬弃的历史局限,努力为当代赣商呈献一份助力发展、滋养精神的养分。

张志军、彭志军、黄茂军、武向春、黎志辉、吴黎宏等同志,根据写作提纲,分别撰写了本书一至六章的初稿。

张启元重写了初稿第三章,对初稿先后两次统稿,调整了大量内容,改写了部分章节,为全书形成打下了基础。王力农、何建辉、刘英城等同志组织协调相关人员开展工作,提出了很多修改意见,有的还参与改写了部分章节。周文、舒仁庆、周俊杰多次参与书稿的讨论,提出了修改意见。

在此基础上,主编刘上洋对书稿进行了全面梳理,反复斟酌修改了全书的内容布局,重写了若干章节达数万字。费时数月,三易其稿,进一步提升了书稿的整体质量。尔后又充分采纳各方合理意见,对全书多次修改并定稿。

本书前言由刘上洋、张启元共同撰写,后记由王力农撰写。本书图片由赣商联合总会和刘英城、郭佳胜、张秀峰等同志组织收集提供。潘昌坤、方力、盛松寒、汪春翔等同志,也参与了相关工作。

江西出版集团总经理助理、江西人民出版社社长张德意,对本书也始终予以高度关注与多方支持,带领本书责任编辑吴艺文,多次参加书稿撰写的座谈讨论,并提出了许多宝贵意见。江西人民出版社总编辑梁菁也为本书提出了不少修改建议。

这本书的完成,是大家共同努力的结果,是集体的智慧结晶。参与者都各尽所能,付出各自的努力,为本书的顺利出版做出了贡献。

本书的撰写,还得到许多单位与个人直接或间接的支持与帮助,限于篇幅,未能逐一罗列。书中有的配图来自网络,因无法找到版权所有者,在此一并表示衷心感谢。

限于作者的水平与能力,加之研究时间的短暂和资料的匮乏,本书肯定存在不少疏漏甚至错谬之处,希望能得到广大读者的谅解与指教,更期待今后有更多更新的研究成果问世。

此外,主编刘上洋的《万寿宫:江右商帮的精神殿堂》一文,是较早把江右商帮与万寿宫文化两者结合起来研究的文章;顾问方志远是研究江右商帮的著名学者,撰写了《江右商帮赋》。现将两篇文章附于书中,供读者参考。

编者
2022 年 7 月 1 日